Carole ROUQUIER

LES 7 PORTES DU CŒUR

De la conscience humaine à la Conscience du Cœur

Imprimé par Amazon KDP
Pour le compte de Carole ROUQUIER
https://aucoeurdelunicite.com/

Marque éditoriale : Independently published

Code ISBN : 9798340351623

Du même auteur : Sous le pseudonyme de Mirena

Reconnexion à la Matrice divine
Éditions Hélios

La Clé de Vie de Maître Saint-Germain
Éditions Hélios

La Purification de l'ADN
Éditions Hélios

Je Suis l'Esprit
Éditions Hélios

Être Je Suis
Éditions IERO

Les Maîtres de la Liberté
Éditions L'Arbre Fleuri

Site de l'auteur : http://www.aucoeurdelunicite.com

Compte YouTube : @CaroleRouquier

Illustration couverture : Marine LORENTE

Compte Instagram : @marine_lorente

Je remercie vivement Xuan Thuy Tien, Pascal, Marine, Dimitri, Fabienne et Elie pour leur aide précieuse et leur soutien.

« Rien n'est plus vivant que l'instant présent et ce que vous vivez à cet instant. »

Préface

« Ce livre est un peu comme une forge. Sous l'enclume et le marteau de la répétition de certaines pensées, de certains sentiments, de certains constats, et par la circonvolution de la pièce à forger, un objet abstrait et volatil aux contours non définis s'invite dans notre espace intérieur, il est sans forme et fugace. Insaisissable et évanescent au début, la poursuite de la lecture lui insuffle une présence vivante, qui se renforce et de laquelle émerge un état de conscience, une perception vivante et instantanée qui nous amène au-delà des mots.

Cette perception dilatée et globale nous invite à embrasser l'instant d'éternité qu'est le présent et à nous fondre en lui pour ressentir la présence bienfaisante de l'Être et le sens de la Vie qui l'accompagne.

Dans ce livre, le langage est souvent utilisé comme un outil performatif : les mots créent de facto à l'instant de la lecture une réalité qui se manifeste dans l'espace intérieur du lecteur et qui s'affirme graduellement grâce à sa créativité consciente, qui est nécessairement sollicitée, le mental quant à lui devant rester en retrait, sans quoi l'expérience sera incomplète.

Afin que cette réalité puisse persister et s'établir en nous, les constats qui dépeignent en alternance nos blocages et nos potentialités, la soumission au mental et l'accueil de la pause dans le Cœur sont répétés maintes fois sous des formes variées. Cette redondance affaiblit et rend perméable la vigilance du mental, et une information de nature énergétique peut alors transiter à l'intérieur de soi, au-delà des mots, hors des sentiers battus. Ainsi la graine est déposée.

Ce livre a le mérite de donner vie à des pensées qui constituent des outils précieux pour appréhender et accueillir les changements nécessaires dans notre conscience, ceux auxquels nous devons accorder une importance dans la période de bouleversements que nous traversons actuellement, la capacité à fusionner avec l'instant présent étant le plus important de ces changements à vivre. »

Elie Naulleau

Introduction

De nombreux ouvrages sur la conscience humaine ont été écrits. L'homme a poussé loin la compréhension de ce qu'elle est et a rendu un jugement édifiant. Il a toutefois été utile de la considérer comme telle pour progresser vers la Vérité.

La conscience humaine a grandi dans la dimension duelle et aujourd'hui, son basculement s'annonce. Il est donc important pour tous d'appréhender une nouvelle connaissance de son fonctionnement universel, la raison du cœur étant sans limite et l'être humain apte à l'accueillir dans la nouvelle vie qui s'annonce.

Les démonstrations ne sont plus d'actualité. Elles sont en lien avec le mental qui a conduit très longtemps la marche de l'avancement humain. Néanmoins, la porte du présent s'entrouvre et son énergie bienfaisante se déverse de l'autre côté du voile où prend naissance la Conscience de la Vie. Elle s'entrevoit, car le voile de la séparation devient de plus en plus fin. Ce qui n'était pas perceptible auparavant l'est actuellement. L'illusion se défait et la clarté envahit l'espace. La raison du cœur prend place. La conscience humaine s'ouvre vers un autre espace de vérité. L'aptitude de l'être humain à avancer sur la fréquence de la Vie et sa puissante énergie de Lumière est présente. L'importance d'impacter la raison humaine est désormais une évidence et une nécessité que chacun peut percevoir. Le sens commun devient le sens universel.

Cet enseignement édifiera en chacun une orientation vers la nouvelle Conscience à révéler en soi. Il montrera la voie à emprunter pour que la vie humaine fusionne avec le Cœur de Lumière de l'être humain et permette à la transition actuelle de se réaliser.

Vivons pleinement et ne dormons plus. Soyons présents et restons-le. La Terre et l'humanité ont besoin de nous.

PARTIE I. RÉVÉLATION

Chapitre 1

La conscience est le joyau de l'univers. Elle définit toute chose en elle par l'amplification formelle de la pensée. Peu d'êtres humains savent ce qu'elle représente exactement. Elle est une interrogation pour tous. La comprendre est le but de cet ouvrage. Il aidera à guérir la conscience humaine qui touche à sa fin, loin de l'illusion des sentiers battus. Il permettra que s'implante la Conscience universelle, dans un autre espace dimensionnel en relation avec le Soi.

La conscience est indéfinissable par l'interprétation du mental et c'est ce qui est intéressant. Lorsque l'on perd le sens de la définition d'une chose et là, en l'occurrence la conscience, le mental perd sa puissance directionnelle. L'être humain peut alors pénétrer dans la maîtrise du Cœur et son intelligence. L'élargissement de la compréhension devient alors Vérité par la pénétration de l'esprit humain dans la Conscience de l'univers qui est un état que rien ne sépare. Elle est en réalité le Cœur suprême de chaque femme, de chaque homme et de chaque être vivant.

Beaucoup relient la conscience à l'intellect alors qu'elle est présente dans le Cœur de toute chose et de tout être. Les études issues des recherches sur la définition de la conscience ont démontré qu'elle résulte d'un état humain limité par l'intelligence. Or, il n'en est rien. Elle n'est ni maintenue par l'intelligence humaine, ni une progression de sa volonté, car sa richesse est sans fin et sa teneur l'état du Cœur qui révèle l'infini de l'univers. La conscience n'est pas une chose étrange ni irréelle. Elle détient la teneur de la Vie et ses ressources. Elle n'est pas étrangère à vous. Elle n'est pas le sens commun de l'humanité, mais sa vérité et tout ce que cela comporte. Elle est pleinement vous.

Elle est votre corps et son fonctionnement. Elle est la Terre, le cosmos et l'univers. Elle est le jour et la nuit. Elle est le souffle de vos poumons. Elle est la pensée et l'intelligence humaine. Elle est la Vie en totalité et vous n'en êtes pas séparés, car vous êtes issus de sa création.

C'est encore elle qui définit votre physique, votre peau, votre personnalité et la totalité de la Vie en vous. Votre ADN contient tout cela et la conscience vit en lui. Rien ne vous sépare d'elle. Rien ne vous sépare de la Vie. De différence il n'y a, sauf dans la conscience humaine qui, si l'on s'y penche, fournit toutes les données à l'épanouissement de l'être humain dans la recherche de la vie.

Alors que les études démontrent une similitude entre la conscience humaine et l'intelligence, le rêve de l'homme fond comme neige au soleil. La lumière inonde les concepts humains et ses croyances pour une vérité différente et vraie.

Certains s'emploient à découvrir ce qu'est réellement la conscience et avec cela l'intellect se joint à cette recherche sans fondement, car elle est erronée et totalement illusoire. Plus l'être recherche une compréhension, plus le mental est actif et prend le pouvoir sur la pensée pour diriger d'une main de maître la situation. L'importance d'intégrer la réalité est une opportunité pour tous, car sans redressement l'illusion demeure et poursuit à conduire l'humanité dans la séparation.

Ces mots définissent ce que l'homme a toujours fait : s'en remettre au mental qui dirige sa vie, ses joies et ses peines ainsi que toutes les conceptions de la vie humaine. La voie tracée mène à l'égarement de la pensée qui ne peut alors verser dans l'énergie du Cœur et sa sagesse.

Depuis le commencement, l'homme vit ainsi, balloté par ses émotions, totalement instable et soumis à sa force mentale. Il n'est pas libre d'être lui-même et encore moins libre d'appliquer ses connaissances issues de la conscience humaine. Il est balloté, car il vit dans une instabilité émotionnelle activée par les pensées. Un cloisonnement est pratiqué par le mental qui emprisonne l'esprit. Le plus évident dans cette pratique est l'inconscience de l'homme et la supercherie qui a pris naissance en lui se transforme en double personnalité. L'espace intérieur accueille l'énergie libre du mental qui s'installe dans l'être et sa condition. Il en résulte un manque d'autonomie individuelle et une soumission intrinsèque qui vit sous forme de dualité : le bien/le mal, le positif/le négatif, la lumière/l'ombre. Toutes les situations de vie sont soumises à cet ordre de rigueur qui définit la vie humaine. L'être humain est aveuglé et perdu dans ses émotions. Le bien devient le mal. Le positif ne dure pas. La lumière n'éclaire pas le chemin. Les expériences se vivent dans une totale soumission inconsciente à l'illusion.

L'individu vit ainsi, balloté par le mental qui ne veut pas perdre le pouvoir. L'incarnation le prouve. Les expériences sont difficiles et parfois cruelles. L'illusion enserre la vie humaine dans son étau. Une vie soldée d'échecs qui sont en réalité des épreuves qui font grandir. Elles sont le but du chemin du chercheur de Vérité et nul ne peut en douter.

Le voile se lève sur l'ombre désormais. Les expérimentations propulsent l'être humain vers la lumière, dans la compréhension des oppositions. L'échec est compris et accepté. La conscience humaine s'ouvre à une autre vision de ce qui a été vécu. La leçon est comprise et intégrée. Une faille est créée sur la dureté du mental, transpercé par la lumière. L'ouverture est annonciatrice d'allègement et d'idéalisation, car l'ombre est conscientisée et replacée à sa juste place, sans peur et sans contrôle.

Toutefois, l'inconscience collective joue un rôle déterminant dans le passage dimensionnel qui voit le jour actuellement sur Terre. Bien que l'ouverture de lumière soit de plus en plus grande, il en résulte des ancrages profonds liés à l'illusion et difficiles à cerner, l'ignorance de l'homme dans le domaine de la conscience ne permettant pas à l'heure actuelle, l'émergence du Nouveau Monde.

Cet enseignement aidera à la naissance d'une nouvelle idéologie pour un basculement de la conscience humaine dans la Conscience de Vie. Une idéologie placée sous le signe de l'ouverture qui agira sur la conscience actuelle et permettra un élargissement de la vision de chacun sur la réalité. Un redressement sera alors actif et génèrera de grandes transformations au sein de l'humanité. Car sans cela, l'homme ne peut agir durablement et sereinement.

Certains se sentiront perdus et défaillants. Ils auront besoin de se reconnaître dans la nouvelle vie. Leur conscience accueillera l'état d'Être et s'ouvrira au changement. Les plus démunis auront besoin de guidance pour voler de leurs propres ailes. Le savoir de la Conscience de Vie leur sera communiqué. Une population volontaire se rassemblera et permettra à la Lumière d'éclairer les zones d'ombre pour les résoudre. Chacun aura le choix d'évoluer comme il l'entend, mais l'Unité est en route. Elle s'active dans les cœurs un peu plus chaque jour pour le bienfait de la Terre et de l'humanité.

Beaucoup d'atrocités ont lieu sur Terre. Les injustices sont courantes. Leur déploiement est immense, mais vos cœurs sont purs et lumineux. Ils sont l'avenir, ils sont la joie et la sagesse. En accompagnant les situations de la vie par des compréhensions issues de la Conscience de Vie universelle, vous briserez les croyances. Leurs éclats s'envoleront dans l'univers, transmutés par l'énergie du Cœur qui peut tout.

L'avenir s'ouvre sur une grande restructuration de la vie terrestre par l'énergie du Cœur. Sa vibration est une ode à l'Amour inconditionnel qui permet le changement espéré par les êtres humains. Par sa puissance, il fondra les bases établies par la séparation et inondera tout de la Conscience de Vie. Son rayonnement soulagera et guérira. Les oppositions tomberont, tout comme le mental. L'Amour reprendra sa juste place pour mener à bien l'édification du Nouveau Monde. La mesure du Cœur sera donnée et rien ne l'arrêtera.

Les informations issues de la Conscience de l'univers sont des opportunités de compréhension. Elles permettent à chacun de voir plutôt que regarder, d'entendre plutôt qu'écouter, de parler plutôt que murmurer et enfin d'Être plutôt que faire. Ce qui change tout et édifie sur la fréquence de l'Amour inconditionnel.

La première compréhension à acquérir est de ne pas se dissocier de la Vérité. Chaque être est cela et seul le mental primaire démontre le contraire par ses élucubrations. L'être humain est l'étincelle de Vie et son intelligence. Il est la Lumière de la Source universelle et l'âme son segment universel.

Personne n'est séparé des autres êtres humains, ni de la Terre, ni du cosmos. Vous êtes cela dans votre Cœur d'Amour pur et éternel. Il vous appartient de l'intégrer au-delà de l'illusion vécue et au-delà des mémoires inscrites. Vous êtes des êtres, mais aussi des Êtres hautement accomplis dans la profondeur de votre Cœur. Il est urgent de l'accepter en toute humilité afin d'entreprendre le redressement de vos croyances.

La lumière se répand à force de foi et de volonté. Si vous doutez de vos capacités, votre rayonnement ne peut s'étendre et toucher la séparation qui est autour de vous. Si vous ne vous aimez pas, l'énergie du Cœur ne peut rayonner. Elle reste bloquée et ne satisfait pas vos exigences. L'amour de soi doit s'élever et il convient de l'apprivoiser.

Apprendre à s'aimer fait partie du chemin du chercheur de Vérité et nul ne peut l'éviter. Le mental trouve toujours la faille pour vous maltraiter par les mots durs qu'il vous adresse. Vous l'écoutez et pire, vous croyez ce qu'il vous dit. De la même façon, les personnes qui ne sont pas situées dans l'énergie du Cœur vous font des remarques désobligeantes, car elles sont placées dans l'énergie du mental. Surviennent alors en soi, le doute, la tristesse et parfois l'injustice. La colère voit le jour et la lutte naît. En réalité, il s'agit d'une guerre de pouvoir du mental, extérieure à vous. Elle ne permet aucune alternative.

La naissance de l'illusion prend forme par des mots lancés dans une énergie libre, non contrôlée et faisant abstraction de la sagesse du Cœur.

À l'inverse, l'énergie du Cœur agit dans un état de paix et d'amour. La Conscience exprimée permet de ne pas voir le défaut des autres ni l'agressivité, car le rayonnement de la Lumière qui émane de soi et des autres individus prend l'espace du moment. L'amour de soi est présent et rien n'affecte l'être.

La Conscience du cœur est un état qui réunifie tous les êtres de la Terre dans leur identité profonde, quelle que soit leur couleur de peau, quel que soit leur handicap, quelle que soit leur échelle sociale et spirituelle.

La beauté est perceptible à qui sait ouvrir son Cœur. Elle déverse son rayonnement d'amour inconditionnel. L'œuvre multidimensionnelle que vous êtes agit sans limites et perpétue le cycle de la Vie sur Terre.

C'est ainsi que fonctionnera le Nouveau Monde, sans faille, sans limite, sans séparation et sans l'action du pouvoir du mental. Seul le Cœur parlera, brillera, rayonnera et illuminera, en accord avec la Conscience du Tout qui se déversera allègrement et avec fluidité dans le lâcher prise des pensées. Il en résultera un monde de paix qui vivra ouvertement dans la richesse des bienfaits du Cœur. Une liaison intime avec le Cœur s'établira dans la durée et la potentialité de l'Amour touchera les êtres égarés. La guidance de la Conscience du Tout coulera par le Cœur grand ouvert et riche de bienfaits et d'amour.

Le savoir universel provient de la Conscience du Cœur et de son intelligence. Elle est hors du temps terrestre et se découvre dans la pause intérieure. Elle est aussi l'héritage légitime de l'Amour et il vous appartient de la découvrir pour un rapprochement de son état en apprenant à voir la lumière dans le cœur des autres êtres humains. À voir la bonté, la grâce et la Vie que vous êtes, et non l'opposé. À voir le bien plutôt que le mal. À voir la lumière que chacun est plutôt que la séparation et la différence. Rien ne peut vous soustraire au jeu de la Vie qui se joue actuellement. Il est l'activation du centre Cœur pour une découverte phénoménale des dimensions qui y demeurent. Dans cette découverte toute la teneur de mes propos prend forme.

Ouvrez grands vos yeux. Ils sont le reflet de la lumière. Ils sont la Vie qui demeure en vous. Vous ne comprenez pas ces mots et pourtant… Vous vous les représentez pour mieux comprendre, mais la Vie ne se comprend pas. Elle se vit profondément dans le centre Cœur. Elle est tout ce que vous recherchez et elle demeure en vous.

Tant que vous restez séparés d'elle, vous ne pouvez vous abreuver de sa richesse. Elle ne peut, en retour, émerger du Cœur pour rayonner et transmettre sa puissante vérité. Ce blocage est lié à la conscience humaine en lien avec le mental. Elle ne peut vous ouvrir réellement à l'enfant de lumière que vous êtes, car elle est basée sur les expériences vécues qui ont laissé leurs empreintes fortes dans le corps.

La conscience humaine est la fiction de vos nombreux rôles joués à la perfection. Vous les avez endossés et ils ont été vécus humainement. Ils ont été de grands révélateurs, de grands catalyseurs aussi. Ils vous ont poussé dans la volonté et le courage pour relever les défis. Le courage d'être pour poursuivre malgré la souffrance ressentie. C'est ce qui a généré une faille de lumière dans l'armure rigide du mental. Vous avez vécu dans la grande illusion terrestre, coupés de la Vérité pour mieux comprendre Qui Vous Êtes, mieux comprendre d'où vous venez en réalité.

La conscience humaine a un sens logique qui définit toute chose. Elle se base sur ce qui a été vécu. Elle est très rationnelle. Elle est le miroir de votre vie. Elle est calquée sur ce que vous savez, sur ce que vous voyez et sur ce que vous êtes. Elle est en lien avec vos idées et vos croyances. L'argumentation du mental établit sa vérité et démontre un ordre de compréhension. Or, pour un changement durable, il est nécessaire d'intégrer cette réalité en soi. L'homme a de fortes croyances et la perception de ce qui est, est une vérité formelle, car le mental mène les pensées. Le pouvoir de ce dernier est sans limite, car la connexion est permanente. La forme conditionnelle définit les situations et sa raison l'emporte. Il n'y a aucune alternative à cela, car la conscience mentale est la plus forte.

En vérité, l'humanité a failli sous les coups de l'expérience. Elle poursuit encore dans cette voie rigide et hors de la loi spirituelle. La plupart des êtres humains existent sans vivre réellement, conduisant leur véhicule physique dans l'incertitude du lendemain. Il en a toujours été ainsi et il est maintenant difficile de comprendre et d'engager le changement. Or le temps de la jouissance du mental et son emprise sur la vie humaine est à sa fin. Un temps de liaison se présente et sa transition intemporelle ouvre l'être humain à d'autres perceptions plus justes et à la fois très simples.

L'élucubration des pensées s'enfonce dans la lumière. L'homme accueille la vie comme il peut, comme il a toujours vécu, impuissant ou inconscient, et ne sachant comment rétablir la justesse alors qu'il a souvent agi sans tenir compte des conséquences et des répercussions qui sont l'état de fait qu'aujourd'hui nous constatons : l'ampleur de la destruction massive de la nature et de la Terre, les idéologies de lumière et la cause humaine étant peu entendues.

L'homme avance, très souvent soutenu par son mental rigide et autoritaire. Il ne voit que la pensée qui se déroule en lui, préférant parfois occulter les problèmes mondiaux, ou bien se détournant d'eux pour vivre les moments qu'il se réserve dans l'opulence et l'oisiveté, et surtout dans une surconsommation excessive qui appelle à la dépendance.

De nombreux êtres humains se détournent de la cause humaniste, préférant prendre le plaisir dans la matérialité. L'avenir est pour beaucoup un choix de bienséance individuelle alors que l'urgence est là.

La conscience humaine émet des intentions de liberté individuelle, préférant délaisser ce qui dérange et mettant en avant un profit toujours plus important.

Mais la vie terrestre se dévoile dans l'urgence du redressement et les prises de conscience lumineuses commencent à prendre le relais. Le monde s'enfonce dans un basculement important. La Terre ne peut subir plus que ce qu'elle a subi. L'homme est homme et il ne sait pas qu'il a un grand cœur. Il se considère de passage sur Terre, oubliant la vérité et préférant adoucir sa vie par de justes causes qui sont en réalité des plaisirs éphémères.

Mais la cause de la vie est autre. Elle n'est pas dans l'acte de la raison mentale. Elle est la conséquence du Cœur qui est et qui demeure juste et simple. L'ouvrage à réaliser est par conséquent humain. Toute autre raison appartient au mental qui dévie la profondeur de la pensée à son profit et notamment au pouvoir qu'il détient.

Pour lui, la juste cause est une cause entendue. Elle n'est pas humaine, elle est fictive et détient un sens réel d'appropriation intellectuelle. L'homme avance les yeux fermés sans profiter de ce que la vie pourrait lui offrir. Il se laisse guider par sa force mentale. Ses fondements ne sont ni beaux ni lumineux. Ils sont la condition d'un amour possessif et restrictif. En cela, il n'est pas juste d'aimer sans contrepartie. Beaucoup le considèrent comme une faiblesse intérieure alors qu'il est la force de volonté de la Vie.

Tous les principes d'une idéologie marquée par le pouvoir s'effondrent. Le moment de la pause s'installe et nul ne peut y échapper. Elle demeure la Vie en totalité et ses fondements universels se déversent actuellement sur Terre. L'avenir se transforme aujourd'hui par les changements qui s'opèrent dans la profondeur de vos êtres. Sa formulation n'est ni future ni conditionnelle. Elle demeure le présent pour l'éternité. L'instant est tout, en tout et en chacun. L'immensité est cela et vous la découvrez peu à peu en lâchant la rigidité de vos pensées et en vous laissant porter dans la ressemblance de la Vie en vous et non ailleurs.

L'unité se révèle et se ressent. Le monde et l'humanité ne vous sont pas étrangers. Ils sont tout ce que vous êtes et même au-delà. Ils sont votre reflet, votre ressemblance. Ils sont la répercussion de vos actes et vous percevez enfin cette réalité. Vous vous ouvrez à l'Un et pénétrez peu à peu, dans la Conscience de la Vie.

Vous ne souhaitez plus vivre l'illusion de la vie terrestre. Vous savez au fond de vous qu'il est temps d'appréhender le moment et sa pause afin de vous sentir réellement vivants et beaux.

Sortir des sentiers battus demande du courage et vous en avez. Seul le mental vous pousse dans des retranchements extrêmes qui vous ôtent tout engagement lumineux. Pourtant la réalité est là, devant vous. Elle demande que vos pas se posent sur le chemin de la vérité. Elle vous propose l'avancée universelle qui résulte de la Conscience du Cœur. L'immersion en elle peut se réaliser si vous lâchez le contrôle de votre vie et lui ouvrez votre cœur. Indépendamment de l'illusion, le lâcher-prise permet à la Vérité vraie de venir à vous. Par sa simplicité, il détermine la position de la lumière dans les situations de vie. Les choses ont alors une autre signification, car l'énergie du Cœur rayonne, transmet sa vibration et parle. Oui, elle parle et se différencie du langage du mental par sa vibration douce et sereine, positive et intuitive. Elle prend la volonté dans l'action lumineuse et sourit à la vie. Les moments sont alors vécus librement, sans l'interférence du mental. Le rayonnement de l'énergie du Cœur s'ouvre dans la poitrine, éclaire le corps physique et le rend beau par son rayonnement lumineux. La lumière du Cœur irradie de sa douceur. Elle transmet le bien-être intérieur et la joie profonde. La pause s'installe librement et l'Amour inconditionnel agit dans une simplicité sans commune mesure.

Rien n'est plus beau que l'instant ressenti et son rayonnement. Tout se transforme par lui, dans la simplicité et sans vouloir.
L'instance de la Vérité se perçoit intérieurement. Vivre prend alors une autre signification. La lumière éclaire les pas, car la pensée, en lien avec l'énergie du Cœur, déverse la Conscience universelle suprême.

Le savoir n'est plus soumis à l'analyse mentale. Il demeure la Vérité et elle seule se définit en vous. Vous êtes son transmetteur. La signification simpliste que vous aviez de la vie se transforme. Vous savez qui vous êtes désormais et n'êtes pas séparés de la Vie. Elle se ressent dans chaque être, dans chaque pensée, dans chaque regard, dans chaque mot.

La vibration de la Lumière se vit profondément, ce qui entraîne une fusion intérieure, une alchimie de chaque chose et la Présence se révèle ici et maintenant, dans l'air que vous respirez, dans ce que vous voyez, dans ce que vous entendez, dans ce que vous dites et enfin dans ce que vous êtes.

Aucune séparation ni illusion ne vous affecte. Aucun doute n'émerge de la profondeur de ce que vous vivez, car la Conscience de la Vie devient votre conscience et vous vous unissez dans ce Tout de beauté et de douceur. Rien ne vous dissocie de cette communion. Vous êtes la Conscience de la Vie et vous le savez en toute humilité. L'état libre auquel vous appartenez est enfin vécu pleinement et sereinement, les limites envolées par la pleine conscience révélée.

Jusqu'à présent l'homme s'est nourri d'illusion, profondément, intensément. Sa domination a pris place dans ses pensées et dans ses actes, bafouant le privilège de la lumière au profit de l'ombre. La longue marche de ses nombreuses incarnations a été aveuglée par le mental alors que son corps, véhicule de l'âme, a été oublié. S'il avait ouvert son Cœur à cette réalité, il aurait pu appliquer la Conscience de la Vie à chaque incarnation. Mais il s'est détourné de la lumière par peur, par facilité ou par négligence, préférant être à l'écoute du mental et obéissant à sa direction illusoire.

C'est ainsi que de nombreux doutes demeurent dans l'esprit humain. Des doutes en lien d'une part avec la Vie universelle et d'autre part avec la raison du parcours terrestre. Très limité par la conscience humaine et loin de l'intuition qui le relie à l'âme, il se couvre d'une armure énergétique qui le laisse seul, souvent coupé des autres et de la Vie. Maintenu dans cet antre glacial et vide, il ne perçoit pas toujours la raison du Cœur et il demeure loin de toute réalité, loin de l'ouverture du Cœur et de sa bienséance. La liberté n'est pas comprise. Elle n'est ni vécue ni perçue dans l'unité. Elle demeure un point d'interrogation avec lequel il parcourt son existence.

Chapitre 2

Cet ouvrage se veut universel. Il transmet la Vérité, car le temps de la transformation est venu. De nombreux enseignements ont été donnés dans un temps défini par la réalité duelle. Ils ont permis aux divers peuples de progresser vers l'altruisme et la sagesse, mais aussi vers la compréhension de soi.

L'être humain s'est nourri de ces enseignements avec ferveur et dévotion. Toutefois, il est souvent resté séparé d'eux, ne les incluant pas à lui ni à sa vie. Il a pénétré dans la connaissance donnée et en est ressorti un bon nombre de fois. La séparation a pleinement opéré, le laissant très souvent dans l'isolement et la souffrance. Le champ de la dualité a toutefois permis une progression lente et rigide, contrôlée par le mental, en adéquation avec les énergies du moment.

Mais aujourd'hui tout change. La transformation du passé a lieu. La fréquence vibratoire ne permet pas d'user de l'ancienne connaissance, car elle n'est pas en accord avec l'énergie du Cœur. L'accomplissement du passé ne peut jouer les premiers rôles, car l'être humain progresse dans une dimension où la séparation n'existe pas. L'unité prend l'avantage, dépassant l'état mental développé depuis des millénaires. L'ouverture à cette réalité se présente à tous et le basculement dans la Conscience de la Vie, pour une progression en lien avec l'âme, a lieu. Reconnaître la nouvelle volonté universelle est primordial, car elle est transformatrice quand elle est réellement vécue par le Cœur. Elle noie la forme duelle par sa teneur vibratoire.

L'essence du Cœur prend actuellement le relais et l'adaptation s'impose à chacun. Vous la ressentez et constatez les transformations intérieures. Ce qui était admis auparavant ne l'est plus aujourd'hui. L'écart vibratoire est si large que la conscience humaine, engagée vers le renouveau, ne tolère plus ce qui était acceptable dans le passé. L'homme a longtemps milité pour un mieux-être qu'il a accueilli sans perspicacité ni responsabilité. Il a souvent agi, aveuglé par le mental et ne réalisant pas toujours les conséquences de ses actes. Le profit et le pouvoir ont été ses priorités.

N'étant pas alignés sur la Vérité et la Conscience de la Vie, ces mots deviennent obsolètes aujourd'hui. La Lumière de Vie montre la voie de la pause et de la création consciente. La domination intellectuelle et le savoir humain ne possèdent plus le même espace énergétique et, de ce fait, le même potentiel d'action. Ce désalignement ne permet pas leur réalisation à long terme. Ce qui n'est pas lumineux ne tient pas. Les constructions mentales non alignées sur la lumière, ou liées au profit et au pouvoir, tombent dans la déchéance et sont rapidement démasquées. La lumière reprend sa juste place parmi vous et éclaire l'irresponsabilité de l'homme. Le bien-être n'appartient pas à une certaine famille d'êtres ou à une certaine élite. Il appartient à tous et doit être mené communément et non individuellement.

Trop d'êtres humains sont oubliés. Trop de personnes subissent la misère et la faim alors que d'autres privilégient leur vie dans l'opulence et l'oisiveté, oubliant la réalité et la souffrance de l'autre. Or la séparation n'existe pas. Elle prend naissance dans le mental qui contrôle les pensées et elle mène l'être humain dans le non-respect de chacun. La responsabilité n'est pas réellement perçue comme telle et quand elle prend forme dans l'esprit humain, elle est tout de suite écartée par le mental qui souhaite garder le pouvoir sur les pensées. La victimisation est alors mise en place, laissant apparaître sa forme illusoire, transformant la vérité en plainte. Cette stratégie, adaptée à l'ensemble des êtres humains, est terriblement au point. Elle ne laisse aucune alternative et maintient dans le déni de la réalité.

La stratégie mentale ne peut poursuivre et s'aligner sur la fréquence vibratoire de la Conscience universelle. La nouvelle conscience le démontre si vous êtes attentifs à ce qui se passe autour de vous. Ce qui était accepté auparavant ne l'est plus aujourd'hui. La conscience humaine s'éveille, car la Conscience du Cœur progresse en chacun. La dureté devient douceur et la peur devient amour. Vous ne pouvez être en accord avec certains actes et ne voulez plus les subir. Il reste donc à agir pour transformer votre être duel en un être rayonnant de lumière et d'amour. L'intensité vibratoire répand sa force puissamment si vous percez la carapace sombre qui vous recouvre. Et c'est en agissant à chaque instant de vie avec l'amour qui est en vous que vous y parviendrez. Il n'est nul besoin de connaissance pour cela. Le temps du savoir intellectuel est dépassé, car la Connaissance se révèle par le Cœur et l'intention du Cœur qui est en lien avec l'intuition.

La phase d'ascension est perceptible pour tous. Elle demeure sous l'autorité de la Conscience universelle qui répand son onde de vie sur Terre. Personne n'est oublié dans ce processus, car la Lumière est votre représentation dans les dimensions supérieures. Aucune connaissance n'est requise, car vous êtes la Connaissance au plus profond de votre Cœur. La conscience réelle de ce qui est peut être faussée par le mental. Vous demeurez alors dans l'incertitude des pensées qu'il vous adresse en pénétrant très souvent dans sa supercherie, vous détournant du sens réel de la Vie universelle à laquelle vous appartenez. C'est un refuge qui vous isole et vous maintient dans la séparation.

La constante de la Vérité n'est pas séparée de vous, bien au contraire. Elle demeure l'Être supérieur qui se révèle actuellement, et qui est votre identité propre. La relation doit être faite, car il en résulte un avenir lumineux. L'humanité court à l'opposé de la vérité, se révélant souvent par des actes peu lumineux qui génèrent de multiples conflits. L'intensité avec laquelle elle suit le mental montre à quel point elle est en perte de sa réelle identité. La vérité est masquée et les souffrances en découlent. L'illusion des pensées usurpe le présent, usurpe la vérité, usurpe la réalité de la Vie. Le moyen d'accueillir le changement est de vous reconnaître en la Vie. Sans cela, vous restez séparés d'elle et n'êtes pas alignés sur la Vérité.

L'œuvre est à réaliser. Elle le sera quand vous reconnaîtrez en vous ce que vous recherchez à l'extérieur.

La pleine conscience est à établir dans l'instant, liant la profondeur de l'Être intérieur qui attend la Révélation. Votre identité réelle est cela, rien de plus. Toute l'énergie déployée par vos efforts à errer de place en place et à chercher un moyen d'exister ne peut vous apporter la reconnaissance intérieure de Qui Vous Êtes réellement. Voici un exemple révélateur de ce que je vous dis.

L'être humain n'est jamais satisfait. Il demande toujours plus à l'univers ou bien il l'accuse de sa condition. À l'inverse, lorsqu'il obtient ce qu'il souhaite, sa joie ne dure pas, car elle est basée sur un attachement qui est un support extérieur illusoire. La vie ne peut donner la plénitude par un apport extérieur à soi qui est une compensation au manque ressenti. Cependant, créer sa condition à partir du Cœur place l'être dans la justesse de la vibration émise. Là, dans l'antre intérieur, il n'est nul besoin d'un bonbon pour adoucir la vie. La foi agit, car vous êtes positionnés dans votre réelle identité créatrice et vous l'utilisez. Non pas par attachement, mais simplement parce que vous l'êtes. La Conscience agit et sa puissance crée.

L'élan donné à la vie n'est pas séparé de vous. La foi est cela. Elle réalise par l'état de conscience, par l'identité réelle qui vous est propre et à laquelle vous vous identifiez parfaitement. L'avantage de reconnaître qui vous êtes vraiment est important. Le sage ne peut transmettre ses enseignements s'il ne sait pas qu'il est un sage. L'homme ne peut créer sa vie en conscience s'il ne sait pas qu'il est la Vie. Il ne peut jouir des bienfaits de la vie s'il demeure séparé d'elle et donc, coupé de sa créativité intérieure qui peut tout lui donner.

Le seul moyen de trouver votre identité de lumière est de sortir de l'enfermement de la société actuelle, car elle détourne l'esprit par l'illusion. Voir la vérité permet de relativiser l'attrait aux choses et aide la puissance du Cœur à prendre sa place. Tant que vous restez dans la croyance que le bonbon sucré que l'on vous tend peut apaiser votre vie, vous courrez à l'opposé de l'idéologie de la lumière. Le leurre est attirant, mais il fond rapidement.

L'éphémère des choses vous est montré chaque jour et vous vivez sans prendre soin de vous, sans écouter votre corps et sans vous relier à votre âme. Vous foncez, entraînés par le mental, pour trouver la joie ou la paix intérieure, ou encore l'amour. Vous recherchez les valeurs de la vie à l'extérieur de vous, pensant qu'une autre personne pourra combler le vide intérieur ressenti. Ou bien désirant gagner beaucoup d'argent à la loterie pour acheter des biens qui vous procureront le bien-être et la sécurité. Or en agissant ainsi, vous oubliez qui vous êtes. Vous vous tournez vers l'illusion plutôt que vers la lumière de l'Être qui brille en vous.

Vous ne voyez pas la vérité et êtes toujours placés dans l'urgence de construire le château de cartes dont vous rêvez. Un château lumineux certes, mais sans de solides fondations, car sans valeur existentielle ni essentielle. L'excessivité du mental demeure illusoire et ne repose pas sur la valeur sincère de la Vie. Les désirs individualistes ne sont pas émis pour le bien de tous, ni pour le bien de la Terre, ni pour celui de l'univers.

Il n'y a qu'à considérer les excès humains. Ils sont terriblement négatifs et détruisent le moyen de se relier à sa véritable identité lumineuse. Ils emportent l'homme dans une lutte quotidienne qui n'est pas sans conséquence. L'illusion colle à la peau et le freine dans sa progression.

Que peut apporter le bien-être matériel en comparaison du bien-être intérieur ?

L'écart est important. Réfléchissez à ces mots. Ils sont porteurs d'ouverture et de vérité. Briller sans lumière, c'est ce que vous faites. Vous n'appliquez pas la loi universelle et restez dans la pénombre de vos pas. Certes, ils sont justes, car ils sont vos choix de vie. Mais la conscience lumineuse est absente et ne vous éclaire pas. Vous restez hors de sa portée et vous agissez sans présence ni discernement.

Je sais qu'il vous est difficile de passer de la dualité à la grandeur de l'énergie du Cœur. Pourtant, le temps que vous avez connu s'éteint. La lumière prend place et demande à être considérée consciemment et librement, sans retour sur le passé et sans projection dans l'avenir. Il vous est demandé de lâcher prise sur les croyances anciennes et ne plus vous attacher aux êtres et aux choses. Lâcher le contrôle, sortir du pouvoir et ouvrir le Cœur. La simplicité de la Vie s'impose dans une ouverture de confiance et de foi. Vous êtes la Vie alors pourquoi craindre le lendemain. Il n'est rien, il n'existe pas.

Vous êtes la Présence intérieure, la Vie, la Joie, l'Amour et bien plus encore. Votre corps est un simple véhicule. Il deviendra poussière, tout comme vos biens. Cependant, la Vie que Vous Êtes ne meurt pas. Elle demeure la Totalité universelle et multidimensionnelle. Sans cesse croissante, elle demeure l'infini. Vous vivez dans sa globalité et rien ne vous sépare d'elle, sauf votre esprit humain. La vérité est dans votre Cœur et la Vie y demeure. Vous êtes la forme multidimensionnelle incarnée sur Terre, vous êtes une étincelle de Vie qui ne sait pas qui elle est.

La totalité de l'univers peut s'exprimer par la force de réalisation détenue dans votre Cœur. Elles sont une et même chose, sans fin et extraordinairement puissantes. Toujours en extension, elles déterminent l'infiniment grand et l'infiniment petit. Elles ne sont pas un point précis ou une forme quelconque, mais la grandeur multidimensionnelle de la Présence que vous incarnez. Son onde entraînant la force de Vie puissante et belle agit et crée au-delà de la pensée dans la forme pure de l'atome qui peut tout.

C'est pourquoi vous créez par vos pensées, vous créez par vos envies, mais aussi par vos peurs. L'inconscience collective donne ainsi naissance à l'émission d'une multitude de fréquences vibratoires à laquelle elle est reliée. Sans le savoir, elle participe à l'élaboration universelle du Tout, le plus souvent inconsciemment, sans voir la vérité, dans des agissements inconsidérés et désunis.

L'activation de l'énergie créatrice est une mise en forme de la Vie qui nourrit la Terre de ses plaintes, mais aussi l'humanité, la nature et les animaux. Il est souhaitable d'intégrer cette vérité, pour pouvoir un jour vivre dans l'essence de la Vie que vous représentez dans la forme humaine. Être votre corps, votre personne, votre individualité et être en même temps la Vie et toutes ses représentations terrestres et universelles. Être vivant et se fondre dans la Vie au point de ne faire qu'Un avec elle.

L'individualiste est soumis au mental et agit sous son influence. Il marche aveuglément sans se soucier de l'importance de ses expériences.

Mais comment sa conscience peut-elle franchir d'autres étapes s'il reste sur ses acquis ?

C'est ce qu'appliquent la majorité des êtres humains, sans connaissance de la vérité et sans jouissance de leur pouvoir créateur. Il s'agit d'une usurpation qui crée des tensions intérieures et qui diffère l'avancement. Certains connaissent de nombreux enseignements spirituels et manquent de les appliquer.

Pourquoi est-il aussi difficile de s'abandonner à la forme du Cœur ?

Parce qu'elle n'est pas reconnue ni admise dans les pensées. L'implication humaine ne se fait pas, car la séparation et sa vibration sont présentes.

Alors à quoi servent les enseignements spirituels s'ils ne sont pas appliqués ?

Ils nourrissent l'intellect et les graines semées ne germent pas toujours. C'est pourquoi la vérité n'apparaît pas sur le chemin parcouru.

L'homme a longtemps erré de recherche en recherche. Il s'est perdu dans ses errances, écoutant son mental et suivant ses orientations dans la retenue du Cœur. Le pouvoir directionnel du mental est immense et sans limite, et pas toujours compris. Son intelligence est aussi excessive parfois et ses rouages difficiles à discerner.

Sans calcul, il est pourtant possible d'appliquer la loi spirituelle pour se libérer de l'emprise du mental. Cette loi est perceptible et totalement appréhendable si l'être se place avec détachement dans l'instant présent. C'est-à-dire s'il est présent à sa vie dans ses tâches quotidiennes, l'énergie du Cœur rayonnant et l'enveloppant de sa vibration. C'est un état souverain qui permet de considérer les situations en tant que spectateur et non en tant qu'acteur.

Rien ne le touche, car il n'est pas impliqué émotionnellement dans ce qu'il vit. La liberté d'être est intacte et le pouvoir intérieur libre de toute influence. La vibration du Cœur rayonne sans interférence et avec stabilité. L'unique choix à faire est de s'installer dans le moment vécu et d'y demeurer. Le meilleur moyen pour cela est de rester présent à sa respiration, à ses gestes et à ses paroles, en laissant se dérouler le flux des pensées sans aucune adhésion. C'est alors qu'un autre état de conscience s'installe, libérant l'être du joug du mental. La présence à soi permet un changement conséquent intérieur qui implique la Présence du Cœur dans chaque situation de vie, qu'il soit personnel, professionnel, amical ou familial.

Le seul empêchement à être dans l'instant est le contrôle posé sur votre vie et sur les individus qui vous entourent.

Lâcher prise n'est pas toujours aisé, car le mental vous ôte la pleine capacité à le réaliser. Les habitudes sont bien ancrées et les croyances qui en découlent aussi. Le langage du mental est le meneur. Il dirige chaque pas, loin de la Conscience de la Vie et de l'ouverture de lumière qu'elle peut transmettre.

> *Nul ne peut résister au rayonnement de l'énergie du Cœur et surtout pas le mental. Si vous décidez de ne plus lui laisser les rênes de votre vie et si vous êtes présents à vous-mêmes, l'énergie qui dominait jusqu'alors n'aura aucune emprise sur vous.*

Elle glissera comme un savon entre les doigts puisqu'il n'y aura aucun point d'attache mentale. Vous demeurerez la Présence et la ferez vôtre. Vous saurez enfin Qui Vous Êtes et rayonnerez l'énergie du Cœur, secondé par le mental qui agira en votre nom et non l'inverse. Ce sera un basculement libérateur, sans domination ni pouvoir. L'énergie deviendra fluide, harmonieuse et sans résistance. Un état d'abandon s'installera et vous vous laisserez porter par la joie de vivre sans limites et par une réelle affirmation intérieure qui vous propulsera dans la Lumière de Vie. Quand vous accédez à cet état de conscience, le cadre devient alors la vastitude où le vouloir de chacun est libre d'agir. Un vouloir ô combien véritable ! Une légitimité accomplie !

Dans l'état de conscience relié au présent, il n'y a aucune limite, aucune déstabilisation. Seuls règnent le monde universel et sa réelle condition. L'emprise du mental laisse la place à l'ouverture du Cœur et la lumière prend l'espace dans la liberté retrouvée. Une liberté espérée par beaucoup d'êtres conscients, mais insoupçonnée par un grand nombre d'êtres inconscients.

La découverte de la Vie transmet une grande ouverture en soi et non un moyen d'évasion que prône le mental. Une ouverture sur la vaste étendue multidimensionnelle et sa grandeur infinie. Une vastitude sans cadre et donc sans limites, en laquelle l'univers croît en toute simplicité, libérant l'énergie et son atome sans cesse actif. Seul le

Cœur a accès à l'infinitude de la Vie et c'est en retournant dans la pause que vous touchez à son essence. Comprenez bien qu'il s'agit d'un moyen de franchir le cap vers lequel vous êtes tournés. Il demeure au-delà de la pensée rationnelle et de toute logique. La vastitude de l'univers n'est pas éloignée de vous et elle est sans attache. Elle pose la condition de la raison qui peut percevoir la tâche à laquelle vous vous accrochez. Mais rien n'est figé et libre d'expression, libre dans la mouvance de la Vie sans limites. C'est une ouverture vers le monde quantique, un univers si large que vous ne pouvez l'appréhender par votre seule pensée. Seul le Cœur le comprend et applique sa forme lumineuse. Seul le Cœur le détient dans sa vaste profondeur sans début ni fin. Il s'agit d'un état souverain où la création est infinie. Et quand vous comprenez qu'il n'y a aucune frontière, l'espace se définit dans la réalité inconditionnelle qui peut tout.

Vous laisser porter par la Vie est le chemin du retour intérieur. Quand le Cœur conduit les pas, la plénitude se ressent. Il n'est alors nul besoin d'un support, mais au contraire, le lâcher-prise est de rigueur pour conduire l'être dans sa demeure. Tant que le mental conduit les pas, il est impossible d'y pénétrer et impossible de le ressentir. Cette compréhension est simple et pourtant peu la comprennent. Pour beaucoup, vous avancez dans l'inconnu, sans carte pour vous repérer et sans buts connus. Cependant, elle est une voie qui ne peut se définir par les yeux. Elle se découvre pas à pas, instant après instant, dans la simplicité de la pause. Elle est de revenir à soi pour vivre la vie de l'intérieur, en l'accueillant avec foi.

C'est un grand changement pour tous que d'avancer sans contrôle. C'est un retour à soi qui ouvre à la perspective de la multidimensionnalité. Il convient pour cela de réapprendre à marcher comme un aveugle, en ouvrant votre cœur d'enfant, celui qui vous fait vibrer devant la plus petite chose dans un émerveillement sans limite.

La vie est simple. Elle se perçoit ainsi quand le Cœur est ouvert, lorsque son onde se répand dans le corps pour apporter le bien-être. Dans le moment qui est, naît la légèreté de la pause si douce et si belle. Sa vibration apporte une brise de douceur, un air nouveau, un soupçon de tendresse, une union avec la Vie. Tout est Un, rien n'est séparé. La vie apparaît si juste dans la paix retrouvée. Le savoir intellectuel ne sert à rien dans cet espace, car seul le Cœur définit et donne la Connaissance universelle. La compréhension de la Vie se fait sans recherche. Elle est là, en soi, sans compréhension mentale ni mot. Tout est présent, ici dans la pause de l'instant qui Est. Rien n'est plus beau que cet espace où le savoir humain n'a pas sa place et où la Connaissance demeure.

Chapitre 3

L'être humain est tourné vers l'extérieur la plupart du temps. Il désire très souvent quelque chose de nouveau pour avancer dans sa vie et ne sait pas se poser dans l'espace de son Cœur. Il vit à travers ses recherches d'idéalisation et prône une vie meilleure pour le bienfait de tous. Il ne comprend pas qu'en agissant ainsi, il s'égare et s'éloigne de la vérité. Il suit le mouvement de la société, car il a peur de se retrouver seul avec lui-même, peur de perdre pied dans l'inconnu. Il résiste inconsciemment à ce que son âme lui adresse, car il est déconnecté de l'intérieur. Il se perd ainsi dans le monde matériel qui ne le rassasie en rien. Ainsi va sa vie, de compensation extérieure en compensation extérieure, dans lesquelles il essaie de trouver le bien-être. Un bien-être qui ne tient pas, car il ne remplace en rien la richesse du Cœur qui, elle, est éternelle.

La Vie universelle à laquelle chacun appartient est pourtant belle et son intensité dépasse tout ce que vous pouvez imaginer. Elle définit l'Être profond à chaque instant et à chaque battement de cœur. L'unité voit le jour actuellement et donne sa mesure riche et éternelle. Vous pouvez la toucher et la vivre en vous autorisant l'accès à la compréhension du pouvoir créateur que vous détenez. Vous êtes en lien avec lui avec certitude.

Vous êtes l'énergie qui définit la Vie en expansion et son rayonnement débute, non pas dans les pensées, mais dans le Cœur par l'état de conscience libre.

La liberté du Cœur est l'état souverain qui peut tout, sans pouvoir ni vouloir, sans masque ni illusion. Elle est la Vie pleine, lumineuse et sans errance. Elle est déterminée par l'expression sans fin de l'énergie et sa richesse inconsidérée par l'homme. Sa perception reste floue, car elle demeure indéfinissable par le mental et c'est chose légitime, car seul le Cœur comprend, seul le Cœur sait, seul le Cœur vit dans l'espace béant de la Vie, sans commencement ni fin. Son amplitude est une gigantesque onde qui se renouvelle à chaque instant, comme le fait la vie à chaque naissance humaine.

L'état du Cœur se situe dans le cycle de l'éternité, hors du temps terrestre, dans une amplitude toujours plus grande, ses fonctions dépassant la raison et illuminant de sa puissance vibratoire toute chose, tout être et toute vie. Sa grandeur est sans fin et l'esprit humain ne peut à lui seul comprendre l'origine et le fonctionnement de cette vaste demeure où tout y figure.

L'esprit humain est, quant à lui, limité par sa seule connaissance intellectuelle et donc mentale. Dans ce cas, il ne touche pas à la grandeur de l'état du Cœur et à sa vibration. Cependant, par l'amour, il est possible de se connecter à cette puissance infinie si le mental est mis de côté et si les actions sont menées dans le Cœur de Qui Vous Êtes. La mesure de l'Amour prend alors sa juste place et le fonctionnement intérieur, aligné sur l'espace du vide quantique et sur la Flamme d'éternité, restitue l'atome inconditionnel.

Le mot « inconditionnel » est justement employé, car il est à la mesure de la réalité de la Vie dans sa puissance éternelle. C'est-à-dire sans un savoir conditionnel basé sur le mental. L'espace de l'atome est en lui-même la Conscience infinie qui régit la vaste création de l'Univers. Un espace sans fin où tout est et où tout demeure, et à la fois d'une incommensurable rigueur éternelle, sans base, sans axe et sans limites. Il demeure l'énergie vibratoire sans forme qui contient toute la multiplicité de l'Univers, créant à sa mesure, dans l'immensité de sa puissance infinie et de sa grandeur exponentielle. Dans un choix toujours plus grand, dans une capacité à créer où se superposent les diverses vibrations, mais aussi la multiplicité des vies où l'incommensurable génie vibratoire réalise dans la perfection de ce qui Est.

Lorsque vous versez dans l'énergie du Cœur, vous ressentez une joie profonde qui vous transporte et vous transforme intérieurement. Sa vibration est belle, douce et puissante à la fois. Elle est le Chemin tant recherché que seule la pause intérieure permet de découvrir par sa connexion et dans laquelle demeure la puissance de l'Univers où l'atome divin croît exponentiellement. Le Cœur n'a aucune limite. À l'inverse du mental, il est la demeure où tout est possible et où rien n'est impossible.

L'homme génère un fonctionnement erroné dans la création qu'il réalise. Il n'exerce pas son réel pouvoir intérieur et il demeure soumis au mental. Il désire une chose et déroule alors en lui toutes les possibilités pour la réaliser. Le mental vit à travers lui dans ses pensées et il s'identifie totalement à son discours incessant qui le conduit et le porte dans ses choix de vie. Cependant, le temps n'est plus à la connexion mentale. Les croyances du passé et leurs fonctionnements limitatifs se défont peu à peu. Elles ne pourront bientôt plus remplir leur rôle invasif, et, la transparence aidant, l'homme ne pourra également plus poursuivre avec elles dans la réalité de ce qu'il vit.

La réalité de la Vie et sa puissance de création voient le jour. L'ouvrage reste toutefois à réaliser, un ouvrage d'approche dans l'énergie du Cœur qui implique le lâcher-prise. Cet avancement dans une nouvelle réalité ne requiert aucune recherche, car tout est déjà là, dans l'instant de la Vie, où il suffit d'accueillir ce qui est dans la simplicité du Cœur et sans aucun vouloir.

C'est alors une fusion intérieure avec l'Amour inconditionnel qui prend forme. C'est le laisser Être dans la simplicité de l'instant. Cette belle fréquence vibratoire, cet état d'Être, est une belle énergie qui révèle Qui Vous Êtes réellement. Elle vous aligne sur la fréquence de l'atome qui crée.

Dans cet espace, le temps n'est plus. Il demeure simplement la fusion de l'Amour et de l'atome pur et éternel. Ce

> *sont deux choses qui n'en font qu'une. Mais elles sont également distinctes par leur fonction. Une résultante qui change tout.*
> *L'Amour inconditionnel est l'état qui permet à l'atome de créer. L'atome étant lui-même constitué de l'Amour inconditionnel. Ils ne font qu'Un, mais sans l'état de l'Amour révélé en vous, il est impossible d'accéder à la création consciente. Il convient donc de vous placer dans cet alignement des deux pôles qui ne peuvent résonner l'un sans l'autre pour créer parfaitement.*

Ainsi vous êtes l'Un tout en étant séparés de Lui. Quand vous le retrouvez dans le Cœur de Qui Vous Êtes, vous fusionnez avec Lui car vous vous situez dans l'alignement parfait de l'atome qui crée par Lui.

> *Cette conception de la créativité est simple si vous demeurez dans la demeure intérieure du Cœur, sans vouloir ni pouvoir, mais dans le lâcher-prise de toute chose.*

L'accueil est libérateur. Il permet une magnifique ouverture sur la vie et sur votre pleine capacité à la créer parfaitement. Avec lui, il résulte automatiquement un alignement sur l'énergie du Cœur. Le mental ne peut alors garder le pouvoir sur vos pensées, car vous êtes positionnés dans l'acceptation de ce qui est. Le contrôle n'a plus d'espace pour évoluer à travers vous. Seule l'énergie du Cœur s'étend et prend place dans vos pensées et votre corps. Vous êtes alors alignés sur la forme du Tout. Vous vous retrouvez à nouveau, vous vous reconnaissez enfin dans votre amour et le vivez dans toutes les parts de votre humanité qui ressurgit et aime. La justesse prend place. Elle est innée tout comme l'est l'Amour. Une même constance berce alors la vie humaine de sa douceur. L'homme se situe dans un axe de lumière pure et éternelle. Ce qu'il étreint, se transforme grâce à l'état de l'Amour avec lequel il fusionne. L'atome est actif. Il illumine tout être et toute chose de sa vibration intemporelle.

Dans cet état transformateur, le Cœur agit pour le meilleur, sans l'élaboration d'une cause ou d'un objectif, sans objet ni but précis. Le meilleur est ici et maintenant, dans l'instant qui Est.

La vibration de l'Amour agit immédiatement, sans aucune connaissance, car la Connaissance présente dans le Cœur, parle, allège, guérit et ouvre à la capacité de transformation universelle en soi. Les blocages sautent, la négativité est transmutée, les maux du corps libérés. Rien ne surpasse l'état de l'Amour et sa fusion exponentielle crée à l'infini.

Mes paroles ne suffisent peut-être pas à vous permettre de comprendre cette dimension, car elle se situe au-delà de la conscience humaine. Toutefois, vous saurez réellement ce qu'elle est quand vous ne rechercherez plus aucune explication à la Vie. Vous saurez ce qu'elle Est dans le lâcher-prise et l'abandon, ainsi que dans la connexion intérieure. Les mots sont insuffisants à vous faire vivre et intégrer cet état.

Votre expérience à contrôler la vie humaine et ses situations est à sa fin. La nouvelle vie et l'ère quantique sont une et même chose. Leur résonance se fait entendre et vibre dans le Cœur de l'Amour pur et éternel, en toute simplicité. Elles demeurent Une dans l'espace sans fin de la Vie, relevant de l'abandon total de la connaissance humaine qui ne peut se substituer à la Connaissance universelle. Elles sont opposées même si elles forment un seul et même Tout. Leurs fonctionnalités permettent la réalisation de l'être humain en l'Être pur et éternel dans l'état de l'Amour libre. Un état qui révèle l'Être intérieur, libéré du mental et des oppositions ou limites qu'il formule, dans un état de non-attachement et dans un positionnement qui permet de vivre l'instant dans lequel tout se passe et se crée dans une continuité sans fin et sans nom. Un état de simplicité où l'énergie est libre, fluide et harmonieuse.

L'Amour inconditionnel est bien un retour dans la pause de la Vie, dans le noyau pur et éternel dans lequel tout prend forme et tout se vit. L'instant dans lequel vous êtes, ici et maintenant, dans le calme des pensées et dans la fusion éternelle.

Cet espace est plein et vide à la fois, car tout demeure en lui sans fin, dans une exponentielle expansion de la Vie qui représente aussi le vide. Un vide réel que rien ne fige ni n'entache, qui se meut à l'infini, dans une excroissance illimitée.

Telle est la Vie universelle. Tels sont tout être et toute chose, sans début ni fin. Le basculement dans la conscience d'être le vide et le tout à la fois, permet la compréhension de la vérité tant recherchée à l'extérieur de soi. Car vous êtes cette vérité et sa richesse. Vous la détenez et la vivez alors dans votre Cœur immuable par son Amour pur et éternel.

Le monde de l'infini découle de l'absence des pensées et sa compréhension émerge dans la pause intérieure et sa clarté. L'important aujourd'hui est d'apprendre à reconnaître le fonctionnement de ces deux énergies auxquelles vous êtes rattachés.

Le choix de demeurer dans l'énergie du Cœur ou bien dans celle du mental vous appartient. Le choix de suivre l'une ou l'autre de ces deux énergies conditionne votre vie et votre place dans la vibration créée.

Tout est sujet à apporter la compréhension nécessaire à l'épanouissement individuel et universel de chaque être humain. Le conte devient réalité et trouble la conscience humaine limitée par le mental. Une source continue de particules de lumière abreuve désormais les êtres humains et le changement est important pour celui qui ose remettre en question ses acquis. La loi de l'Univers agit avec force. Elle rayonne sur Terre et ailleurs par la lumière diffusée. La jouvence naît et transmet de nouvelles informations, ouvrant la conscience humaine à la Conscience universelle. La fréquence de lumière inonde l'activité cellulaire qui, par réactivité, fusionne avec elle. La conscience humaine est de ce fait ouverte à recevoir les informations universelles qui jaillissent de l'intérieur. Le renouvellement a lieu et prend toute son importance dans ce cadre intérieur où tout est et où tout demeure.

Les cellules sont des actifs de lumière qui sommeillent depuis fort longtemps par manque d'ouverture intérieure. Le mental, quant à lui, détient tout pouvoir. Il a une emprise forte sur toutes les parties de l'être. Sans répit, il dirige, planifie, compte et contrôle les pensées et les actes. Il vit par vous, vous coupant totalement de la puissance du Cœur et de son feu intérieur. L'être humain est ainsi sous sa coupe, pensant être le maître de sa vie alors qu'il n'en est rien. L'énergie du contrôle qu'il déploie a une réelle puissance de direction, car l'identification est forte. Vous pensez être la voix qui parle dans votre tête, vous l'écoutez et agissez par elle. Votre nourriture énergétique est uniquement mentale. Elle affirme votre avancée intelligemment et subtilement, ne lâchant rien et vous inondant de son pouvoir parfois destructeur. Elle mène une lutte toujours invasive et rigide, une lutte de pouvoir formelle et sans distinction, qui agit savamment à votre insu.

Nourrir le mental est chose facile. Dans l'inconscience des pensées qui se déroulent, vous adhérez à ce qu'elles transmettent. Leur force est due à l'ignorance qui vous tient et par elles, vous répondez et agissez. La réactivité est chose acquise alors que la pause permet un regard plus serein sur soi et ses pensées. C'est une ouverture consciente sur le déroulement du processus mental qui agit à travers vous.

Cette seconde peau, cet autre que vous êtes, n'est pas la vérité ni le chemin à suivre. Il est temps d'interagir pour solutionner ce positionnement mental, car maintenant vous savez et pouvez changer son conditionnement, car il vous éloigne de la présence du Cœur. La conscience de ce qui est n'est plus à mettre de côté. Vous connaissez la vérité. Elle vous ouvre à une nouvelle compréhension des mécanismes mentaux auxquels vous répondez. Le mental ne doit plus vous conduire par sa puissance de direction et ralentir votre progression. Le retour intérieur est la forme la plus juste que vous puissiez trouver. Elle est aussi la plus belle, la plus lumineuse et sa fonction est d'éclairer votre être pour rayonner magnifiquement, sans artifice ni limites.

Les artifices auxquels vous recourez sont des béquilles à votre bonheur. Ils éclairent le moment pour s'éteindre rapidement et le mental vous en tend un nouveau. Un autre achat, une nouvelle technique de progression, un nouveau savoir… Tout ceci est une tromperie qui ne tient pas. L'élan donné est très vite vide d'énergie. La nourriture mentale a besoin de vous pour exister. En répondant à ces sources illusoires et compensatoires, il est impossible de trouver la réelle valeur de la Vie. L'être humain vit dans la recherche extérieure et dans l'excès matériel, car il pense trouver en eux la clé du bonheur. Mais le bonheur ne peut exister et perdurer grâce à des appartenances matérielles et mentales. Il ne s'achète pas. Il ne se comprend pas, mais au contraire, il se vit dans l'union profonde du Cœur et sa jouissance lumineuse. Ce rapprochement intérieur de retrouvailles profondes et nourrissantes ne peut être défini par des mots. Il est à accueillir en soi et à vivre profondément.

Bannissez le vouloir de votre vie. Prenez conscience de tous vos vouloirs. Ils sont l'énergie du mental et représentent son emprise dans vos choix, dans vos pensées et vos actes. Ils vous dirigent loin de l'énergie du Cœur et de l'Amour.

Chapitre 4

L'usurpation du mental sur l'esprit humain conduit l'humanité sans limite, très loin de la source du Cœur. Le miroir aux alouettes illusionne un grand nombre d'individus, sans compter les subterfuges avancés qui reflètent l'ignorance. L'avancement aveugle est pourtant à sa fin. L'illusion a enfermé la correspondance intérieure et la direction mentale a agi avec force.

Sans discernement, il est impossible d'avancer dans la progression avec clarté. Dans ce cas, la stagnation est chargée de lassitude et de découragement. Il n'y a plus de vouloir individuel libre, mais une réelle autorité mentale qui retient et dirige, qui enferme et noie. Son pouvoir directif agit dans le nombre imposant des pensées, noyant la réalité et entraînant l'individu dans une puissante danse qui l'étourdit et l'aveugle. Le calme intérieur est alors peu présent et l'ego prend l'espace de la pensée qu'il marque de son autorité. Le meilleur de soi ne peut ainsi s'exprimer et l'agitation mentale ne laisse aucun répit.

L'ignorance de l'homme reste le fléau de la progression intérieure. Au-delà de l'état de conscience du moment, elle modèle le chemin, laissant de côté la vérité.
Mais me direz-vous, comment ne pas être dans l'ignorance ?

L'ignorance est due aux égarements de la pensée. L'être humain peut être ignorant de certaines vérités, je le conçois. Mais il ne se donne pas toujours le moyen de voir et de comprendre avec discernement pour avancer dans la lumière. Il évite les compréhensions qui le dérangent, optant pour une certaine facilité qui ne le mettra pas face à ses blessures. Il préfère les contourner consciemment ou inconsciemment et reste souvent dans l'ignorance de ses fonctionnements intérieurs, relativisant toute vie sur Terre pour un savoir faussé qui le satisfait pleinement. L'ignorance installée, il ne peut balayer les faux-semblants et trouve une réelle satisfaction à éviter les pièges qui pourraient le mettre face à lui-même et face à ses côtés négatifs.

Mais la loi universelle renvoie la vibration projetée qui, tel un boomerang, retourne toujours à la case départ. L'ignorant est alors mis face à lui-même. S'il n'évite pas son reflet, il peut accéder à sa propre transformation en se plaçant dans l'accueil et l'acceptation de ses propres parts d'ombre. La porte de la libération intérieure s'entrouvre alors pour le meilleur de son chemin. Dans le cas contraire, il rejoue le rôle de l'ignorant autant de fois que nécessaire. Les expériences vécues sont donc des ouvertures sur la vérité qui apportent la compréhension sur ses propres fonctionnements. C'est une fenêtre qui s'ouvre sur l'intégration de la Vie en soi et permet un regard nouveau sur le déroulement de l'ignorance qui a pris forme et qui limite toute évolution.

L'homme est un jour acculé devant ses propres expériences. Il fuit la vérité très souvent, et se détourne du reflet qu'il perçoit, déclarant la lutte dans les situations vécues et la nourrissant par le mental. Il renvoie ses jugements sur les autres personnes et ne voit pas le lien qu'il a tissé avec ce qu'il n'apprécie pas. Il relance la négativité, l'ego dirigeant la manœuvre. La réactivité prend l'ascendant et la paix ne peut rayonner. Ces situations, il les vit dans la souffrance intérieure, sans réelle reconnaissance pour ses fonctionnements et schémas négatifs. La recette du bonheur, il la recherche ailleurs, libérant son esprit de l'incompréhension de son vécu. L'énergie du mental le porte par l'ignorance entretenue. L'âme est délaissée et l'intuition absente. Il ne s'agit plus d'un jeu de rôle vécu consciemment dans la vérité, mais d'un « je » individuel qui s'affirme au fil de l'incarnation. Les limites d'évolution sont alors bien présentes et le rêve illusoire devient la réalité de l'homme.

Le manque de savoir est aussi source d'ignorance (répétition ?). Nul n'est censé ignorer la vérité, car la vie apporte toujours l'opportunité de faire le choix le plus juste. Elle tend le moyen de se comprendre pour avancer sans trébucher et éclaire le blocage qui limite la progression.

La clarté demeure le chemin et ses ouvertures sur la lumière sont affirmées avec légèreté. L'identité réelle peut alors entrer en action, libérant le flux intérieur de l'amour dans une autonomie de pensée et d'action qui régit son monde. L'avancée est puissante de lumière et de bienséance. Il n'y a plus d'obstruction au bonheur puisqu'il est là, à sa juste place, rayonnant dans le Cœur de l'Être et la liberté intérieure.

Le trouble de l'homme provient du fait qu'il se sent lié à son expérience duelle, mais aussi, lié inconsciemment à l'âme qui le conduit. Il opte souvent pour la lumière et verse ensuite dans l'ombre, oscillant largement entre ces deux pôles qui, s'ils étaient équilibrés, formeraient un tout de la Vie dans sa vie et pourraient transmettre la Vérité qu'il recherche dans ses errances. Or l'ignorance pure à laquelle il répond est forgée par une société où la peur est reine.

L'homme ne jouit pas de sa pleine liberté tant ses mémoires ont d'emprise sur son incarnation. Le rêve illusoire s'étend et jouit d'une profonde action, menée par un mental surpuissant qui vit à travers lui. Une destinée ordinaire prend forme alors, sans queue ni tête, dans l'élan retenu, car il ne sait pas qui il est ni où il va. C'est une errance à laquelle il s'accroche par peur de sombrer dans le vide de la vie.

Qui suis-je ?
Que fais-je ici sur Terre ?
Quel est le but de ma vie ?
Vivre pour mourir ensuite, mais pour quelle raison ?

Les questions sont nombreuses. Elles permettent parfois des ouvertures, mais demeurent sans réponse la plupart du temps. Il est pourtant un autre monde à la portée de chacun. Un monde riche de bienfaits que vous seuls pouvez toucher en sortant de votre ignorance. Mais tant que vous demeurez ancrés à la croyance que rien d'autre n'existe, l'errance de votre condition humaine se poursuit.

L'ouverture de la conscience a pourtant lieu et un regard vers autre chose, vers une autre compréhension est possible. La condition humaine touche à sa fin et le temps de la transparence est là. Elle vous appelle et devient visible. Les moyens donnés par la fréquence énergétique du moment naissent parmi vous. Le passé remonte pour être purifié et lâché. Il ne sert à rien d'y demeurer, car il est source de souffrance. Les croyances qui y sont rattachées sont obsolètes et il vous appartient de fermer sa porte pour vous permettre de passer à l'état de la liberté inconditionnelle. Il est réellement possible de sortir du carcan de la 3e dimension pour évoluer dans un espace de liberté universelle, en jouant consciemment avec l'énergie. Car l'énergie ancienne vous tient et a un pouvoir certain sur vos pensées. Il en découle une retenue conditionnelle qui freine votre élan. Vous doutez alors de la vie et de vous-mêmes, et ne savez que faire pour sortir de l'énergie du passé.

Si vous regardez la chose sincèrement, vous pouvez comprendre votre positionnement dans cette incarnation. Elle a parfois été rude. Elle a également été joyeuse. Mais la vérité réside dans l'énergie dans laquelle vous avez évolué. Vous lui avez donné forme et elle est inscrite en vous. Elle vous retient à ce qui a été, car elle est en vous. Ainsi vous revivez sans fin le passé et ses souffrances, persuadés d'y appartenir. Vous restez sous son emprise, liés à votre propre croyance. Pourtant ce n'est qu'une énergie qui vit à travers vous. Une énergie à qui vous avez donné naissance et nourrie par vos croyances alors que vous n'êtes pas votre vécu ancien. Vous êtes simplement le moment, l'instant où votre souffle est. Rien d'autre n'existe sinon ce qui est ici et maintenant.

L'énergie du passé est une illusion que vous entretenez par la croyance de lui appartenir. Or si vous analysez la chose, il n'y a rien dans l'instant qui puisse appartenir au passé, sinon la mémoire qui y est associée. Elle est la conscience du vécu qui vous a permis d'acquérir une certaine compréhension et un certain savoir de vous-mêmes. Hormis cela, vous êtes une personne et une âme sur le chemin de la vie.

L'ignorance vous maintient sous la coupe du passé, car vous croyez y appartenir alors qu'il n'en est rien. Le passé a été un passage et il vous a conduit à aujourd'hui dans cet instant où vous lisez ces mots. Rien d'autre n'existe en dehors de ce moment et le moment passé n'existe déjà plus, car vous êtes à nouveau dans un autre espace de vie. Rien n'est figé dans l'univers. Rien n'est figé dans l'incarnation. Seule la croyance du contraire l'est.

La conscience humaine évolue peu à peu. Le soleil qui se lève inonde de lumière la vie humaine. L'homme est homme, mais il est avant tout un Être universel qui parcourt la vie sur Terre vers une progression intérieure voulue par l'âme. Sa volonté peut le conduire vers d'autres états de conscience plus évolués et plus en accord avec la Vie. Pour cela, lâcher le passé est indispensable et notamment lâcher la croyance d'être ce vécu ancien.

L'appartenance à l'instant présent fait figure d'avancée certaine. Il n'est alors plus utile de vous poser des questions sur l'existence de l'homme sur Terre et son sens réel. Car la vie appartient à l'instant qui est sans fin, sans lien et sans aucune croyance. C'est dans la jouissance du moment que la liberté se vit, dans le détachement du passé et dans la volonté de vivre ici et maintenant, sans retenue. Car c'est ici que tout commence et se termine. C'est ici que tout se vit. C'est ici qu'est la Vie !

La grande illusion demeure vivante par le fait de croire qu'existent le passé et le futur. Une illusion entretenue par le monde décadent dans lequel vous vivez et vous vous en imprégnez, formé par l'esprit individuel qui restreint la pensée libre. La robotisation de l'homme est partout et son formatage actif. Il avance dans l'aveuglement de ce qui est, sans aucune conscience de la vérité. La communication de données illusoires est la réalité de sa vie, dans une société de consommation excessive où l'emprise sur la pensée par les croyances émises est forte. Un manque de pouvoir individuel en découle. Une forme d'obéissance collective est née, mais elle est en réalité la forme d'un pouvoir énergétique sur la pensée de l'homme qui agit à l'insu de tous. Ce qu'on veut vous faire croire, vous le croyez. Ce qu'on veut que vous fassiez, vous le faites. L'emprise énergétique de la masse humaine agit en vous et il en est de même des êtres de pouvoir que vous côtoyez.

Aujourd'hui, la conscience humaine évolue. Elle n'est plus aussi restreinte, car l'énergie de lumière actuelle permet des prises de conscience importantes. Elle diffuse la compréhension de l'ouverture à la Vie universelle et les croyances tombent peu à peu.

Rappelez-vous ces paroles :

Rien n'est plus vivant que l'instant présent et ce que vous vivez à cet instant.

L'énergie du Cœur se déploie et s'installe. Pas à pas, elle génère des prises de conscience chez l'être humain et au sein de l'humanité. Ce qui paraissait impossible à réaliser auparavant ne fait plus partie de certaines croyances. L'ouverture est belle. Elle libère l'esprit humain de ses entraves et lui permet de retrouver sa liberté en douceur. La douceur des pensées prend tout son sens quand on connaît la vérité.

L'énergie de la violence, quant à elle, défera son emprise sur l'être humain quand celui-ci versera dans la compréhension de la Vie, lorsqu'il souhaitera se détacher de l'emprise des pensées qu'il installe en lui. Il sait désormais qu'il peut trouver le repos dans son Cœur et dans l'instant présent. Toute autre direction n'étant plus le but à atteindre, il ressent la vérité au plus profond de lui, là où naît la sagesse. Il s'éloigne aussi des possessions matérielles et du vouloir. Il se décide à laisser l'éphémère pour demeurer dans la richesse du Cœur. Un monde nouveau se lève et il le sait. Il ne l'imagine pas, il le vit de plus en plus. Il ne le souhaite pas, il le crée et le maintient. En œuvrant de la sorte, il définit toute chose et toute situation dans la positivité et la beauté. Ainsi l'illusion se défait peu à peu. Elle perd de son adhérence et de son pouvoir sur l'humanité. La résistance et le contrôle s'étiolent, laissant place à la fluidité et donc à un espace de liberté retrouvée. L'espoir renaît. La croyance qu'il était impossible de vivre sans souffrance fond comme neige au soleil, car l'homme sait désormais Qui Il Est et crée le Nouveau Monde en commençant par changer ses croyances. Il sort de son ignorance et avance dans la liberté de pensée, de parole et d'action. Il joue librement avec l'énergie positive et rayonnante. Il crée le monde qu'il a toujours désiré. Il coupe les liens avec le passé et avance sans retenue en jouissant de la pause dans le Cœur, sans aucune projection, sans aucun vouloir, mais dans une constance de vie où il crée dans la mesure de l'amour et de la pureté. La transparence est avec lui et il ne se charge plus de ce qui pourrait l'obscurcir. Il demeure le maître de sa vie.

Depuis longtemps, vous évoquez le moment présent, mais actuellement, il est important de le considérer différemment pour intégrer ce qu'il est réellement.

Que souhaitez-vous changer dans votre vie ?
Vos manques, votre tristesse ?

Alors, sortez de vos croyances et créez votre vie dans l'instant présent, sans peur, en donnant l'élan qu'il convient et en vous détachant totalement du passé. Ne vivez plus dans l'espoir d'un avenir meilleur. Créez plutôt ce que vous souhaitez, dans l'instant présent, avec foi et conviction. Vous êtes créateur de votre vie, alors créez-la comme vous la souhaitez, positive, belle et pleine d'amour, sans aucune difficulté ni aucun frein, mais totalement consciente, lumineuse et sans peur.

C'est dans l'instant présent que se crée la vie et la source de toute création y figure. Vous n'avez besoin d'aucun outil pour cela, car vous êtes l'instant. Si la croyance que vous ne pouvez mériter mieux est en vous, vous ne pourrez créer une vie meilleure. Cependant, si vous savez que vous pouvez tout et que vous êtes le Tout, en toute simplicité vous créerez vos souhaits très rapidement. La fréquence élevée de l'énergie de lumière sur Terre précipite très rapidement votre demande. Actuellement, vous reprenez la conscience de votre pouvoir créateur. Alors, faites-le dans le sens lumineux de la vie en étant situé dans l'instant présent.

Personne n'est oublié sur Terre. Vous le croyez parfois, car vous souffrez. Mais si vous souffrez, c'est que vous êtes situés dans les blessures du passé qui, énergétiquement, ont un pouvoir sur vous, car vous pensez être votre passé. La croyance est puissante si vous adhérez à elle. Elle ne l'est pas si vous n'accédez pas à son énergie qui peut être destructrice parfois. Le choix de votre vie vous appartient, sachez-le. Il est nécessaire de le faire consciemment dans la nouvelle vie qui émerge sur Terre, sans vous nourrir de l'extériorité ni de la société qui vous pousse à l'opposé de l'énergie du Cœur.

Sortir de l'ignorance est le choix à faire pour retrouver la liberté recherchée. L'instinct de survie agit souvent en vous et vous oblige à être en alerte et donc dans le contrôle. La peur affirme votre conviction à demeurer dans le besoin d'être et non dans la simplicité d'être. C'est une différence importante, une opposition qui vous maintient dans la croyance du besoin. Vous craignez de manquer, car la mémoire de cette peur est en vous. Elle est reliée au passé. Si vous décidez de fermer sa porte pour une transformation certaine, faites-le. Demeurez dans l'instant et sortez de la croyance qui entretient la peur du manque. Elle est une orientation négative qui active la mémoire de la peur. Votre vie est ici et maintenant, et non dans la peur. Revenez à l'instant qui peut tout et accueillez votre pouvoir créateur. Il déterminera la liberté de création. La simplicité de cette vérité est active et riche de bienfaits. La lourdeur du passé est, quant à elle, obsolète. Désormais, elle n'entre plus dans la légèreté de la Vie universelle qui déroule une création de vie belle et lumineuse.

Souvenez-vous, c'est dans l'instant que tout se passe. Vous connaissez ces mots, mais vous demeurez étrangers à cette vérité. Votre impuissance à vous rapprocher de lui est bien présente, car votre esprit humain vous place dans la séparation. Vous pensez être séparés du monde et de l'humanité, vous pensez que l'univers est indécelable et il en résulte, de ce fait, un attachement à l'être individualiste. Lâcher la connaissance humaine n'est pas aisé et l'interprétation qui en est faite bloque l'élargissement de la conscience.

Elle ferme l'individu à une vision plus simple. Si bien que vous restez ancrés dans l'illusion créée et dans la croyance d'être séparés de tout.

L'instant est la pause. Mais il n'est pas le manque d'action. Il est au contraire la volonté d'agir dans la conscience du moment. Cela requiert la présence de l'esprit humain dans une liberté d'action consciente. Et cela change tout, car le moment est vécu pleinement.

Son accès développe une toute autre ouverture sur la vie et tout ce qui l'entoure. Il n'y a alors plus de séparation, mais au contraire, un contact avec la Vie universelle, car c'est en étant présent dans la matière que la Conscience du Tout émerge.

Chaque moment vécu consciemment est un moment de Vie universelle. Il fait partie du Tout et n'en est pas séparé. Il est inscrit ici et maintenant dans le Tout de la Vie. Il n'y a aucune séparation entre la vie humaine et le Tout. La vie humaine est une part de la Vie universelle et les moments vécus en sont des éléments. En élargissant votre vision, vous pouvez voir un immense puzzle constitué de bouts de vies humaines qui s'ouvrent sur une galaxie et la nourrissent. Elle-même s'ouvre sur un univers et le nourrit, lui-même nourrissant un autre univers encore plus grand, dans l'infinitude de la Vie pour former la

Source éternelle sans cesse en expansion. De ce point de vue élargi, l'esprit humain peut comprendre cet organigramme universel auquel l'être humain appartient. Nous sommes donc tous une part infime du Tout et participons à le faire grandir par les expériences vécues qui développent notre conscience.

Par conséquent, ce qui est vécu sur terre - il s'agit là du but de l'incarnation - participe au Grand Plan Universel en action. Vous êtes reliés à la Vie universelle par les actes posés dans la vie humaine. Plus l'instant est vécu en conscience, plus la répercussion dans l'infinitude est lumineuse. La création consciente est puissante. Ce qui est vécu sur Terre n'est pas au bas de l'échelle de la Vie. Au contraire, il s'agit du commencement de la Vie par la vie humaine et ses expériences. La graine que l'on plante prend racine, grandit, fleurit et donne des fruits qui nourrissent la Vie universelle. Longtemps, l'être humain a dénigré sa condition et mal vécu ses expériences dans la dualité. Or sans elles, et dans les autres vies intergalactiques, le Grand Plan Universel n'aurait pu se réaliser.

L'homme a pris le problème à l'envers, nourrissant le mental, car il s'est cru incapable d'être une bonne personne. Grâce à la séparation vécue dans la matière, il a permis aux expériences négatives d'enclencher le processus créatif qui renouvelle sans cesse la lumière. Grâce à l'illusion, la lumière a jailli des consciences. Le monde humain a interagi avec les autres mondes galactiques et nourrit l'Univers de ses acquis lumineux. La grande machine universelle fonctionne grâce à nous tous et grâce aux autres peuples intergalactiques. Cet ensemble ascensionne actuellement pour nourrir d'autres plans dimensionnels supérieurs de lumière.

L'intérêt actuel est de lâcher les retenues pour permettre à notre univers d'ascensionner. Le passage vécu par tous laissera la place à une nouvelle galaxie qui s'affirmera elle aussi dans la dualité et entamera un nouveau processus de progression individuelle. Un nouvel affranchissement d'êtres dans le vécu de la dualité prendra le relais.

Il est donc important pour tous de vivre l'élévation qui se présente, fermement ancrés dans notre monde en nous unissant à la forme duelle pour permettre à la séparation de disparaître afin que les prises de conscience humaines catalysent l'ensemble de l'humanité. Ce qui lui permettra de s'élever, elle aussi, sur un autre plan dimensionnel qui aidera une galaxie plus lumineuse à se nourrir de fréquences élevées, qui elle-même s'élèvera pour nourrir un autre univers, permettant à la Source de Vie de croître plus encore vers des sommets sans cesse grandissants à l'infini. Vous comprenez ainsi qu'en expérimentant la vie humaine dans le moment qui est, vous donnez l'opportunité à l'être humain d'accéder à des plans de conscience plus subtils.

Il lui incombe donc de vivre humainement en apportant ses connaissances spirituelles à l'ensemble de l'humanité et non l'inverse. La connaissance spirituelle vécue sur des fréquences élevées ne sert à rien si elle n'est pas appliquée dans votre vie. Trop d'individus s'éloignent de cette vérité et expérimentent les dimensions supérieures par la découverte de leurs pouvoirs multidimensionnels. Ils demeurent alors hors circuit en pratiquant ces expériences dans des vibrations qui les éloignent de la matière. Ils pensent qu'ainsi ils s'élèveront plus vite. Or il n'en est rien. Ils retardent leur progression sans le savoir. Ils sortent du Grand Plan universel et le ralentissent. À vouloir voler trop haut, tout comme Icare, ils se brûlent les ailes.

Les êtres humains découvrent leurs potentialités actuelles et croient qu'elles vont leur permettre de franchir les étapes clés de la progression intérieure. Pour beaucoup, elles restent un survol de la vie humaine et ôtent toute capacité à intégrer le retour à Soi. Ces individus pensent avoir tout compris alors qu'il n'en est rien. La découverte des capacités multidimensionnelles est, si elle est le seul but à atteindre, à l'opposé de l'intégration de la voie spirituelle dans l'amour et la lumière. Les capacités demeurent en chacun avec certitude. Elles sont toutefois et seulement des outils.

Les plus avancés ne sont pas ceux qui ont le plus de capacités spirituelles. Ils sont la définition du mental qui le leur fait croire. Ils pensent être arrivés alors qu'il n'en est rien. Vous connaissez certainement cette parabole :

Les derniers seront les premiers et les premiers seront les derniers.

C'est exactement ce qui se passe actuellement sur Terre. Les vrais êtres spirituels sont dans l'amour et essaient à chaque instant de le pratiquer dans leur vie. Ils donnent, transmettent et rayonnent l'amour. Peu importe leur capacité à s'envoler sur les fréquences élevées. Ils sont là dans le moment de l'expérience vécue et intègrent leurs connaissances dans la matière, au sein de l'humanité. Ils œuvrent pour la Terre. Ils sont simples, humbles, vertueux et s'abandonnent à leur vie, ouvrant leur cœur à tous. Ils vivent ce qu'ils ont à vivre, libérant leur intuition. La pause est nourrissante et complète, alors que d'autres s'élèvent sur les plans supérieurs totalement soumis au mental et au besoin de reconnaissance, s'éloignant de la vérité et du chemin lumineux qu'ils pourraient découvrir s'ils versaient dans l'instant. Ils pourraient pourtant dans ce retour intérieur et dans la jouissance de leurs capacités multidimensionnelles, connaître rapidement l'Éveil. Car c'est dans le Cœur que s'ouvre sa porte et non dans le vouloir d'élever ses vibrations. Les étapes sont souvent sautées et la vie matérielle évitée alors qu'elle est à spiritualiser et à transmuter pour le meilleur de tous.

Aujourd'hui, deux classes spirituelles évoluent sur Terre. La première ouvre son Cœur dans la pause et rayonne. La seconde s'envole vers on ne sait où, dirigée par le pouvoir du mental. Il est donc important d'y réfléchir afin que la lumière éclaire les zones d'ombre de l'ego. Le changement actuel des fréquences vibratoires permet à l'humanité de s'éveiller, mais pour cela, la vision du chemin doit être parfaite, sans ombre, et illuminée par le soleil qui se lève dans votre Cœur. Nul ne pourra bientôt plus ignorer cette vérité.

Chapitre 5

Les temps actuels sont basés sur le Cœur et son énergie bienfaisante. Le règne du mental s'achève et avec lui, toute une idéologie illusoire. L'impossible n'est plus et sa croyance se défait de l'esprit humain. Le rêve se crée dans une constance sans défaut. L'être humain apprend à conduire sa part de rêve en la créant consciemment. Il entre dans une conduite parfaite de sa vie, s'il s'installe dans la pause intérieure qui est réellement le lieu où chacun doit se retrouver. L'union avec la Lumière de Vie prend alors l'espace de la pensée humaine. Il n'y a plus de séparation entre l'être humain et la lumière.

La pause dans le Cœur est une découverte que chacun peut faire. Elle ne relève d'aucun vouloir, mais de la vibration d'être. Il n'y a aucune alternative à cela, car c'est un état de conscience qui naît en soi en définissant toute chose dans l'amour. La connaissance intellectuelle ne peut permettre cette grande ouverture, car elle est reliée au mental. Elle ne peut à elle seule, définir la vibration de l'amour qui est l'état où demeure l'origine de toute chose, matérielle et immatérielle.

L'être humain confond ces deux pôles vibratoires. Il reste très ancré dans ses croyances et se limite.

L'amour n'est pas une direction, mais un retour à soi, sans aucun vouloir ni contrôle, dans un abandon sans limites.

Il est très difficile pour l'homme d'y accéder s'il ne vit pas l'instant en toute conscience. La valeur des choses n'est rien comparée à ce vide dans lequel se trouve la richesse de la Vie. Son esprit est si cloisonné qu'il ne peut verser dans son propre état de jouissance universelle où l'ombre est lumière et où la lumière est ombre. Ce qui revient à dire que seul le Cœur est légitime et l'équilibre demeure la règle de vie.

L'ombre est lumière. Ceci est une vérité fondamentale et cela peut vous surprendre. Elle vit tout comme vous dans la vastitude de l'univers. Il n'y a aucune séparation entre elle et vous, entre vous et elle, ni entre elle et la lumière. Le cloisonnement et la séparation sont deux idéologies définies par l'homme. Elles sont les artifices du mental qui prend plaisir à faire évoluer l'humanité dans un monde fermé et totalement séparé du Tout. La Vie est un tout où tout est Création de Vie.

L'ombre a en elle ce point de lumière qui la fait vivre. Elle est lumière au plus profond d'elle-même, tout comme vous l'êtes. Elle alimente la lumière par les expériences de l'homme. C'est un cercle sans effet ni sans fin où la lumière alimente l'ombre et où l'ombre alimente la lumière. Il s'agit de la machine universelle qui crée l'univers dans toute sa grandeur, si simple et si puissante.

Il est alors important de lâcher vos croyances pour vous ouvrir à la vérité de ce qui est. Vous êtes l'ombre et la lumière. Vous êtes aussi la Vie et rien ne vous sépare d'elle. Votre lumière intérieure vit en vous et les expériences vous permettent d'évoluer dans une constance lumineuse de plus en plus fréquente et stable. Peu à peu, le voile de la séparation disparaît et vous accueillez le fait de ne pas être dissociés du Tout. Peu à peu, vous vous reconnaissez lumière et la révélez pour nourrir la Vie. Vous êtes un élément de la grande mécanique universelle. Vous l'activez à chaque pensée et à chaque acte posé. Vous êtes l'univers sans fin et participez à le faire vivre sans le savoir.

La conscience de ce qui est peut changer votre vie. Dans la séparation mentale, vous vivez pleinement la potentialité de la créer dans la joie, la paix et l'abondance, et vos limites sont les choix auxquels vous adhérez. Une vision nouvelle dans son ensemble apparaît toutefois aujourd'hui dans votre Cœur. Elle prend, peu à peu, sa juste place dans la conscience humaine. Ce qui était impossible à réaliser auparavant le devient. Les limites sautent et l'impuissance à être Qui Vous Êtes se défait. La conscience humaine s'élargit et se tourne vers la vérité qu'elle accueille pas à pas. La réalité s'impose et devient le phare à atteindre. L'Intelligence universelle retrouve enfin sa place et conduit le chemin.

L'affirmation dans le domaine du savoir devient obsolète. Seuls, la vibration du Cœur et son état sont vrais. La Vérité prend place, loin du pouvoir du mental. La nouvelle conscience naît au sein de la conscience humaine, loin de la peur, du doute et de la vision négative entretenue. Pour celui qui le souhaite, le soleil en chacun rayonne et conduit l'âme et l'humain, sans limites, mais dans une parfaite ascension relationnelle qu'installe et développe la puissance universelle incréée. La vérité humaine se fond ainsi dans la Vérité. L'union devient force universelle dans une réelle simplicité que seuls le Cœur et l'Amour affirment sur la voie de l'Éveil. Le « je suis » devient « Je Suis » dans la constance de la Vie. L'Unité Est et demeure le chemin.

La foi ouvre à cet aperçu très nouveau pour certains. Il a pourtant toujours existé, chaque chose étant à sa place. Le lien qui unit l'être humain à l'univers et à sa constance vibratoire a toujours été présent. Seule la volonté de l'homme d'être dans son mouvement est absente, car il s'est toujours senti différent de ce qui l'entoure. Le yin est la force sacrée de ce mouvement. Le yang est la force relationnelle qui maintient l'équilibre avec le Tout. L'un et l'autre alimentent la Vie universelle, mais aussi la vie humaine par leur énergie.

Les décalages énergétiques sont importants sur Terre et trouver l'équilibre, dans l'énergie du yin et du yang, est la clé de l'épanouissement de l'être humain. Il devient nécessaire aujourd'hui de changer la vision que vous avez du fonctionnement énergétique de l'être humain et de ce tout qui demeure flou. Apprendre à marcher dans l'espace universel de la Vérité est un défi à relever pour anticiper les grands changements qui arrivent.

L'être humain ne peut plus se laisser balloter par ses émotions. Il est impératif qu'il trouve la constance de la Vérité. L'onde de Vie se propage dans l'univers, l'alimentant de sa forme vibratoire. Sa fréquence, de plus en plus élevée, mène l'avancée. C'est une onde puissante de transformation.

> *Les prochains changements requerront l'équilibre de l'énergie en chacun, hors du précepte de la pensée et dans une intériorité retrouvée.*

Toutefois, la marche silencieuse doit ouvrir la porte de la Vie en soi. De secret il n'y a. Demeurez simplement la vibration de la Lumière dans votre espace d'éternité où tout Est et où tout demeure. L'associer à une forme quelconque d'analyse est une erreur, car il s'agit d'un état vibratoire que seul le Cœur ressent. L'esprit humain, quant à lui, ne perçoit rien de cet état. Seul le ressenti intérieur permet un pas dans la découverte de l'équilibre et il est important d'y poser son attention. Courir et se perdre dans la vie humaine n'est pas le chemin. Mais pénétrer en soi, dans le Cœur de toute chose, permet de distinguer la vérité et s'y associer.

Rester en marge ne permet pas de toucher à l'infinitude, car la vie humaine est une infime part de ce que Vous Êtes réellement. Il est nécessaire pour avancer dans cette intégration de vous reconnaître dans votre Cœur afin de ne plus regarder ailleurs qu'en vous. Car c'est en vous que demeure la Vie et en Elle sont l'univers et ses galaxies, la Terre et l'être humain. Le temps perdu, à rechercher ailleurs qu'en vous l'espace de la Vie, se termine. La séparation est une ancienne croyance qui n'a plus vie actuellement. La pause permet, quant à elle, de retrouver l'ensemble de l'univers, sa Totalité et donc la Vie, jusqu'à la Source de lumière d'où vous êtes issus.

La séparation qui a eu lieu lors de votre naissance est éclairée aujourd'hui par la lumière authentique. Aucune zone de non-compréhension ne vient obscurcir ce qui est. Les doutes s'évanouissent pour laisser la place à la grandeur de chacun. Les différences sont des créations mentales entretenues par l'homme. L'avancée démontre qu'elles ne sont pas réelles, mais simplement une illusion très longtemps entretenue. Désormais, la vérité ouvre la voie du retour intérieur, ce qui permet à chacun de se reconnaître dans son espace intérieur, uni à la Vie et à tout ce qui en découle. Plus vous vous rapprochez de cette vérité, plus vous la faites vôtre, plus vous ouvrez votre conscience à la Vérité. Cette approche est la voie à tenir dans l'équilibre parfait de l'énergie individuelle. En demeurant ancré dans la demeure du Cœur, l'esprit humain se transforme et son énergie s'associe dans l'instant à la grandeur de l'Amour inconditionnel qui est la vibration éternelle.

La pause intérieure permet un grand changement dans les croyances entretenues, ouvrant l'aperçu limitatif de l'ego et permettant au Cœur de rayonner. L'équilibre prend place peu à peu, le yin et le yang s'associant dans une vraie fusion qui touche la conscience et permet à l'individu de se reconnaître dans la Vie. Jusqu'au jour où l'équilibre devient fusion et délivre l'état de vacuité où tout Est et où tout demeure.

Le monde de l'homme apparaît alors distinctement, sans voile et sans illusion, dans le grand soleil révélateur de la Vie. Les jeux de rôles entretenus appartiennent désormais au passé qui a été un passage dimensionnel vers l'ici et maintenant. L'instant contient le sans forme que seul le Cœur voit sans réelle vision. Car il sait et comprend ce qui Est. Tout est là dans cet espace de Vie. La Connaissance demeure ici, sans mental et sans savoir intellectuel. Elle Est, Elle appartient au monde de l'Incréé, au monde de la vibration de l'Amour.

C'est quand il n'y a rien que tout Est. Quand l'abandon prend place, la fusion avec la Vie se produit, dans l'équilibre parfait du yin et du yang. La fusion intérieure se fait naturellement, sans vouloir ni pouvoir, sans pensée ni savoir, dans un abandon complet à la Vie.

Seul le souffle rythme l'instant. Son mouvement démontre l'appartenance humaine au mouvement de la Vie. Sans autre définition, il unit l'humain à ce qui Est car il est cela sans aucun doute. Dans le même instant de vie, vous êtes le souffle et fusionnez avec lui. En lui, vous formez le Un du Tout dans le Cœur de Qui Vous Êtes. C'est pourquoi le vouloir ne peut apporter la plénitude. Il est la direction du mental et vous l'avez suivie trop longtemps. Dans l'instant d'éternité, il ne peut vous permettre de vous idéaliser dans l'Amour que vous Êtes. L'énergie du mental et celle du Cœur sont opposées. Il est enfin temps de donner l'élan à ce que vous savez désormais et non à ce que vous croyez, afin d'enrichir votre parcours de lumière dans la pause intérieure.

Le rythme de la Vie prend place dans le monde de l'homme actuellement, mais beaucoup restent encore bloqués dans l'illusion et leurs croyances erronées. L'aversion à la spiritualité est bien présente au sein de l'humanité, car elle fait peur à beaucoup. Elle est injustement assimilée aux sectes et au pouvoir, alors qu'il n'en est rien. Le monde spirituel demeure au contraire le seul lien avec la liberté lorsqu'elle est pratiquée dans le Cœur, pour des retrouvailles hors normes, seuls avec vous-mêmes et avec ce que Vous Êtes réellement.

Que recherche l'être humain ?
Le sait-il vraiment ?

Il souhaite accéder à la connaissance alors qu'il est la Connaissance. Il souhaite l'abondance alors qu'il est l'Abondance. Il souhaite la joie alors qu'il est la Joie. Sans le savoir, il souhaite ce qu'il est en réalité. Il se retient à l'illusion par sécurité. Il n'arrive pas à s'abandonner, à lâcher son contrôle sur la vie humaine. Il existe plutôt qu'il ne vit. Le monde parfait qu'il désire, il ne peut le trouver, car il le recherche ailleurs qu'en lui. Il s'éloigne de lui-même dans ses recherches et par la même occasion du meilleur de la vie sur Terre. Ses errances le définissent séparé des autres, de la vie et de l'univers alors qu'il n'en est rien. Ses recherches le conduisent loin de lui-même alors que la pause intérieure le réconcilierait avec Qui Il Est. La chose est si simple, si près de lui qu'elle lui paraît impossible à réaliser.

La vie est à vivre pleinement, sans limites et sans peur. Elle est à explorer avec intelligence dans le retour intérieur. Dans la demeure du Cœur, la totalité de la Vie est présente sans aucun attachement. La liberté naît justement du fait de n'avoir aucun lien avec quoi que ce soit, ni avec qui que ce soit. L'explication est très simple, car vous êtes les deux à la fois. Rien n'est séparé de vous dans le Cœur de Qui Vous Êtes. Tout est là, grandeur et éternité, sans distinction ni séparation. Rien ne se voit, mais tout est inscrit. Il n'y a aucune forme, aucun savoir intellectuel. Seule la Présence Est et demeure la voie à tenir.

Sachez que le monde de l'invisible se vit dans l'état de la pureté inconditionnelle que seul le Cœur transmet. C'est l'état absolu dans lequel n'émerge aucune question, aucune recherche ni aucun savoir, car dans cet état vibratoire on sait et on connaît la Totalité de l'Univers. On vit aussi en soi ce qu'Il Est et dans la pleine reconnaissance du Soi en Lui, la fusion avec le monde de l'absolu révèle la constance de la Vie universelle. C'est pourquoi, tant que la pause intérieure n'est pas présente, la fuite continue dans la course au temps. Les minutes, les heures, les jours, les mois et les années défilent à un rythme imposant, mesurant l'espace terrestre et tout ce qui y est relié.

L'homme demeure dans le domaine du mental et de son analyse qui classifie, différencie et sépare. Le contrôle fait partie de la vie humaine, limitant l'expression de l'Amour inconditionnel qui, à l'opposé, laisse l'individu libre de ses pensées. L'homme vit ce qu'il a à vivre, sans limiter ses expériences de vie qui ne sont pas toujours basées sur la compréhension de ses actes. La rigidité d'esprit, très présente, a longtemps guidé ses pas, mais la compréhension du jeu de la vie apparaît toujours, s'il veut bien la voir. Il dit qu'il ne comprend pas ses souffrances et préfère orienter ses pas dans la jouissance physique de la matérialité qui est très présente, envoûtante même. L'être humain est attiré par la facilité et pense jouir du meilleur dans l'outrancière richesse éphémère alors que d'autres âmes subsistent dans la misère. Il demande l'abondance à l'univers alors que d'autres âmes vivent dans le dénuement. Il souhaite toujours plus de richesse et il s'endort dans le rythme individualiste terrestre où seul le mental règne.

L'homme suit ses envies pour combler en lui ses manques. Il se démène pour avoir, pour posséder et non pour être. Il vit pour cela. Il s'endette aussi pour obtenir des biens qui le satisfont un temps. Il est à l'image de l'enfant capricieux qui crie, pleure et tape des pieds devant ses parents pour obtenir le jouet désiré. Et la comparaison est aisée. Il n'a de cesse de se débattre et il s'épuise à mettre toute son énergie dans cette lutte mentale et énergétique avec la vie et là, en l'occurrence, avec ses parents énervés par son comportement. Or s'il était sage, il regarderait le jouet convoité, le sourire aux lèvres et les yeux pétillants, s'imaginant jouer avec lui et vivant le plaisir dans son Cœur avec amour et dans le moment présent. Ses parents attendris envisageraient alors de le lui offrir plus tard, lors de son anniversaire. Tout se passerait dans la fluidité de l'instant, sans négativité et sans force de contrôle.

Dans le premier cas, les blocages sont fréquents. Ils engendrent la souffrance, la peur, la déstabilisation et le manque de discernement. Ils n'apportent en aucun cas le bonheur. Dans le deuxième cas, l'énergie est fluide et harmonieuse. Le vouloir est absent et seule réside la sagesse du cœur. L'énergie de l'univers agit toujours dans le respect de l'amour. Le jouet de l'enfant peut alors être apprécié, car il n'y a ni caprice ni tentation élaborée par le mental. Il est réellement ce que l'enfant désire, lui apportant le bonheur. Ce n'est pas une possession supplémentaire qui sera mise de côté rapidement. Car un caprice amène un autre caprice. En créant le besoin d'attirer l'attention pour être reconnu ou bien pour combler le vide intérieur. Ces deux tendances de vie démontrent l'illusion de la possession.

> *Vouloir posséder, c'est n'être jamais satisfait. À l'inverse, ouvrir son cœur à un souhait permet à la Vie de vous combler et vous ne manquez de rien. L'envie est reliée à l'énergie du mental. Le souhait à l'énergie du Cœur. Dans la vie humaine, deux pôles s'affrontent lorsque vous êtes situés dans l'illusion.*

Il est possible de jouer avec la Vie en demeurant des enfants sages et pleins d'amour. L'élan donné sera bénéfique au bien-être et l'état de conscience du moment permettra la réalisation de vos souhaits.

Quand le Cœur est ouvert, la vision de la vie change dans la transparence innée. Cet alignement avec l'origine ouvre sur une vision juste et transparente des comportements, schémas et créations. Se place alors un autre regard sur la vie terrestre et les expériences sont vécues différemment, toujours dans la responsabilité de ses propres créations. La simplicité rythme le souffle intérieur et la puissance créatrice prend sa juste place. C'est une puissance belle et lumineuse que seul le Cœur transmet. L'union avec la Vie est présente et la fusion intérieure a lieu pour une réelle transformation.

Seule la pause transmet la sagesse et la liberté d'action agit durablement dans le calme intérieur, au-delà du mental qui ne cesse de contrôler la vie dans une course toujours plus prenante, vers une idéalisation faussée de l'être humain, dans un monde où la complexité de l'illusion est reine.

La majorité des individus évoluent dans une superficialité durable et éphémère à la fois. Le concept humain limite l'individu à consommer et à amasser des biens qui ne nourrissent pas l'âme. Une possession en remplace une autre et ainsi de suite. La subsistance est seulement matérielle. Par ailleurs, la vie est montrée comme une existence passagère, ce qui est juste, mais n'enseigne pas la valeur durable de l'Amour inconditionnel. Tout est posé à condition, dans un manque de liberté excessif que seul le Cœur voit. L'homme ne distingue pas toujours le faux du vrai, le mental du Cœur, l'illusion de la vérité. Il avance très souvent, influencé dans ses pensées par l'énergie du collectif à laquelle il adhère. S'il n'y prend garde, il suit l'ordre de pensée du moment, croyant qu'il s'agit de ses propres pensées. Il suit le mouvement extérieur alors qu'il serait juste pour lui de se poser dans son amour pour tenir le cap lumineux sur sa voie. Il se sent perdu et suit la mouvance, préférant adhérer à la masse plutôt qu'à sa pensée profonde issue de l'intérieur.

Cette conduite est suivie par l'ensemble de l'humanité. Or le moment est venu d'ouvrir l'espace de la conscience individuelle pour pénétrer et se poser dans l'espace de la Conscience universelle.

Deux chemins s'ouvrent toujours à soi et le discernement est à mettre en évidence.
Lequel voulez-vous emprunter ?
Réfléchissez et agissez. Redevenez libres, il est temps.

Les moyens d'évolution ne sont plus les mêmes qu'auparavant. La facilité se présente avec une telle simplicité que vous ne pouvez comprendre ce qui est en demeurant sous l'emprise de l'énergie mentale. Inverser le processus actuel n'est pas aisé, mais totalement envisageable. La rigueur est alors de mise et conduit vers la vérité. Il n'y a plus de combats à mener, mais un détachement des croyances passées et une remise en question de ses fonctionnements pour une orientation vers la Lumière de Vie. Le peuple suit le peuple, mais il est impératif que l'individualité humaine reprenne sa liberté.

Redevenir humain avant tout, sans liens ni attachements, c'est être soi, en soi, pour une ouverture lumineuse sur la vérité. Ainsi l'avancement est beau, fluide et harmonieux. Il permet que s'ouvre un nouveau regard sur le fonctionnement de l'univers et les valeurs de la Vie remontent alors pour prendre l'espace auquel elles appartiennent, sans différence ni séparation, mais dans une réelle liberté et un respect retrouvé. Le passage à franchir actuellement est beau. La volonté et l'engagement sont nécessaires pour vivre et ne pas tomber à terre à chaque pas. La grande illusion se défait par le changement dimensionnel actuel, car la Lumière de Vie est plus présente et vous aide à vous transformer. Si votre souhait est émis par le Cœur, alors la réalisation est légère. C'est un message d'espoir pour tous dans la pleine reconnaissance de la Vie en soi. Ne luttez plus, mais au contraire, accueillez la vie avec le sourire, car maintenant vous savez et connaissez la voie à tenir. Abandonnez-vous, lâchez vos croyances et revenez vers vous tout simplement.

Cette voie, de nombreux maîtres l'ont enseignée. Mais aujourd'hui, le changement se précise et il convient de choisir la vibration de la Lumière pour la poursuite de votre évolution sur Terre. L'espace duel s'amenuise peu à peu et l'humanité est en opposition avec la fréquence vibratoire élevée. Il suffirait d'un pas vers le changement pour qu'il se produise. La lenteur n'est plus actuelle et l'intensité vibratoire, une aide puissante qui peut, si vous le souhaitez, vous accompagner désormais dans le Cœur de Qui Vous Êtes pour une fusion avec la Vie.

Les grands mots ne sont plus tendance. Les techniques deviennent dépassées. Le vouloir est un frein à l'avancement. La connaissance n'est plus à découvrir, car elle est déjà en chacun. La connexion avec la Lumière de Vie apparaît comme un phare lumineux, un guide précieux qu'il convient de suivre désormais.

La nouvelle conscience est une ouverture intrinsèque sur la Vie universelle. Elle ne différencie pas la forme, mais au contraire, elle unifie tout être vivant et toute chose. Elle ne demande pas de rester figé dans le passé pour guérir ses blessures, car dans ce cas, l'ancrage demeure et retient. Elle est au contraire un abandon à ce qui est, sans calcul ni vouloir. Dans cette position, la libération du passé intervient, car l'être est totalement présent dans l'instant de la Vie.

Par cet abandon, la fréquence de la lumière universelle agit et libère les anciennes attaches qui relient au passé. Et cela change tout, car vous reconnaissez le pouvoir créateur de la Lumière universelle dont vous êtes issus. Ce passage est un acte de libération, une mise à nu, un dépouillement de votre état d'être, mais aussi de vos émotions, de vos croyances, de vos peurs et enfin de votre passé d'incarnations. C'est un élan basé sur la foi et la conviction de votre appartenance à la Lumière, dans un abandon total à l'Unité de la Vie.

La totalité est ainsi présente sur tous les plans de la vie humaine et en l'être, dans un même battement de cœur et dans un même souffle.

La vie humaine est une ouverture sur la Vie universelle. L'opportunité vous est tendue par ce passage dans la dualité. Un passage, certes, qui met en évidence les faiblesses de l'homme pour le révéler dans la lumière. La vie n'est pas un acte de bravoure et il convient de ne pas lutter. Au contraire, elle enseigne l'acceptation qui réunit les êtres dans une seule et même constance, celle de l'Amour inconditionnel.

La part d'ombre révèle la lumière. La part de lumière est activée par l'ombre. L'une et l'autre sont deux parts complètes du système universel et sa vérité, se mêlant pour s'équilibrer ensuite. L'Unité entre alors en action pour réunir la forme et le fond, tout en sachant que l'un est l'autre et que l'autre est l'un. Cette vérité démontre que l'homme est ainsi fait. Son ombre abrite la lumière de son âme. Son âme se réalise grâce à la traversée de l'ombre dans les expérimentations de la vie. De séparation il n'y a. Seul demeure le monde de l'inconnu, le vide universel qui se découvre et se vit lorsque la réunion du yin et du yang se fait, dans un parfait équilibre qui réunifie la Vie en soi. Aucun vouloir ne permet d'y accéder. Seule la condition de la lumière en soi ouvre la porte à cette réalité.

Le monde fleurit de mille fleurs quand les conditions d'ensemencement, d'arrosage et de lumière sont présentes. Le manque de graines semées et de libérations intérieures, de compréhension de soi et d'abandon laisse l'individu dans l'ombre de ses propres fonctionnements. La lumière est absente dans ce cas et les fleurs ne peuvent s'épanouir et fleurir. Tout est respect de la lumière dans la matière, y compris ce que vous choisissez d'être. L'humanité a longtemps évolué dans un monde obscur. Aujourd'hui, le rideau se lève enfin sur la responsabilité de chacun à s'engager dans le processus d'élévation et de sauvegarde de la planète Terre. L'illusion dévoilée laisse place au soleil de la Vérité. Mais pour pénétrer dans sa lumière, les schémas et les comportements sont à voir et à accepter dans leur réalité profonde. Le temps de l'occultation de la vérité est dépassé et avec lui, tous les fondements obscurs qui ont mené l'humanité à ce qu'elle est aujourd'hui.

La fréquence vibratoire de la lumière met en évidence les zones d'ombre. L'opposition entre la lumière et l'ombre est puissante. Elle mène parfois à la violence nourrie par l'homme. Il est plus que nécessaire de considérer cet état de fait comme réel pour agir efficacement et redresser la part obscure mise en place par l'humanité. S'en détourner ne permet pas de s'en libérer. Par ailleurs, le fait que l'être humain souhaite retrouver la légitimité de la lumière devient parfois un leitmotiv. Mais personne ne peut la posséder, car elle est déjà présente en chacun.

On ne possède pas la lumière, on est la lumière.

La seule opposition à cette compréhension est que l'être humain ne sait pas réellement Qui Il Est. Dans la Conscience universelle, règne seulement un état d'Être émergeant. C'est la direction à percevoir pour parfaire la progression intérieure librement.

Les vérités ont eu leur temps et actuellement, il est important de ne plus les considérer comme telles. Elles ont été le passage à ici et maintenant et de nombreuses compréhensions en ont découlé. Aucune vérité n'est figée. Tout évolue dans l'Univers et la vérité du moment est immédiatement dépassée dans son infinie progression. Tel l'oiseau qui s'envole librement, vous devez être désormais, et prendre le courant ascendant qui vous porte loin de tout attachement, là où la peur est dominée par la foi. L'ascension permet à l'ouvrage du Cœur de se révéler. La vérité n'est alors plus dans l'optique de la voie à tenir, la confiance en l'Être apportant un état d'amour qu'aucune condition n'affirme. Le lâcher-prise permet un abandon total à la Vie qui ouvre la Conscience de l'infinitude en soi. Rien n'est figé et surtout pas la pensée humaine qui s'accorde à l'onde de Vie et à sa vibration. C'est un autre plan vibratoire où seul le Cœur conduit le chemin sans vouloir. C'est un voyage hors du temps qui prend forme dans la fluidité de l'instant.

Les pensées sont en lien avec ce qu'est l'individu. Ses croyances sont fortement attachées à la personnalité humaine. De la même façon, de ses croyances découlent des pensées formatées et bien affirmées. Cela démontre la réalité de l'emprise de l'énergie des pensées entretenues par les croyances auxquelles l'individu adhère. Ce sont des vérités qu'il a élaborées. On peut même parler d'influence mise en place par chacun et dirigée par le mental qui génère des courants de pensée qu'il maintient de la sorte par l'énergie créée. Or l'univers est beaucoup plus simple que cela. Les courants de pensée qui y circulent proviennent de l'ensemble des individus. Ils génèrent une onde qui nourrit l'univers de sa forme vibratoire.

La pensée crée un ensemble de vibrations que l'univers accueille. Il renvoie ensuite l'onde vibratoire de même fréquence qui démontre le lien que chacun a avec lui. Cet échange permet qu'il se comprenne, s'il ouvre les yeux à cela, pour mettre en lumière ses zones d'ombre dans la logique de l'énergie universelle.

L'être humain peut accueillir ce déroulement et reconnaître le fonctionnement des courants de pensée qui circulent sur Terre et au sein de l'humanité. Chacun édifie l'univers par des vérités qu'il émet et auxquelles il adhère. Mais la raison et le changement vibratoire actuel ouvrent l'esprit à une autre compréhension, moins rationnelle et totalement universelle. C'est un ensemble auquel nous appartenons et auquel nous sommes reliés, que nous le voulions ou pas. Tout ce que nous croyons est immédiatement dépassé et désormais aucune mesure ferme ne peut assombrir l'horizon de lumière. Et surtout pas les courants de pensée auxquels nous répondons. Il devient urgent de dépasser la rigidité de la pensée humaine pour pénétrer dans l'ouverture de la Vie universelle et se fondre en elle en redevenant soi, libre de toute attache, de toute croyance et de toute influence extérieure.

La simplicité est le rouage de la grande machine universelle. Avec elle, aucun besoin de savoir, aucun besoin de comprendre le chemin, car il se construit pas à pas en toute connaissance de cause. Tout est là, présent, et il n'y a aucune alternative à cela. La pensée accompagne les pas dans la fluidité. Le Cœur délivre les messages et dirige vers l'état de l'Être accompli. Auparavant, vous vous serviez de votre mental pour comprendre le chemin et vous vous perdiez parfois dans sa complexité. Aujourd'hui, la raison et le changement vibratoire font pénétrer dans la simplicité du Cœur et son onde, totalement démunis d'accessoires. C'est un retour à la nudité originelle et à la dématérialisation des choses qui vous accompagnaient par le passé. Le vouloir crée le pouvoir. C'est pourquoi l'avancée qui se profile vers l'état de l'Être ne peut accueillir ces bases d'une autre ère.

Dès lors, nous n'avons qu'à ouvrir notre Cœur et aimer. C'est très simple et si difficile à réaliser si vous gardez le vouloir en première ligne. S'abandonner à la Vie pour Être demande le recul des croyances et l'abandon des pensées qui sont en lien avec elles. Ce dénuement de l'esprit permet au Cœur de rayonner et la fusion avec Lui peut alors avoir lieu. Vous ne pouvez être totalement libres de penser ni de croire. Ce que vous construisez mentalement est en lien avec l'univers et vous y êtes reliés que vous le vouliez ou non. Le conscient, l'inconscient et le subconscient baignent dans l'énergie déployée et ils reçoivent une influence de la masse humaine qui adhère aux mêmes formes de pensées et de croyances. Ce que vous pensez ne provient pas forcément de vous et vous ne pouvez être totalement libres dans ce monde où demeure la domination énergétique.

L'intérêt est de comprendre ce fonctionnement pour sortir de la masse des croyances. Il est possible de le réaliser avec une extrême vigilance en étant attentifs à vos pensées et en ne croyant qu'en vous-mêmes. À l'extrême, vous ne devriez avoir aucune croyance, mais simplement des acceptations ou des non-acceptations d'états de fait, sans croyances et donc sans liens avec l'énergie de la masse humaine. Là est la clé de la liberté de la pensée intrinsèque en chacun. C'est à ce prix que vous deviendrez libres et autonomes avec l'Amour pour tout fondement. L'Amour inconditionnel est en lien avec la pensée pure. En lui, il n'y a aucune croyance ni aucun lien de pouvoir. Lorsque l'être n'est plus soumis à l'influence de la masse, l'Amour devient un phare qui prend les commandes naturellement.

De nombreux êtres humains essaient de sortir de cet engrenage. Mais la pénétration de la pensée, par les divers courants énergétiques liés à la matrice humaine, est si présente qu'ils demeurent instables et soumis à cette force directionnelle. Inconsciemment, ils sont malmenés par cette influence qui les domine. Elle les alimente en confusion et en illusion. Le découragement agit et ils renoncent alors à leurs efforts dans la quête de la lumière insufflée par l'âme. Les hauts et les bas sont des étapes révélatrices du pouvoir inconscient qui agit à l'insu de tous. Ils sont très souvent vécus dans l'engrenage de la conscience humaine et son enfermement.

Le mental est le trait d'union avec l'univers. Les pensées pures et positives ne permettent pas de demeurer sous l'emprise de l'énergie de la masse. Cependant, les pensées négatives, les croyances, les adhésions aux divers systèmes religieux, politiques, associatifs ou autres sont des ouvertures sur l'énergie de l'univers que vous ne contrôlez pas. Pour demeurer libre, il convient d'avoir un cœur pur et lumineux, des pensées claires sans aucune croyance ni adhésion à qui que ce soit ni à quoi que ce soit.

La vision juste demande désormais de s'abandonner à soi-même, sans aucune peur ni aucun vouloir. Être soi en toute circonstance dans la maîtrise des pensées et sur l'alignement de l'amour qui est en soi. Il est nécessaire de reconnaître que la force illusoire domine amplement l'être humain, que le passé duel a laissé une empreinte forte dans la psyché humaine et que les liens sont désormais à défaire pour ne plus résister aux systèmes de croyances qui agissent à l'insu de tous. En cessant d'émettre toute illusion, en restant soi-même et conscient en toute circonstance, peu à peu, les attaches se dissipent et rendent libre l'être humain. L'énergie de l'illusion prend de la puissance si vous la nourrissez. Elle en perd si vous optez pour un autre fonctionnement, en vous abandonnant totalement à qui vous êtes.

S'abandonner à soi, c'est être en accord avec ses désirs et ses choix, sans soumission ni attachement et en totale acceptation pour son propre rayonnement vibratoire.

C'est ainsi que vous pouvez prendre du plaisir à vivre votre vie. Si les croyances sont éteintes, la peur ne domine pas l'élan. Elles ne sont plus là pour vous faire douter. Vous êtes alors autonomes et libres de poursuivre votre voie comme vous l'entendez, sans aucune influence. L'amour que vous vous portez devient un épanouissement de chaque instant, car vous êtes alors délivrés des retenues du passé.

Chapitre 6

L'humanité se situe dans un passage important. Pour accueillir l'intensité actuelle des vibrations de lumière, il est nécessaire qu'elle se défasse des fardeaux de 3e dimension et notamment des croyances auxquelles elle est rattachée. La conscience humaine évoluera alors vers une tout autre ouverture, celle de la Vie. La Vie universelle qui régit tout être et toute chose dans la multidimensionnalité. Sa fonction demeure libre et fluide dans l'énergie qu'elle distribue et reçoit. Comme je vous le précisais précédemment, il s'agit d'une relation universelle à laquelle l'être humain est relié sans le savoir. Une relation intense, menée par une logique implacable de cause à effet.

La vie humaine s'oriente vers un basculement des consciences dans la Vie universelle et l'ensemble des croyances est à lâcher. De la même façon, les pensées sont à clarifier, les comportements à analyser. La transparence sera la voie à appliquer pour permettre à la Conscience universelle de prendre sa place en chacun. Tout ce qui n'est pas en accord vibratoire ne peut poursuivre dans la Lumière de la Vie. Tel un dépouillement, un abandon de l'empreinte de la dualité qui a laissé sa marque dans toutes les parts de l'être humain, dans son énergie et jusque dans ses pensées. Ce passage demande une analyse de soi pour un redressement de l'illusion et une ouverture de lumière sur toutes les zones d'ombre qui sont des freins à l'évolution intérieure.

C'est une marche consciente vers la Vie qui débute, dans une relation toute nouvelle avec soi et ses pensées. Une implication de chaque instant où tout devient clair et sans attaches. Il n'y a alors plus aucun recul, mais une grande avancée vers un autre espace dimensionnel plus lumineux. C'est une appartenance à l'entièreté de la Vie universelle qui se révèle, dès lors que la tâche intérieure est en marche vers un nouvel espace de liberté pour la reconnaissance certaine de l'Être en soi et sa teneur grandiose en Lumière et en Amour.

Il n'y a plus de différence entre ce que vous êtes ici sur Terre et Qui Vous Êtes réellement dans la Vie universelle. Vous ne pouvez plus être limité par la croyance de n'être qu'un être humain et il est possible d'explorer l'infinitude de vos capacités multidimensionnelles en vous ouvrant simplement à vous-mêmes. La grandeur n'est pas la supériorité, mais un retour à La Création dont chacun fait partie. C'est aussi un retour à soi et à son Être profond. L'illusion, quant à elle, ne peut poursuivre dès que vous accueillez votre capacité à Être.

Dans l'accueil de toute chose demeure la délivrance. Vous laissez alors la porte de la libération entrouverte, car par le fait de considérer votre part d'illusion, vous devenez un être conscient et responsable.

La responsabilité de ses propres actes est impérative pour la poursuite du chemin. Le regard profond de soi, de ses comportements, de ses croyances, de ses pensées, de ses états d'être et de tous les concepts établis sont des ouvertures vers la liberté de l'être. La transparence est établie entre soi et la réalité de ses propres actes.

Se détourner de la vérité retarde la progression intérieure. Le moyen d'y accéder est d'établir réellement les actes de responsabilisation qui vous mettent face à qui vous êtes. Non pas pour les juger, mais simplement pour savoir qu'ils existent, pour les comprendre et les effacer. Lorsque la lumière est établie, et en l'occurrence la transparence, la clarté est. Ce qui paraissait obscur devient clair. Il est alors possible de s'en libérer par cet abandon à la réalité de qui vous êtes. Dans cet état d'être, il n'y a aucune lutte ni aucune résistance, mais une fluidité dans l'énergie qui change tout.

Vos pensées sont des limites qu'il convient de regarder clairement. Sans vous cacher derrière elles, laissez-les vous montrer la voie de la justesse pour une parfaite libération de l'enfermement dans lequel vous évoluez. L'ombre ne peut avancer lorsque vous souhaitez progresser et lorsque la sincérité prend place. Souvenez-vous, l'ombre ne résiste pas à la transparence et à la justesse.

L'humanité court après je ne sais quelle liberté. Elle ne comprend pas le rôle qu'elle joue, délaissant la vérité et sa responsabilité créatrice. Il y a pourtant une nette avancée par les enseignements transmis. Vous n'avez jamais autant reçu d'informations sur la réalité de votre vie et la capacité de la transformer positivement en devenant responsables. Toutefois, les limites sont bien présentes et l'être humain demeure toujours dans la cage qu'il a construite. Le manque d'acceptation de ses propres fonctionnements a ancré l'illusion dans laquelle l'humanité est engluée. Sa forme a pris place dans la matière pour une construction inconsciente des différentes expériences mises en place. L'homme a joué et rejoué tant de rôles dans l'ignorance totale de Qui Il Est et il s'est laissé prendre sans discernement à son propre jeu, avec une puissante volonté inconsciente de s'y situer.

La raison du mental a eu l'avantage sur la raison du Cœur, entraînant l'humanité dans une mascarade sans fin. L'homme a édifié sa vie dans l'individualisme collectif, évitant ses propres pièges et fuyant la vérité. Ses choix de vie ont joué le jeu de la dualité qui s'est imposé dans la limite intellectuelle transmise par l'ego. La révélation de la lumière s'est pourtant faite peu à peu, l'ombre révélant la lumière. Les expériences vécues ont été des leçons pour ceux qui ont ouvert leur esprit humain dans la conscience reconnue de leurs propres actes. Ils ont appris de la vie et donc d'eux-mêmes.

L'expérimentation de la matière est une grande enseignante si l'on veut bien la regarder clairement, dans l'acceptation des rôles révélateurs qui sont joués.

L'acte entraîne une conséquence qui ouvre la conscience à qui veut engager sa responsabilité dans le jeu de la vie.

On comprend alors que le hasard n'existe pas et ce qui est vécu, une construction élaborée par soi. L'autre n'est aucunement responsable des situations vécues. Il est simplement un acteur qui répond à la demande. Il renvoie le reflet ou un moyen de compréhension pour une transformation illimitée.

La vie humaine est bien un jeu d'échecs où s'affrontent les batailles de l'ego et où chacun s'emploie à abattre les individus qui se trouvent face à lui.

La conscience humaine a la capacité d'évoluer vers de plus amples horizons. Elle demeure limitée et structurée par l'ego. Or, de nouveaux concepts de vie sont à mettre en place pour aider la Totalité de la Vie. Il n'y a pas de petites mesures à appliquer, car elles ont toutes un impact grandissant dans l'univers. L'humanité est à un croisement de vie qui, s'il est conscientisé clairement, aidera à la progression de chacun vers sa totale libération. Mais la conscience collective agit et rigidifie la raison humaine prise dans la dualité. L'impact est fort et destructeur. La plupart des êtres humains ne voient pas au-delà de leurs limites et préfèrent suivre la direction de la masse plutôt qu'entrer dans un redressement des pensées. La raison du plus fort est une création de l'ego qui étend son pouvoir par l'emprise des pensées et maintient l'humanité dans la séparation.

Il est arbitraire actuellement de penser que l'entièreté de l'univers n'est qu'un système d'évolution extérieur à soi. La solution pour évoluer vers de nouveaux idéaux de vie et des concepts novateurs est de reconnaître l'interdépendance entre tous les êtres humains et le système solaire dans lequel nous vivons et au-delà, mais aussi l'inter régularité universelle qui régit la relation de cause à effet. Tant que l'être humain reste dans la pensée illusoire et les croyances qui en découlent, il ne peut évoluer librement et construire sa liberté dans le monde multidimensionnel. Il demeure dans la 3e dimension et donc, dans l'attachement des souffrances qu'il a édifiées en lui. Il n'y a aucune solution extérieure à soi, mais une multitude de concepts lumineux à l'intérieur de soi qu'il convient de révéler.

Le monde évoluera lorsqu'il sortira de sa somnolence. Quand l'être humain aura le courage de regarder l'édification du monde actuel sans éviter la réalité et la source de cette construction humaine, il lèvera les doutes et les peurs qui l'empêchent de se positionner en tant que créateur de sa vie. Toute résonance vibratoire crée la vie sur Terre et dans l'univers. Toute croyance bloque la progression lumineuse qui peut tout changer. L'homme façonne la vie. Il la crée par ses expériences. Cette édification touche à sa fin et il est temps d'ouvrir sa conscience vers la vérité pour ne plus sombrer dans l'illusion, mais verser dans la création consciente et évolutive, vers de nouveaux concepts de vie, différents et créateurs de l'ensemble unifié. Le passage est ouvert. À chacun d'agir en lien avec l'énergie du Cœur et l'Être profond. Vous n'êtes pas coupés de la Source de lumière du Tout. Vous êtes simplement emportés par vos pensées et les suivez comme un âne suit la carotte qu'on lui tend. Tout a un sens et le sens commun de l'humanité doit évoluer vers la clarté et la transparence. Il est temps de vous réveiller pour co-créer la nouvelle Terre.

La nouvelle Terre ne peut émerger des conditionnements illusoires et limitatifs. Pour co-créer un ensemble, il est impératif que tous les hommes soient sur le même axe vibratoire et donc dans l'alignement d'une même conscience. L'émergence de nouveaux concepts se fera dans l'union de la pensée vers une compréhension novatrice des causes liées à la séparation. Ce qui veut dire que vous tous ici sur Terre, vous devrez voir au-delà de la séparation et de l'individualisme pour vous réunir à nouveau dans le Cœur de Qui Vous Êtes.

La nouvelle conscience naît de l'intégration de la Vérité en soi. Elle n'est pas séparée de vous. Elle est, au contraire, la Vie en chacun et sa correspondance fusionnelle. Lorsque vous êtes connectés intérieurement à elle, vous agissez dans la simple mesure de la Vie, sans aucune différence avec elle, car vous êtes la Vie et vous le savez. Ce n'est pas l'ego qui dicte les pas, mais le Cœur et sa transparence qui ouvrent à des aspects lumineux et totalement libres. L'espace de la Vie transmet le savoir universel et la conscience de ce qui est, libérée de l'ego, prend place dans la pensée humaine. Il n'y a aucune domination, mais une simplicité de vie qui agit dans le respect de chacun et de toute chose.

En lien avec l'univers, il est alors possible de reconstruire la vie humaine sur les bases puissantes et stables de l'Amour universel.

Être respectueux de la vie et des autres êtres humains est le premier pas à franchir dans la conscience retrouvée. Respecter c'est aimer. Aimer la vie humaine et apprendre tout d'elle en reconnaissant sa propre responsabilité créative.

La nouvelle Terre s'édifiera dans des choix respectueux pour tous, sans domination ni intérêt. L'équanimité doit-être le but de cette reconstruction pour qu'elle soit durable. Le sceau universel s'étendra alors pour nourrir la réalité dans une transparence inconnue sur Terre. Les artifices disparaîtront et laisseront place à la valeur des sens de l'homme. L'éclosion d'un processus idéalisateur enrichira la vie humaine par l'établissement de recherches intérieures, en accord avec le sens profond de la Vie universelle. Les sens de l'homme demeureront dans la transparence des pensées et seront alignés sur la valeur de la Vie et sa conceptuelle raison.

Nul ne peut entreprendre ce chemin sans des bases stables, alignées sur la transparence innée qui requiert une large ouverture de la conscience humaine. L'être sera désormais riche de ce qu'il possède en lui et ne recherchera plus le moyen de briller pour attirer les autres. Le modèle des maîtres disparaît actuellement et laisse place à la maîtrise de la Vie en soi, sans principe autoritariste ni permanence des leçons. Les enseignements sont des ouvertures sur soi vers la richesse de la Vie. L'aide extérieure sera menée par le ressenti profond, c'est-à-dire l'intuition qui guidera sans raison, mais dans un principe créateur et novateur issu du Soi et en lien avec la Vie universelle. Il n'y aura pas de leaders et chacun apprendra par ses rencontres qui demeureront sans attaches. Chaque être sera indépendant, mais toujours en lien avec les autres êtres par la connexion intérieure.

La liberté individuelle naît du fait de l'abandon de la condition humaine à l'état commun du Cœur. Cette intégration, lorsqu'elle est réalisée, libère un aperçu différent des diverses couches de l'illusion, permettant de sortir de cette issue sans fin et sans cesse renouvelée. Un cycle d'enfermement auquel l'être humain est solidement ancré. Le principe de l'être éveillé, quant à lui, relève d'un état d'esprit différent qui éclaire toute situation et la place dans une transparence innée, révélant les moyens de mettre en œuvre le changement dans un espace libre et serein.

L'entrave du mental s'amenuise, car il ne peut résister à l'identification de l'être humain avec la lumière. Les mises en transparence sont des actes conscients et il convient d'intégrer cette orientation du sens humain vers le sens commun de la Vie. L'interdépendance de la pensée est vitale aujourd'hui. Elle sera le lien entre l'être humain et l'être universel pour une parfaite harmonie dans la construction de la nouvelle Terre sous l'égide de la transparence universelle qui demeure la conductrice du chemin. La conception du beau ne sera plus la même et la valeur du sens commun de la Vie prendra des allures de communions des Cœurs qui vibreront sous la même égide universelle.

Pour instaurer une vie plus respectueuse, l'homme, l'état du Cœur, la vie humaine et la Vie universelle sont à considérer dans leur teneur profonde, c'est-à-dire l'Amour inconditionnel.

> *L'inconditionnalité est la forme d'Être qui n'est rattachée à rien ni à personne, sans lien, sans possessivité, sans désunion, sans pouvoir, sans vouloir, sans force directionnelle ni autoritariste et enfin respectueuse de tout être vivant sur Terre et au-delà, de toute forme de vie ici et dans l'univers.*

L'importance intellectuelle n'a plus sa place en l'être humain, car la Connaissance est présente en lui. Le savoir humain touche à sa fin et laisse la place à une autre source de savoir issue de la trame universelle par laquelle circule la Connaissance de la Vie. Il convient donc de comprendre cette vérité pour évoluer dans une parfaite avancée, loin des attachements et de l'intellectualisme qui noient toute raison universelle au profit de l'ego.

En retour, l'ego nourrit l'individu en libérant son pouvoir conditionnel et en menant chaque être dans l'enfermement de la pensée orientée. Il n'y a aucun équilibre dans cette pratique d'échange intellectuel. La teneur des pensées est modifiée à chaque échange et détient une réelle emprise sur l'énergie de l'être humain. La montée de la compréhension du fonctionnement du mental et de la pensée humaine, permet d'intégrer que vous n'êtes pas ce que vous pensez être.

> *Vos pensées sont sous l'influence de l'ensemble de l'humanité et de l'univers. Elles ne vous appartiennent pas totalement.*

L'influence du mental agit sans respect, car il vous maintient dans un intellectualisme souvent exacerbé, vous laissant croire que sans savoir l'homme demeure idiot. Or la Connaissance universelle vous démontre le contraire. Le savoir humain n'est pas le savoir universel et ils n'ont pas la même teneur vibratoire. Le premier est relié au mental et à l'enfermement. Le second est relié à l'ouverture du Cœur, profonde et sans fin, qui libère l'être de sa condition limitée pour un autre aperçu de lui-même, c'est-à-dire la multidimensionnalité dans laquelle il évolue. Oui, l'être humain est un être multidimensionnel qu'il convient de nommer ainsi sans emphase. Il est ce qu'il a toujours été, mais il ne le sait pas encore. Il découvre tout juste cette possibilité en lui-même même si elle est assez floue pour l'instant. Être Un et le vivre dans la profondeur du Cœur et des cellules n'est pas donné à tous. Pour cela, l'état de conscience doit être déjà tourné vers l'univers, et la pause dans l'instant présent déjà reconnue.

La pratique de la méditation permet à l'homme de se retrouver au centre de sa vraie nature, la Lumière de Vie. La limite n'existe pas dans l'infini de la Vie et il est temps de prendre cette option sûre pour parcourir les sentiers de la vie humaine, connecté au Soi et donc à la

Vie universelle. Vous êtes tous cela sans distinction. Seul le mental essaie de vous démontrer le contraire et de vous faire douter sans fin. Alors, pour ne plus le suivre dans le vacarme incessant de la pensée, renoncer au passé et à l'avenir pour vivre dans le présent devient le chemin conscient à emprunter. Il aide à se reconnaître parfaitement dans l'espace du Cœur qui ne juge pas et qui accueille chaque être sur le même plan, dans le même espace, dans la même lumière et le même Amour.

L'irresponsabilité n'a aucun sens aujourd'hui pour celui qui sait. Ou bien, c'est que vous n'êtes pas à la fin de cette intégration. Vous oscillez peut-être entre le mental et le Cœur. Vous avez encore besoin de vivre de nouvelles expériences pour ouvrir enfin votre conscience humaine sur la réalité de la Vie. Chaque étape franchie est un pas de plus vers la liberté intérieure. L'être humain ne peut poursuivre dans l'enfermement et donc dans la dualité sans souffrir. Apprenez à vous comprendre et vous pourrez marcher plus légers et sans encombre. La Vie universelle fait partie des choix à faire et demande un engagement lumineux et volontaire. Toutefois, ne renoncez pas à la vie humaine, car vous êtes des êtres humains. Au contraire, vivez votre vie en accord avec vos choix, dans l'instant présent et libérés de vos doutes, de vos peurs et de vos limites. Car la séparation prend fin dans l'ici et maintenant.

L'ici et maintenant vous connecte à l'Être multidimensionnel que Vous Êtes, l'Être multidimensionnel que Nous Sommes tous. Vous Êtes la Vie et l'Amour, voilà la Vérité. Vivez comme bon vous semble, mais soyez respectueux dans la liberté retrouvée. Évoluez de vos propres ailes sans influence et en demeurant dans l'énergie bienfaisante du Cœur. La vie est belle et lumineuse. N'écoutez pas les autres, car chacun a une progression personnelle. Ouvrez plutôt votre cœur à ce qui est dit, car ils ne connaissent pas la vérité. Ils ne peuvent vivre les mêmes choses que vous. Ils sont encore dans l'illusion de la vie humaine, pris par leur ego et les croyances qui en découlent. Soyez tolérants pour ceux qui ne comprennent pas, pour ceux qui ne savent pas. Ils ne peuvent se retrouver nus sans avoir ôté les multiples couches de l'illusion qui les recouvrent et les enferment. Ils sont pris par leur propre création de vie et vous ne pouvez les changer. À l'inverse, ils seront touchés par votre exemple de sagesse rayonnante. Il ne convient pas de vouloir convaincre, mais au contraire d'avoir du respect pour les autres et leurs diverses croyances.

Toutes les solutions se trouvent en vous dans la profondeur du Soi. Il est temps de reconnaître cette vérité pour redresser toute chose. Chacun possède la capacité de construire la nouvelle Terre s'il prend le temps de la pause intérieure. La course fait partie de la 3e dimension. Or elle s'essouffle actuellement pour le bienfait de l'être humain. Elle a été dominée par le mental et ne peut participer à l'élaboration de nouveaux concepts de vie. L'humanité est allée au bout de ce qu'elle pouvait expérimenter. La matière dense a été totalement explorée, défaite et reconstruite. L'homme a poussé loin la transformation, pensant améliorer sa condition alors qu'il a joué le jeu de l'ego sur les bases de la dualité. La danse matérialiste a généré un triste résultat constaté par tous aujourd'hui. La pollution, la destruction, l'argent, la violence et le pouvoir ont été les leitmotivs humains. Malgré une avancée technologique importante, il demeure néanmoins des peuples mourant de faim et de maladie, des êtres humains traités comme des animaux, des animaux non reconnus en tant qu'êtres vivants, une destruction massive des forêts, un engorgement de la Terre par la pollution, une usurpation des droits de l'homme, un pouvoir destructeur des minorités humaines au profit d'une poignée d'êtres humains, une inégalité des répartitions des richesses mondiales et une volonté toujours grandissante de posséder toujours plus d'argent ou plus de biens. C'est une Terre malade et une humanité en détresse que l'humain a édifié, et il est nécessaire de l'accepter pour pouvoir changer la souffrance terrestre. Chacun est responsable de ces maux, car les différentes expériences ont répercuté l'obscurité sur Terre et au sein de l'humanité. Ces paroles ne sont pas accusatrices, mais elles relèvent d'un état de fait réel à accueillir en soi pour modifier ce qui doit l'être. Sans acceptation de ce qui est, la conscience humaine ne peut s'éveiller vers une réelle transformation.

Reconnaître les faits ne demande pas une identification personnelle à la destruction de la Terre et aux souffrances de l'humanité. Elle permet seulement de prendre conscience des basses vibrations créées par les actes, par les pensées, par les émotions, par les états d'être négatifs qui ont joué un rôle pesant sur l'ensemble du monde. L'assemblage des expériences négatives a construit une machine humaine destructrice par la disparition massive des valeurs. L'ego a dominé les batailles, amplifiant son pouvoir sans limite, sans cesse actif et limitant les ouvertures de lumière. Le cloisonnement installé par chaque être humain a érigé des murs autour de lui. Il évolue au centre de sa propre construction, dans une énergie qui le sépare de la Vie universelle. Ainsi, sa conscience ne change pas ou peu. Il demeure ancré à ses croyances et ne sait pas qu'il peut s'envoler loin de sa condition humaine. Son esprit le limite aussi dans la conception de la vie qu'il pourrait générer dans l'intégrité et non dans l'abus de pouvoir. Il demeure aussi ancré dans le passé, pensant qu'il ne peut en sortir et maudissant ceux qui l'ont blessé. Il reste bloqué dans cet espace vibratoire, dans ce qu'il a toujours connu et malgré ses efforts pour lâcher ses souffrances, il n'y arrive pas. Ses moyens sont tristement limités par lui-même et la raison du cœur très souvent absente.

Chaque individu possède une conscience qui le limite. C'est une évidence et même une vérité. Il est attaché à la vie humaine même s'il souffre et il n'en connaît pas la raison. Il craint de lâcher ce qu'il sait et inversement, sa conscience le définit ainsi, sans autre chose à la clé. Ainsi va sa vie faite de hauts et de bas. L'homme souffre, la Terre est détruite par l'homme et cela paraît normal. Après moi le déluge est une expression qui en dit long. Elle est éclatante de réalité.

L'éveil de la conscience est d'appliquer la sagesse dans ce qui ne va pas. Vous n'êtes pas obligés de vivre dans l'oubli et la séparation n'est pas chose réelle. Seule votre croyance place la vie dans cette définition inconsciente. Vous demeurez en elle et sa teneur négative, car vous ne voyez pas d'issues positives. En réalité, votre conscience ne vous appartient pas totalement. Elle est en lien avec le monde extérieur auquel vous adhérez, et dans lequel vous errez inconsciemment malgré vous, pensant vivre selon vos choix. Cependant, le manque de liberté intérieure est évident si vous portez un peu d'intérêt à ces mots. Plutôt qu'avancer en aveugle sur le chemin de la vie, si vous ouvriez les yeux, vous pourriez inverser ce processus d'enfermement. Vos croyances vous limitent et vous créez votre vie dans la séparation et l'illusion, car vous ne connaissez que cela. Vous croyez en ce que vous vivez alors que rien n'est vrai. Tout est faussé et sans réelle valeur.

Pour sortir de cet enfermement illusoire, il est nécessaire de revoir vos attaches et tous les liens qui en découlent et vous tiennent. La conscience de l'homme, ses pensées, ses croyances, ses actes et toutes les parts de son individualité sont sous influence. L'influence de la masse humaine, mais aussi celle de l'univers, car, comme vous le savez, les vibrations émises attirent à vous le même ordre vibratoire. Si bien qu'il est impossible de sortir de cet engrenage sans regard intérieur ni transparence. Avancer tête baissée n'évitera à quiconque de voir clairement ce qui se passe en lui. L'illusion touche la conscience humaine et la tient fermement. Si vous souhaitez évoluer vers la lumière, il est impératif de reconnaître ce qui est. Car ce qui n'est pas reconnu ne peut être transformé. C'est la règle de base de toute transformation. Ce qui est nié ne peut être changé. Occulter la vérité, parce que cela dérange d'accueillir sa propre responsabilité, ne vous aidera pas à sortir de l'engrenage de la dualité. Cependant, si votre souhait évolue vers le changement, l'univers vous apportera le moyen de vous transformer, de vous comprendre et de vous alléger de vos fardeaux.

Les croyances sont des freins à votre évolution. Ne croyez en rien, mais sachez que tout est possible dans votre vie. Si vous souhaitez le changement, eh bien, changez vos pensées, vos croyances, vos actes, vos attachements, votre illusion. Lâchez vos concepts et ouvrez-vous à l'impossible, car rien n'est impossible. Agissez, soyez positifs, aimants, compréhensifs, tolérants, joyeux, doux et respectueux avec vous-mêmes. Vivez ce que vous souhaitez vivre, évoluez sans aucune emprise et toujours en étant respectueux pour la Terre, pour le vivant et le non-vivant. Unissez votre esprit et votre énergie consciemment à ce qui est, ici et là, et dans l'univers. Évoluez libres et redevenez vivants dans votre propre espace vibratoire, sans aucune limite. La vie n'est pas une prison, sauf si vous vous enfermez dans le jeu de la dualité et de l'expérience humaine. Elle est la liberté à acquérir au sein de l'humanité et il vous est possible d'inverser vos fonctionnements pour un plein épanouissement intérieur de vos sens en fusion avec le Tout.

La conscience humaine est restrictive. Elle est souvent reliée à la peur et aux expériences vécues. Son évolution se fait actuellement, pas à pas, mais avec certitude. Il n'est plus possible pour l'être humain de poursuivre dans la même direction.

La masse humaine a donné naissance à une conscience collective qui agit en vous, à votre insu. Vous êtes les architectes de cette conscience collective. Elle génère des faiblesses dans vos comportements parfois psychotiques. Elle agit par vous. Elle parle par vous. Elle pense par vous également. Elle est la voie du mental qui vous dirige, qui prend tout l'espace de vos pensées et ne vous lâche pas. Elle freine votre progression.

Dans l'ampleur de ce qu'elle représente, il est toutefois possible d'en sortir en observant le lien qui vous relie à la conscience collective.

Vous ne pensez pas par vous-mêmes et vous êtes orientés par la masse humaine, car vous prenez parti. Vous êtes dans l'acquiescement de ce que vous voyez dans le monde ou bien dans le rejet. Vous vous impliquez émotionnellement dans ce qui est extérieur à vous. Tant que règneront le parti pris, les croyances, l'attachement, tant que vous serez pour ou contre ce qui est, vous resterez unis et sous l'emprise de tout ce système collectif d'enfermement.

À l'inverse du mental, l'Amour inconditionnel voit, mais ne prend pas parti. Il comprend le jeu humain, mais il ne s'implique pas. Il accueille les états de fait, mais il ne tente pas de les changer. Il observe et laisse les solutions se placer d'elles-mêmes. L'Amour inconditionnel ne croit en rien. Il voit simplement ce qui est. Il connaît la vérité. Sans implication émotionnelle, il n'y a, d'une part, aucune déstabilisation, et d'autre part, la clarté est présente. Cela permet d'agir sereinement sans limites et sans aucune influence. La Terre ne tourne pas uniquement autour de la vie humaine. Elle est un élément du système solaire et elle en dépend.

L'humanité exerce une influence sur tous, et tous les êtres humains ont une influence sur la vie humaine et l'univers. Chaque chose, chaque être est en lien avec la totalité de l'univers. Ce qui vit autour de vous pénètre votre conscience quand les émotions sont vécues ouvertement.

L'inter-relativité est une vérité simple, mais un fonctionnement réel de l'attraction et de la répercussion énergétique. La vibration émise agit sur vous et sur les autres êtres humains, sur la Terre et dans l'univers, et à l'infini de la Vie. Les répercussions vibratoires sont puissantes et créatives. Rien ne se perd. Tout se reçoit.

L'explosion de la conscience humaine anéantira tous les idéaux restrictifs. Leur somme n'arrive pas à la justesse de ce qu'est la Vie. Ils sont l'image parfaite de l'homme et de sa condition. Avoir un idéal est, dans l'expérience vécue, très semblable à soi.

L'homme ne peut étendre la lumière sur Terre, car il est figé dans une mouvance chaotique, attaché à la matière où tout est soumis à condition.

La possessivité et le pouvoir livrent des batailles au sein de l'humanité, noyant l'espérance d'un nouveau monde. Trop d'illégalités dominent la séparation et la conduisent. L'univers est fait des pôles positifs et négatifs équilibrés sans aucune mouvance dominante.

Le jeu de l'équilibre n'est autre que ce que vous vous évertuez à faire dans une constante bataille entre le « je » et le

« Je », entre le moi individuel et le Moi profond, et enfin entre l'être humain et l'Être universel.

Nul ne peut prétendre à construire une vie équitable s'il ne se stabilise pas dans la profondeur du Cœur.

L'homme évolue sur des sables mouvants sans cesse en mouvement et dans une constante instabilité. Une dichotomie qu'il mène imperturbablement, se livrant à une lutte acharnée pour ressortir vainqueur.

Il veut avoir raison, il dit avoir raison, il croit avoir raison. Mais s'il était sage, il saurait que jamais il n'en sera ainsi. La forme le formate en automate livré à ses émotions alors que l'Amour sait toute chose en son Centre, et révèle uniquement la vibration pure et éternelle.

Voilà la différence entre le soi et le Soi, entre le « je » et le « Je », entre l'être humain et l'Être universel. Il y a pourtant peu de choses qui les séparent. Mais cette conscience évolutive est restrictive tant que l'homme n'adopte pas le lâcher-prise, tant qu'il ne s'abandonne pas à la Vie et à l'Amour. Tant qu'il veut avoir raison.

La raison est éternelle lorsqu'elle est nourrie par l'énergie du Cœur. Elle n'est ni rigide ni négative. Elle demeure simplement la vibration du multivers. Les bases de l'évolution intérieure de l'homme sont absentes ou trop fragiles. L'émotionnel est en lien avec ses croyances et en toute logique, il est rattaché au mental et à la masse humaine. C'est pourquoi il vit au fil des fluctuations énergétiques qu'il perçoit dans le domaine très présent de l'inconscience. Il relativise toute chose ou bien il s'emporte contre ce qu'il voit. Il ne trouve pas la sagesse du Cœur qui pourrait lui transmettre la compréhension, la transparence et la stabilité.

Toute forme duelle et ses répercussions sont dominées par l'émotion. La critique et le jugement font partie de la réalité de sa vie. C'est une lutte, une opposition toujours présente qui agit entre l'énergie du mental et celle du Cœur. Tout est sujet à controverse et le sépare de la logique de la pensée. Il n'agit pas dans le respect de la Terre ni de son Être profond. Il réagit à l'illusion et se défend derrière la prison qu'il a lui-même construite. Une prison faite d'énergie négative dans laquelle il s'est enfermé par ses propres créations. Son rayonnement ne lui permet pas d'agir pour une juste cause. Il demeure bloqué dans le monde flou qui évolue autour de lui, n'arrivant pas à prendre possession de sa pleine autorité de lumière. Il navigue au centre du tumulte visqueux et terne de sa vie. Et très souvent, il occulte ce qui est, car il se sent impuissant à la redresser. Il cherche sans fin, toujours à l'extérieur de lui, une issue qui lui permettrait de trouver la raison de cet enchevêtrement de la pensée, des croyances et des émotions. Un sac de nœuds qu'il a créé de toutes pièces et qu'il n'arrive pas à démêler. L'impuissance mêlée à la confusion, il demeure prostré. Il ne peut évoluer vers d'autres horizons dans la clarté des pensées et sur la vérité qui se joue sur Terre.

L'humanité est aux abois. Elle vit en parfaite confrontation avec elle-même, sans compréhension pour ce qui est. Elle reste bloquée dans les inscriptions du passé ou se projette dans l'avenir. Elle ne comprend pas la raison de la lumière et reste aveugle à la vérité. L'homme se sent victime de son monde et inconsciemment, il vit très mal l'abjuration du mental négatif qui dirige sa vie au quotidien, au profit de pensées de lumière. Il suffirait pourtant qu'il élargisse son regard pour comprendre qu'il n'est ni le mental ni ses expériences. S'il entrait dans la reconnaissance du rôle actif joué par l'humanité ainsi qu'en la correspondance de la Lumière de Vie qu'il possède en lui, tout deviendrait clair et harmonieux. Il saurait alors qui il est réellement. Il vivrait les situations de sa vie dans l'ouverture de la compréhension et non dans la résistance. C'est une grande différence que cela, très peu conscientisée, mais elle permettrait à beaucoup d'évoluer sur un nouvel axe de vie, moins restrictif et plus évolutif. La liberté individuelle demande une introspection de soi et une mise en évidence de l'ombre en soi.

Chapitre 7

L'univers envoie des informations codées. Elles touchent la Terre et l'humanité. Elles sont chargées de l'atome qui réunit toute vie en une seule et même sphère. Un lien entre l'au-delà et le monde de l'homme demeure. Il définit l'ouverture d'une conscience nouvelle au sein de l'humanité. À chacun de l'accueillir pour de réelles transformations uniques et universelles à la fois, mais aussi pour que chaque individu définisse dans un ensemble, une globalité universelle et non individuelle. Reconnaître l'ensemble n'est pas aisé, car les fonctionnements sont bien installés. Ils ont pris forme de vie. Or dans cette ouverture gigantesque, les fondements de la vie humaine s'écroulent et la reconstruction est basée sur une vision différente de la réalité, percée d'une transparence rayonnante.

Le changement est grand et l'intelligence universelle affirme sa position avec force. Elle pousse chacun à ouvrir la porte à la Totalité. Elle indique la voie intérieure pour une belle révélation dans le mouvement de la Vie, un mouvement familier, mais aussi insoupçonné. La constance universelle ne fait pas partie des convictions de l'être humain qui apprend actuellement à ne plus fuir la raison de l'ensemble de l'univers.

Le tourment mène la danse de l'humanité qui ne se soucie pas du lendemain. Toutefois, dans la coopération universelle, il existe de grands ensembles qui régissent la forme dans une unité parfaite. Ce sont des mouvements fluides d'énergie de lumière qui fusionnent pour créer et donner la Vie dans une continuité sans fin. Entre eux, il n'y a aucune résistance, mais la présence de la Lumière de Vie, toujours plus belle, toujours plus élevée en vibration, toujours plus profonde et subtile. En lien avec la Source, tout se crée dans la perfection de l'instant. C'est ainsi que naît la forme, sans contrôle ni attaches, la liberté intérieure permettant la création dans la perfection innée.

Les bases de la reconstruction ne sont pas des mouvements de vie à finaliser, mais des ajustements à réaliser dans le but d'améliorer la vie sur Terre. L'humanité entre dans une réorganisation qui demande un alignement de la pensée sur ce qui est juste et lumineux. Elle est à elle seule, lorsqu'elle est équilibrée et sans attaches, la transmission ordonnée du Grand Tout. Il n'y a alors aucun faux pas, mais des situations de vie qui apportent de profondes compréhensions sur le fonctionnement humain. La voie se situe en soi et devient la base de l'évolution. Elle élargit la vision de soi et des expériences vécues.

L'avenir sera fait de réelles prises de conscience lumineuses et non d'affrontements. La largesse de la conscience se met en place et ouvre à de nouveaux aperçus sur la condition humaine. Ce que chacun a à vivre est déjà inscrit et le choix de l'âme présent dans cette transition. Emprunter la direction indiquée sans regard de soi et sans changement intérieur provoque des déstabilisations importantes.

La lumière et les mémoires s'opposent avec violence parfois. Il est impossible de se transformer sans conscience. L'être évolue vers le renouveau. Il ne peut implanter la lumière en lui s'il n'accepte pas ses parts d'ombre et ses faux pas. En découlent d'évidentes circonstances qui brusquent le corps. Le risque de rupture est alors important.

L'homme doit s'attendrir, s'assouplir et entrer dans une compréhension intérieure de ses fonctionnements. Chaque fois qu'il y a déstabilisation ou souffrance, il doit aller en lui pour se comprendre et se poser en conscience dans son Cœur de lumière qui apaisera le conflit de la pensée et de l'énergie. Même si la fréquence élevée de la lumière sur Terre permet de grands changements intérieurs, l'engagement individuel pour enclencher le changement est à faire. Notamment, ne pas limiter ses propres capacités en devenant des créateurs conscients. L'homme verse parfois dans l'irresponsabilité de ses propres actes, préférant la facilité. Mais la prise de responsabilité devient une évidence et il convient de l'appliquer dans toutes les situations de vie.

Le domaine de la transparence est à mettre en exergue. L'honnêteté avec soi et avec les autres est nécessaire pour une transformation durable de la nature humaine, de ses concepts et fonctionnements limitatifs et négatifs.

Le monde n'est plus ce qu'il était. Le point de retournement est là. À chacun de s'ajuster à la réalité de ce qui est. Le temps de la procrastination est bien dépassé.

La construction du Nouveau Monde demandera une ferme volonté intérieure et de la rigueur individuelle. Chacun a le vouloir du changement, mais reste toutefois dans l'inaction. La marge entre le faire intellectuel et passer à l'action est souvent présente. Il est plus facile de croire en un sauveur extérieur qu'à pénétrer dans sa propre conscience pour voir réellement les diverses couches et blocages de l'être humain qui la recouvrent. L'onde de lumière ne peut tout changer. La responsabilité revient à l'être humain d'inverser ce qu'il a créé. La pénétration de la pensée par la matrice humaine est si importante qu'il ne peut, sans volonté ni compréhension, se défaire des charges lourdes de ses expériences, mais aussi des empreintes qu'elles ont laissées dans toutes les parts de son corps et de son aura. L'immensité de l'énergie a agi par lui et par ce qu'il est. Toutefois l'inconstance de la pensée a généré des emprises obscures qu'il convient de considérer en toute clarté. L'être ne peut plus se voiler la face ni emprunter les masques et les différents costumes qu'il a enfilés dans les rôles fictifs joués dans sa vie humaine. Il y a une limite grandissante à cela aujourd'hui. Deux mondes se juxtaposent sur Terre. L'ancien est encore présent et le nouveau s'ouvre sur lui, libérant sa lumière et éclairant les zones d'ombre pour qui veut les voir. Personne n'est obligé de l'accueillir en s'ouvrant à lui. Personne ne peut obliger l'autre à le faire. Rappelez-vous que le pouvoir ne peut plus mener la danse dans la nouvelle vie. Sa construction passe par diverses phases d'accueil, d'acceptation et de libération. L'individu s'implique personnellement dans ce processus d'ascension. Le libre arbitre est laissé à chacun dans cette évolution intérieure.

Le fait de se reconnaître sur la voie de la libération intérieure ouvre la porte à la Lumière de Vie qui arrive à toucher l'être pour entamer l'allègement. Si le lâcher-prise est présent, elle entraîne les modifications intérieures et libère les zones d'ombre. Le seul fait de s'abandonner consciemment permet de grandes transformations. Le mental, quant à lui, est en retrait. La pensée est légère et uniquement orientée par la lumière.

Dans cet état de conscience libérateur, il n'y a aucun doute, aucune peur, aucune résistance, mais au contraire une foi inébranlable en ce qui est réalisé. Au-delà de l'ego, c'est l'énergie du Cœur qui agit dans une vibration élevée, accompagnée par la puissance de l'Être qui réalise. C'est un abandon total à la puissance intérieure d'amour, un inversement du fonctionnement de la pensée au profit de l'Amour inconditionnel.

Sans artifice ni compréhension intellectuelle, le savoir du Cœur délie sa force de lumière qui est sans attaches. Elle demeure libre, totalement fusionnelle avec le Soi profond. L'homme qui sait Qui Il Est, déploie la force intérieure de l'Être. Il agit dans la forme et dans la matière. La fréquence vibratoire est alors élevée, car aucune charge mentale ni émotionnelle ne l'alourdit. La vibration est l'état de conscience du moment qui crée naturellement sans calcul, sans vouloir et donc sans pouvoir. Elle se déroule et se place dans le respect de la Lumière de Vie qui coule par le Cœur. Agir avec amour définit le lâcher-prise de l'humain au profit de l'Être intérieur. Dans cette réalisation, seul le Cœur révèle l'Amour inconditionnel pour une réalisation dans la matière. La transmutation de toute chose se fait alors. Son rayonnement touche la Terre et l'humanité dans la logique de la vibration émise. L'être ne veut rien. Il est ce qu'il a toujours été : un Être universel.

La transition actuelle demande un effort de chacun pour aider la Terre et l'humanité à se relever de ses souffrances. L'homme doit obligatoirement adapter sa vibration à celle de la fréquence vibratoire qui touche la Terre. Cette adaptation permet peu à peu le basculement du mental dans l'énergie de la lumière du Cœur. Les étapes de la transformation sont graduelles, mais nécessaires. Modifier le passé duel n'est pas forcément aisé et relève d'un vouloir profond à mettre en place. L'homme est profondément ancré dans ses illusions. En lien avec le mental, elles définissent des croyances fortes. Leur teneur est assujettie à la société, à l'éducation, à la profession, à la vie sociale et familiale. Toute forme de croyance est une illusion. Elle agit par l'être humain dans une direction commune à l'ensemble de la masse qui est relié à la même croyance. Intervient alors une emprise sur les pensées. C'est une trame énergétique qui est tissée. Elle ôte le moyen de conscientiser l'illusion dans la pensée humaine, et de surcroit sur les choix faits par chaque individu. Avec un tel attachement aux croyances, il est impossible d'agir avec clarté. La rigidité demeure ferme et prenante, ne laissant aucune ouverture vers le changement.

La croyance en toute chose est un attachement qui enferme l'homme dans la conscience collective. À l'inverse, l'énergie de la lumière du Cœur ouvre la conscience sur des concepts de vie qui n'imposent rien et qui définissent simplement un axe de transparence innée. Entrent alors en action des rythmes vibratoires élevés qui ouvrent aux solutions les mieux adaptées à l'ensemble de tous.

La conscience individualiste se transforme et laisse la place à la prise de conscience communautaire. Par ailleurs, quand plusieurs cœurs aimants s'associent, la réconciliation unitaire naît et affirme la puissance de la réalisation consciente. Les luttes sont alors éteintes et seule l'énergie de l'Amour inconditionnel actionne le rouage universel de la création innée.

Voici donc un aperçu du fonctionnement du Cœur et de la relation à établir avec vous-mêmes dans cet espace sans vie. Ne confondez pas l'espace de la vie humaine et l'espace de la multidimensionnalité. Le premier est restreint, totalement mental et de surcroit très limitatif. Il règne en lui le pouvoir et l'attachement. Les concepts sont des orientations générées par l'ego. La mesure de la comparaison sépare dans une lutte sans merci. Le second, quant à lui, est ouvert sur l'immensité de l'univers et donc sur l'immensité des capacités de l'être multidimensionnel que chacun détient. Ce don est endormi la plupart du temps ou bien mal utilisé. Mais il peut l'être pour la transmutation par l'énergie du Cœur, s'il est accueilli dans un nouvel état de conscience dirigé par l'Amour. Et cela change tout !

Si vous essayez de dominer les autres en souhaitant vous imposer auprès d'eux, accueillez consciemment l'ego en ouvrant votre Cœur à cette révélation. Positionnez votre esprit humain dans l'espace du Cœur et devenez conscient de votre pleine capacité à changer. Votre volonté intérieure déterminera le changement de votre pensée, de votre domination, de l'ego et enfin du choix positif que vous ferez. L'homme est un être créatif qui doit prendre réellement conscience de sa pleine capacité à créer sa vie par le Cœur pour se transformer pas à pas.

Les codes de lumière en vous sont des outils quantiques performants. Ils se transforment eux aussi par l'apport du flux solaire qui s'unit à la Terre. Ils sont soumis à la lumière solaire qui touche la Terre et l'humanité. La conscience de ce qui est, aide à la récupération des données de lumière par les nouveaux codes qui vous parviennent. Par eux, l'être humain se transforme intérieurement. Son corps s'adapte aux nouvelles données et vibrations multidimensionnelles. L'ADN se modifie en fonction de l'évolution de l'état de conscience. Le Cœur est soumis à cette poussée de lumière et, par résonance, diffuse un rayonnement de plus en plus lumineux. La Connaissance se révèle par le Soi. La conscience est modifiée pour une ouverture différente sur la Vie universelle. Le corps physique se transforme lui aussi et devient plus lumineux. En devenant conscient de ces réalités, l'esprit humain permet aux codes de lumière de l'univers d'apporter une réalité de transformation progressive. Il ouvre la porte au Soi profond.

L'ordre du Cœur détermine toute progression. Quand l'allégeance de la Lumière de Vie se met en place, il n'y a plus d'ombre ni lumière, mais un tout. La forme sans forme est le vide intemporel. La séparation devient union. Les limites tombent pour laisser la place à un vaste champ multidimensionnel interconnecté. Le Un se révèle dans le mouvement du sacré basé sur l'énergie universelle. C'est une danse multidimensionnelle en action qui révèle tout être et toute chose dans la perfection de l'instant. Cet état révélateur démontre que la Vie universelle est partout. La danse du sacré est le mouvement de la Vie, la fluidité intemporelle du Cœur de chaque être. L'intérêt de cette compréhension est nourricier en avancement. Il détermine le sens de la Vie, le sens du Un universel qu'est chaque être humain.

La pause dans le Cœur permet de toucher à cette grâce. Car elle en est une réellement. L'instant d'éternité est là, présent. Uni à lui, rien n'a d'importance. C'est une riche révélation qui réunit le corps, l'âme et l'esprit dans une seule et même constance de Vie. La méditation a en ce sens un intérêt bénéfique. Elle ouvre la voie de la pause intérieure. Elle permet, si vous êtes attentifs, de conscientiser toutes les pensées parasites qui vous enferment dans l'espace énergétique du mental. L'être humain n'est pas libre tant qu'il n'accueille pas cette réalité. Mais le jour où il reconnaît en lui le fonctionnement de la pensée, il ouvre la porte de la cage dans laquelle il s'est enfermé.

Les pensées ont une réelle emprise sur l'être humain. Si la vérité sur leur fonctionnement n'est pas mise en lumière, il n'est pas libre. Prendre conscience du parasitage mental permet de les observer sans les suivre, de les laisser aller sans y adhérer.

Ainsi elles ne sont plus nourries et elles diminuent peu à peu. L'espace dominateur qu'elles occupaient s'étiole. L'énergie du Cœur rejaillit alors de la profondeur de soi. L'être ne peut être connecté à la Vie et basculer dans l'état de conscience du Cœur s'il est sous l'emprise de ses pensées. Chacun peut vivre dans l'état révélateur de l'instant présent en utilisant la pensée première qui permet la gestion de toute chose. La pensée ne part pas dans tous les sens et ne nourrit plus l'être de l'énergie du pouvoir. Elle suit, au contraire, le sillage de l'énergie du Soi sans égarement. Mais pour cela, il est nécessaire de sortir du conditionnement du mental qui est implanté depuis l'enfance et entretenu par la vie sociale, professionnelle, associative, religieuse, familiale… L'être humain n'est pas celui qu'il pense être. Il n'est pas celui qu'on a voulu qu'il soit. Il n'est pas le soi individuel et fermé, mais le Soi universel. La différence est importante et il convient d'accueillir cette vérité pour aller plus profondément dans la compréhension des conditionnements de l'homme.

Êtes-vous prêts à sortir de l'enfermement ?
Êtes-vous prêts à lâcher la forme du mental, négative, autoritaire, rigide, possessive ?
Le jugement est au centre de chaque être, car l'homme est conditionné à résister. Il n'est autre que la peur de lâcher prise sur la condition humaine.

Le pouvoir dirige et l'individualisme en est l'axe dominant. L'individu résiste par peur. Il ne sait pas Qui Il Est et ne veut pas lâcher ce qu'il connaît, ce qu'il sait, ce qu'il voit. Il se débat, bien ancré dans ses croyances alors qu'il obéit à un système de robotisation dont il n'est pas conscient. Ses pensées ne sont pas les siennes. Ses émotions sont entretenues par la masse collective qui agit en lui par ses conditionnements. Il court après une évasion fictive enseignée par la société. Il la recherche sans cesse et essaie d'assouvir ses manques par des compensations éphémères. Consommer, amasser des richesses, réussir, être un modèle de société… L'ego est puissant et dirige l'homme sur son chemin dans le moule parfait de l'illusion qui est entretenue fermement. Son espace d'évolution est restreint et fermé. L'intellect est nourri avec force. L'homme croit ce qu'il entend autour de lui. Il ne sait pas encore qu'il peut être libre et autonome. Pourtant la conscience de sa vie est au point de retournement et de transformation grâce à la Lumière de Vie, grâce aux informations codées qu'elle génère actuellement sur Terre. Son onde se déploie et ouvre les consciences. Les résistances sont des barrières qui tombent peu à peu sur le chemin de la découverte qui est mis en évidence. Il retrouve sa place dans la mouvance actuelle. Sa forme demeure pourtant abstraite, mais elle prend l'espace de l'esprit humain pour celui qui avance en posant son regard dans la profondeur de son Cœur.

Résister engendre la souffrance alors qu'il suffit de lâcher prise pour connaître l'état de vacuité. L'abandon est la voie, le fil conducteur à tenir.

> *Abandonner les pensées parasites, abandonner les conditionnements humains et les croyances, se dépouiller du désir, de l'avoir, du faire, du contrôle, du pouvoir et de ses résistances pour vivre le moment, l'ici et maintenant, sans pensée parasite et sans attente. Se dépouiller pour devenir nu à nouveau, comme à l'origine, comme le jour de votre naissance.*

Le Soi rejaillit de l'intérieur quand il n'est plus sous l'emprise de la dualité. L'alignement de l'énergie Ciel/Terre est l'axe de lumière qui agit en soi parfaitement pour libérer l'homme de ses recherches extérieures et lui offrir l'abondance de la Vie. L'ombre n'a alors plus la même force directionnelle.

Le Soi profond ne peut s'exprimer tant que la pensée primordiale est absente. Les pensées parasites font obstruction à la révélation intérieure et bloquent la transformation. Sans retour dans l'alignement de la Lumière de Vie en soi, il est impossible de verser dans l'état de vacuité. Pour cela, le rythme intérieur de l'énergie doit être stable, dans une parfaite liberté de non-vouloir. La stase lumineuse agit alors dans l'équilibre parfait du Tao, le yin et le yang. La comparaison avec une boussole à deux aiguilles illustre cette vérité. La première aiguille indique la pause intérieure dans l'abandon. L'autre, à l'opposé, est son pendant. Elle permet un basculement du flux intérieur de Lumière et d'Amour. C'est un parfait équilibre qui donne tout son sens à la révélation de l'énergie du Cœur et donc de l'énergie inconditionnelle de la Source. Le Feu sacré s'exprime dans la fluidité de l'ici et maintenant. Lorsqu'il y a déstabilisation de l'énergie, les deux aiguilles ne sont pas dans le même axe d'équilibre et expriment l'instabilité des pensées parasites et des émotions. Elles s'affolent, sans cesse en mouvement, elles tournent sur le cadran, révélant l'emprise forte du mental sur l'état d'être du moment.

L'autonomie est à acquérir et sa vérité perce actuellement dans la conscience humaine. Cette révélation permet d'une part de reconnaître l'illusion en soi, mais aussi la puissance intérieure du Soi. Ce choix permet de comprendre le fonctionnement extérieur de la pensée et désigne la direction opposée, vers soi-même et sa propre autonomie à Être. L'amplitude énergétique est alors grande et le domaine du savoir différent. L'intellect n'est plus alimenté par l'extérieur, ce qui libère le langage de l'âme et connecte au savoir universel.

Il est également important de ne plus dépendre de quiconque pour prendre son envol vers la liberté. Quand une aide est apportée, elle se doit d'être ponctuelle. Il n'y a alors aucune emprise énergétique ni aucun maintien dans la dépendance.

L'être humain pense à tort qu'il est sur Terre pour prendre les autres en charge. Cette croyance est liée à l'ego et au besoin d'être reconnu. Les pensées et les croyances humaines orientent l'être vers un pouvoir certain sur les souffrances de l'autre et l'entretiennent en agissant de la sorte. Cela peut être valorisant, mais cela limite l'autre à vivre ses propres expériences.

C'est à chacun qu'il incombe d'ôter les cailloux posés sur son chemin. Mais en n'aucun cas on ne peut le faire pour les autres. Et encore moins croire qu'on est là pour ça. Pour grandir en soi et se transformer, chaque être doit prendre en compte la compréhension de son propre fonctionnement humain. Sans une mise en évidence de ses résistances à accueillir la lumière en soi, la transformation ne peut s'opérer.

Les luttes intérieures ancrent la souffrance. L'état de conscience du moment crée la séparation et nourrit l'illusion. L'homme demande souvent une aide extérieure qui lui apporte un soulagement momentané. Tant qu'il n'accepte pas l'illusion en lui, il laisse tout pouvoir à celle-ci. Il se tourne très souvent vers l'extérieur, espérant le miracle. Sa croyance est en totale opposition avec ce qu'il est réellement. Il recherche le soulagement ou la guérison alors qu'il est déjà cela. Il recherche la richesse alors qu'il est déjà riche. Il recherche le savoir alors qu'il sait déjà. Il ne comprend pas ce qu'est en réalité le pouvoir intérieur qu'il trouve dans les enseignements, car sa recherche l'éloigne sûrement de la Vérité détenue dans le Cœur.

En pensant qu'il vit dans un monde de souffrance, l'homme crée sa propre croyance.
En pensant que la vie est difficile, l'homme crée sa propre croyance.
En pensant que la réussite n'est pas pour lui, il crée sa propre croyance.
En pensant qu'il est laid, il crée sa propre croyance.
En pensant qu'il n'a aucune instruction, il crée sa propre croyance.
En pensant que la maladie peut l'emporter, il crée sa propre croyance.
En pensant qu'il n'est pas aimé, il crée sa propre croyance.

Ainsi va la vie humaine, faite de supercheries illusoires définies par l'ego et l'adhésion aux pensées parasites qu'il transmet. Cette relation, entre soi et l'illusion, domine et s'ancre dans la réalité. Les croyances s'inscrivent dans la matière et sont simplement créées par l'enchevêtrement des différentes pensées auxquelles l'homme adhère. Cette nourriture mentale s'inscrit en lui et attire leur création dans la matière. L'homme est un être créatif. Il crée sa condition humaine par la pensée. Ce qu'il pense, il le crée. Ce qu'il pense être, il le devient. Toutefois, il est évident que sa création est, le plus souvent, issue de son ego, car il laisse ses pensées le dominer. Il les suit jour et nuit, sans discernement. Ce chemin le réduit à l'extrême illusion de sa vie.

En s'accordant le temps de la raison, l'homme peut comprendre qu'il a le choix de vivre autrement et qu'il peut ne plus subir sa vie, mais la créer dans le bonheur retrouvé. En inversant le processus illusoire de la pensée, la pause intérieure voit le jour en émergeant du Soi profond. L'ombre est alors considérée différemment. Elle devient une ouverture sur la lumière. Elle permet de se placer dans la compréhension des fonctionnements humains pour les redresser. Et donc dans l'équilibre intérieur, sans peu ni trop, et dans un espace de liberté intérieure qui comprend, intègre et joue avec l'énergie. Les excès de tristesse et de peur sont absents. La régularité du Soi révélé, conduit les pas vers la résolution de ce qui est. Le vouloir est absent. Seul l'état de vacuité est présent et rayonne. Il réunit, unifie et guérit. Le jeu de la masse humaine devient clair. L'adhésion de l'homme à la forme illusoire est évidente. La prise de conscience est puissante et le relâchement des pensées parasites se fait dans la vérité retrouvée. L'homme n'a ni le vouloir, ni le besoin de rechercher sa voie ailleurs qu'en lui. Il sait enfin Qui Il Est réellement dans la perfection de l'ici et maintenant, et de son rayonnement d'action.

L'importance de devenir un Être universel voit le jour. Actuellement, il est inutile de rester dans l'Ancien Monde. Je dirais même, il est important de pénétrer dans l'impermanence de la pensée en se libérant des attaches créées, sans retour sur le passé ni projection dans l'avenir. Se détacher également du vouloir, de l'emprise des pensées, et de tout ce qui n'est pas ici et maintenant, dans la réalité de la Vie.

Un ensemble de choix voit le jour et il est nécessaire de leur donner naissance pour un épanouissement de l'être, ici et ailleurs. Relâcher et souffler, prendre son envol vers l'immensité de la Vie et se laisser conduire par l'Être. Appliquer l'intuition et demeurer conscient de ses potentialités universelles. Vivre sans ne plus mourir et mourir à la Vie.

Pour quelle raison la conscience universelle fait-elle défaut à l'être humain ?

Parce qu'il a des désirs sans cesse grandissants qui démontrent une réelle absence d'intériorité. Il désire très souvent quelque chose d'extérieur à lui-même pour combler le vide qui sévit en lui. Mais ce n'est pas ainsi qu'il arrivera à Être. Sa conscience doit s'éveiller au soi individuel, à l'ego et à son observation sur sa puissance directionnelle qui le dirigent vers le mirage qu'il met en action. Il le programme et ensuite, il se débat pour obtenir plus d'argent, plus de réussite, plus de biens, plus, plus, plus ..., toujours plus. Le plus est un signe de manque intérieur. Quand l'être est dans l'équilibre et donc, dans la stabilité intérieure, ses désirs font partie de lui, car il est tous ces désirs-là, sans distinction ni séparation. Et comme il est tous ces désirs, il ne les recherche pas, car il les a dans le Cœur, sans aucun vide ni manque. Il vit l'instant présent, uni à tout ce qui est. L'Être intérieur le comble. Il ressent le bonheur d'Être, sa beauté et sa richesse. La vie est alors différente. Le besoin d'exister laisse la place à la Vie qui est présente en soi, qui est aussi en tout. L'abandon à la Vie ramène la Vérité en soi et tout est alors perçu différemment, clairement. La Vérité demeure alors la voie.

L'être ne veut plus briller, car il brille naturellement. Il ne veut plus être quelqu'un d'autre, car Il Est. Il ne veut plus rien se prouver ni prouver aux autres. Il Est la Totalité de la Vie et il le sait. Il vit en pleine lumière, exempt de pensées parasites. Il sait qu'il a participé à la création de l'ombre qu'il voit dans le monde autour de lui. Mais il a modifié son cap et il ne la crée plus. Il la transmute par le Cœur. Ainsi il participe à la restructuration de la lumière sur Terre, toujours sans aucun vouloir, mais par le rayonnement de la Lumière de Vie qu'il exprime sous différentes formes. Il fait sa part, sans vouloir ni attente. Il donne simplement par l'état de la vacuité qui l'alimente et qu'il alimente à chaque souffle. Le rythme de la Vie est en lui. Sa constance est entretenue par l'état de l'Amour inconditionnel qui peut tout et la foi en ses propres capacités.

L'union et la réunion sont les deux pôles à trouver en soi. L'union du Cœur et la réunion de la forme dans une même et unique constance de vie. Savoir qui l'on est, est déterminant pour l'avenir. La conscience humaine est universelle et chacun perçoit cette vérité en soi. Le miroir aux alouettes est découvert. L'entrée en action est définie par des choix importants. La résultante devient Vie en la vie.

La renaissance à soi et à la Vie est en cours et l'intériorisation y conduit. Pour calmer les pensées parasites, elle est le seul chemin.

> *Tant que l'agitation mentale demeure, l'homme ne peut trouver la paix et tant qu'il n'est pas en paix, il vit dans l'illusion, sa forme dominante étant la pensée.*

Mais si on l'observe et la décortique, on perçoit sa manipulation pour garder le pouvoir. Dès lors que l'être est appâté, l'ego mène la danse dans une dualité évidente, je dirais même dans une lutte sans cesse présente. La ligne droite est alors sinueuse et les écarts constants. L'énergie est bloquée et la déstabilisation bien présente. Cette manipulation mentale que l'on a laissée s'installer a donné naissance au faux moi. L'homme a ainsi un double en lui qui libère autant de pensées que d'adhésions à celles-ci. Cette spirale sans fin se perpétue au fil de la vie humaine. Elle demeure le faux moi qui peut prendre tout l'espace énergétique en soi. Il dirige, il prend les décisions, il alimente en peur, il construit de savants scénarios et engendre la souffrance humaine. Il détient le monopole de la vie humaine, car chacun le suit les yeux fermés, pensant être libre de ses décisions et de ses choix de vie. En réalité, il s'agit d'une usurpation de la pensée humaine au profit de l'ego surpuissant qui mène savamment l'humanité dans la dualité et l'enfermement.

L'interaction entre tous les êtres humains forme la matrice humaine qui agit en chacun et à l'insu de tous. Cette masse d'énergie est si puissante qu'elle a pris forme dans l'univers, chacun étant relié à elle par le mental. Les pensées proviennent donc très souvent de cette masse qui est alimentée par l'humanité. En retour, elle nous maintient dans l'ignorance de ce qui est, nous appelant à trouver l'apaisement et le bien-être à l'extérieur de soi. En demeurant sous son pouvoir, l'être humain a peu de chance d'être en paix pour exprimer la présence du Soi.

Cette dualité est celle que chacun vit sur Terre, l'ombre et la lumière, le négatif et le positif, le mal et le bien. Tout est opposition en soi et à l'extérieur de soi tant que le repos n'est pas trouvé. Le déséquilibre forme la vie humaine et la modèle jusqu'à l'épuisement. Mais quand l'évidence devient raison, le Cœur s'exprime dans une transparence innée qui ne requiert aucun support.

L'ici et maintenant est la source de toute vérité et chacun la détient dans la profondeur du Soi. L'émergence de nouveaux concepts permet de voir la vie différemment et sous une autre forme. Les croyances tombent ainsi et la Connaissance prend les commandes dans le silence de la pensée. L'ouverture qui naît, réunit l'être humain et la forme pour les fondre tous deux en l'Unité de la Vie. L'ouverture du Cœur ouvre la voie de la perfection et de la stabilité. L'ombre n'est plus perçue comme telle. La lumière également. L'union est puissante et crée un équilibre parfait que chaque être humain trouve dans sa vie.

Pourquoi fuir l'ombre alors qu'elle fait partie de l'univers ?
Sans elle, la lumière n'a pas de vie. Inversement, la lumière éclaire l'ombre et agit pour la transformation. Elle la transmute pour le meilleur. Chacune d'elles a besoin de l'autre pour être. C'est le cycle infini de l'énergie qui nourrit l'univers de ses deux pôles ascendants et descendants.

Quand la paix intérieure est présente, l'équilibre libère l'énergie de la perfection du Tout et le savoir universel. La rencontre avec le Soi est déterminante, car il prend les commandes de l'être humain. Celui-ci est secondé par la pensée primordiale. L'alliance du positif et du négatif, de la lumière et de l'ombre, du yin et du yang donne la pleine puissance à l'énergie du Cœur qui rayonne. Plus la stabilité est présente, plus l'état du Cœur s'étend et rayonne. Le Soi révèle alors sa grandeur dans la simplicité de l'instant présent.

Le pouvoir, quant à lui, n'ouvre pas à une transformation durable et le vouloir humain ne permet pas la reconnexion intérieure. Cette vérité montre la distance qui sépare l'être humain et l'Être universel, la valeur erronée des sens ôtant toute liberté à la progression de l'être humain vers l'état de lumière. Trop de croyances déterminent les pas alors que seul le Cœur affirme l'ouverture de la lumière en soi.

La connotation du mot pouvoir est sous-jacente. Sa valeur limite la vérité et son non-sens maintient l'homme dans un enfermement permanent. Ainsi, il n'est pas libre d'agir. Ses actes sont soumis à l'approbation de la société. S'il n'agit pas comme les autres, il est montré du doigt et jugé par les êtres humains même spirituels. Or le jugement est une expression de l'ego et de son illusion qui dominent les êtres par de fausses affirmations issues de la masse humaine, spirituelle ou pas. Cet impressionnant étalage du pouvoir de l'être humain sur les autres provient de la peur d'être moins avancé sur la voie de la lumière.

Or le parcours n'est pas une course, mais une pause intérieure. Elle n'est pas un étalage de la connaissance humaine, mais la connexion à la Connaissance universelle. Ceux qui pensent et croient être les premiers seront peut-être les derniers s'ils ne rectifient pas la croyance qui les dirige et les éloignent de la source du Cœur.

La croyance d'être arrivé, d'être un élu, d'être au-dessus de la masse humaine est une marque de l'ego et la volonté de s'affirmer peut-être très rassurante. Toutes les questions restées sans réponse n'ont, dans ce positionnement mental, plus de vie et donc plus besoin de réponse. La croyance d'être arrivé au but fixé, efface les limites mentales et laisse l'ego diriger par ses formes pensées, le chemin à parcourir. Dans l'aveuglement et loin de la raison du cœur, les pas sont posés. La lumière éphémère occupe l'espace énergétique, accompagnée par le mental. Leur influence est puissante et, si l'on n'y prend garde, l'égarement est total.

Sachez qu'il n'y a aucun faux chemin dans le monde de la progression intérieure. Toute expérience est bénéfique, l'homme expérimentant la vie humaine par ses choix, dans l'inconscience de sa fausse liberté. L'ouverture est toutefois toujours présente et lui indique la voie de la compréhension de soi-même s'il ne le sait pas. C'est ce qui est intéressant à comprendre. L'homme appartient au système universel et joue des rôles, totalement ignorant de ce qui est la plupart du temps. L'enchevêtrement des pensées le domine et l'entraîne vers la direction la mieux appropriée à sa compréhension. Dans une profonde volonté de faire, il parcourt la dualité et la rivalité. Car tout est opposition en ce monde si l'ignorance est présente.

Le but de la vie n'est pas de vous affronter, mais de vous réunir. Tant que l'opposition demeurera, les résistances domineront votre énergie. La leçon est qu'il est important de ne pas s'identifier aux rôles joués. Elle demande de ne pas s'impliquer pour pouvoir vivre dans la fluidité de l'énergie.

> *Quand vous vous identifiez à vos émotions, vous souffrez. Quand vous êtes observateur des rôles joués, vous demeurez le meneur paisible et conscient. La progression est alors plus rapide, car aucun obstacle ni aucune limite ne sont présents. Vous jouez dans l'espace énergétique libre et vivant. Vous réunissez la vie humaine et la vie spirituelle dans l'esprit du Cœur. Le mental est alors hors circuit. Il seconde les situations, son emprise étant éteinte.*

L'identification à l'illusion demeure le point de compréhension du moment. Sans un regard nouveau sur son propre espace énergétique et sa manifestation à travers vous dans les expériences vécues, vous demeurez soumis à elle, sans paix ni stabilité intérieure. Toute identification à l'émotion, aux rôles joués, aux situations vécues, aux êtres rencontrés et, en quelque sorte, à la totalité de la vie humaine sont des liens d'enfermement et de soumission à l'illusion que vous tissez malgré vous.

Le rêve humain est une illusion s'il y a identification à celui-ci. Il devient vérité si vous n'adhérez pas au vécu et si vous lâchez prise sur les expériences. Les accueillir sans résistance permet de ne plus faillir par le mental pour découvrir que vous n'êtes pas la cage dans laquelle vous vous êtes enfermés par toutes les identifications générées. Vous créez votre vie intentionnellement et très souvent inconsciemment. Soyez heureux aujourd'hui de pouvoir vous alléger du mental. Il ne tient qu'à vous de comprendre le sens réel de l'enfermement dans lequel vous vous êtes placés.

Pour sortir de toute identification, posez-vous la question suivante :

Est-ce que je m'identifie à la consistance de la lumière ou bien l'image de la lumière ?

Cette seule question posée en conscience vous aidera à comprendre que rien ici sur Terre, dans votre vie humaine, n'est vrai. Tout est expérimentation et énergie, sans commencement ni fin. L'être humain vit au centre d'une double spirale énergétique qui l'aspire vers le bas ou bien le projette vers le haut dans la lumière. Là, il découvre le vide intemporel que rien n'affecte, car il n'y a rien sinon la lumière. Et quand la lumière prend tout l'espace, rien ne peut l'envahir et surtout pas les formes pensées illusoires. La lumière est pleine du vide que rien n'affecte. Tout en elle est présent et se ressent. Ici, la plénitude de l'univers Est.

Cet espace ne se franchit pas tant que résiste l'illusion en soi. Avec elle, telle une planche savonnée, vous glisserez vers le bas. Cependant, quand vous aurez intégré la lumière et rayonnerez sa vibration, vous entrerez dans un monde si beau et saurez que rien n'est séparé de vous.

Ce sera alors une rencontre avec vous-même, très humble et si juste que la reconnaissance en Qui Vous Êtes réellement prendra toute sa dimension.

PARTIE II. INTÉGRATION

Chapitre 8

Les données universelles inondent la conscience humaine. L'effort à poursuivre dans l'axe lumineux de la Source fait partie du chemin. L'individu a à tenir compte de l'illusion qui le maintient dans de basses vibrations et donc dans l'instabilité émotionnelle et la souffrance. Il ne peut y avoir de progression intérieure sans prise de conscience. Dans le cas contraire, les tentatives de libération ne sont pas actives et durables. C'est pourquoi l'intérêt de privilégier les actes responsables est à mettre en œuvre. L'attitude mentale, liée à la prise de conscience, identifie la cause de tout malaise. Il est alors possible de réaliser quelles sont les limites et les oppositions à abandonner. Dans ce contexte individuel, l'observation est de mise, mais au-delà, la responsabilisation humaine et ses différentes couches d'accueil et d'analyse sont à mettre en évidence. La transparence et l'honnêteté deviennent alors les repères de la conscience humaine pour qui veut changer. Les passe-droits sont désormais dépourvus de toute idéologie universelle. Seules restent vraies, la foi et la justesse dans l'idéalisation humaine. La volonté personnelle, alignée sur la fréquence vibratoire de la Source, crée les bases stables de la nouvelle vie. Il appartient donc à chacun d'affirmer sa volonté dans le changement à effectuer, car tout part de soi pour se répandre à l'extérieur afin de créer une réalité dans l'équilibre retrouvé.

L'affirmation de soi est un choix à édifier pour se permettre une avancée certaine. Elle n'est pas l'imposition de son pouvoir sur la vie humaine, mais une relation intérieure avec soi-même qui définit un positionnement dominant dans l'état de la compréhension du chemin du retour intérieur. Le regard de soi devient alors différent. Par ailleurs, l'acceptation de la condition humaine génère une ouverture large qui permet d'inonder de lumière ses propres comportements. Rien ne s'oppose alors au mental et le Cœur nourrit les mises en évidence négatives. Les compréhensions émergent dans un état différent de la conscience et permettent d'entamer le changement. L'écart entre la nature humaine et ses débordements, et le Soi s'amoindrit par l'abandon à ce qui est. L'avantage d'être soi, ou plutôt d'être face à soi-même, dans une volonté parfaite à accueillir la vérité, est porteur et révélateur. Dans ce cas précis, il n'y a aucun détour à prendre ni aucun obstacle à éviter. Tout est là, présent et vrai, sans qu'aucun jugement ne soit mis en évidence. Ce qui est, Est. L'affirmation de soi et l'acceptation ont révélé la justesse de la compréhension. Le Cœur a parlé et l'intégration est faite dans le dépassement de l'illusion. La lumière est et transmet la justesse sans la moindre ambiguïté. La clarté demeure et rayonne.

L'immensité universelle révèle deux points importants dans l'avancement : la joie et la bonté. Quand l'amour est mis en évidence dans les enseignements, il est mal compris. Considéré à tort comme étant un état de béatitude ou de faiblesse, il amoindrit les relations avec le monde extérieur. C'est alors le mental qui dirige dans un non-sens commun à tous, c'est-à-dire dans un ordre de pensée erroné. L'amour est la justesse, la foi, la tolérance, la joie, la compassion. Il est la valeur universelle qui contient toutes les fréquences vertueuses de la vie. Il n'est pas différent du don, de la fréquence intuitive qui relaie et éclaire par sa lumière. Tout est amour lorsque l'élan intérieur est positif. Ne différenciez donc pas l'amour des élans vertueux qui proviennent de la fréquence du Cœur.

L'abandon à soi est la mise en évidence de la vibration du Cœur qui donne sans calcul et n'anticipe pas. C'est le moment où le don de soi apparaît dans les actes de chaque jour et dans l'aide apportée aux autres. Il n'y a aucune sollicitude dans l'amour vrai et lumineux. Il Est simplement la révélation de la Vie universelle dans le moment qui Est. L'importance, désormais, de demeurer centré dans la lumière de la Source de Vie est décisive, encore plus qu'auparavant, car la marge de manœuvre est pour ainsi dire nulle. L'émotion est la marque de l'expérience en vous. Le mental, quant à lui, est la marque de l'illusion. Seul le centrage dans le Cœur est l'accès à la lumière de Vie. Le temps est une absence que seul le Cœur n'autorise pas à être. Le moment présent est la connexion à la Présence et à la vérité universelle dans l'acceptation de ce qui est. L'acceptation et l'abandon à soi sont les révélateurs de toute progression intérieure lumineuse qu'ils génèrent amplement.

Soyez dans le don en ouvrant votre Cœur au moment vécu. Apprenez de lui en restant attentifs. Observez-vous dans la simplicité de l'instant. Vous constaterez vos élans intérieurs et veillerez à rayonner la vibration de l'amour. Les étapes de la progression intérieure sont à vivre consciemment. Car vous ne pouvez progresser en restant sous le pouvoir du mental. Seuls les élans du Cœur vous permettent de vivre centrés, dans l'acception de chaque expérience vécue et dans l'abandon de ce que la vie vous envoie. Le savoir ne fait pas le chemin. Seul l'élan du Cœur permet à l'âme de vous indiquer la voie de la lumière.

Trop d'êtres s'égarent et créent une fausse vérité. Trop d'êtres pensent être dans la vérité alors qu'il n'en est rien. Toute croyance est à bannir du chemin, car elle est l'expression du mental. Quand il n'y a plus aucune croyance et donc aucun jugement, l'abandon au moment présent se manifeste dans la plus pure vérité.

> *Seul votre chemin est important. Ce que vous vivez fait partie de ce que vous croyez. L'ombre que vous rencontrez est la vôtre. L'ombre que vous voyez chez les autres est l'image de ce que vous êtes. Vos critiques sont la marque de ce que vous ne voulez pas voir en vous. Il vous est certainement plus facile pour l'instant de dénigrer ceux qui ne sont pas de votre avis.*

La vie contient pourtant deux pôles importants à votre progression : le positif et le négatif. Tant que vous n'acceptez pas l'illusion en vous, révélée par l'expérience humaine, vous ne pouvez aller vers la lumière. Cependant, quand vous vous abandonnez et acceptez les zones d'ombre extérieures ainsi que les vôtres, vous parvenez au processus de la transformation universelle et accueillez leur transmutation. L'équilibre est ainsi en soi, sans lutte ni peine, mais dans une pleine acceptation de ce qui est et un abandon total à la lumière qui transforme et illumine. Dans toute expérience se trouve une source lumineuse. C'est au bout de la nuit que se lève le jour. C'est à la fin du jour que s'installe la nuit.

Toute source négative devient un jour positive par l'expérience humaine vécue. Toute source positive rencontre un jour une expérience négative qui permet de se surpasser dans la lumière.

L'équilibre, lorsqu'il est intégré à soi, permet de ne plus souffrir ni de ne plus être à la merci des croyances créées par ceux qui n'ont pas encore compris que le Cœur est un puissant générateur de lumière de Vie qui transmute toute source négative en source positive, dans l'équilibre parfait de la Vie universelle. Il ne sert à rien d'émettre des peurs et d'ouvrir ainsi les portes de l'ombre sur l'humanité. L'ombre a toujours existé, ce n'est pas nouveau. La nourrir ne fait qu'entraver la bonne marche de la lumière. L'être humain ne sait pas encore qu'il n'a rien à craindre d'elle, car elle fait partie du fonctionnement normal de l'univers.

Sans ombre, pas de lumière. Sans lumière, pas d'ombre. Ce n'est pas en générant la peur qu'on peut vivre dans l'équilibre universel, mais en acceptant qu'elle fasse partie du tout et de toute expérience.

L'humanité se prépare à de grands changements. Or l'utilisation de la peur n'est bénéfique à personne. Chacun a à relativiser toute source d'information obscure pour la transmuter par l'énergie du Cœur. L'acceptation et l'abandon à la lumière du Cœur feront l'ouvrage de la transformation et vous permettront de demeurer dans l'équilibre du yin et du yang, car ils sont une version parfaite du fonctionnement de la Vie.

La perfection demeure dans la fluidité de l'énergie qui circule en tout. Cette vérité n'est issue d'aucune croyance, car elle est ce qu'elle est, sans blocage ni imperfection. Elle est le cycle du renouvellement de la vie et toute progression en elle est soumise à l'influence de l'ombre qui permet de s'y situer.

Chaque leçon de vie est un moyen de grandir dans la lumière. Accueillez-les sans peur et soyez ouverts au processus universel qui agit à chacun de vos souffles, à chacune de vos pensées et à chaque expérience de vie humaine. La simplicité est l'axe lumineux à tenir. Ne vous prenez pas la tête à trouver un moyen de grandir dans la lumière, tout est dit ici. Tout est simple quand le Cœur agit. Pour avancer légèrement, vous n'avez besoin d'aucune croyance.

Quand le passé revient à vous, le Cœur ne peut agir pour le meilleur de votre chemin. Le contrôle posé sur les expériences de vie est alors très présent et vous ôte le moyen de vous abandonner au mouvement de l'énergie générée. Lâchez toute croyance. Ne croyez en rien. Laissez l'énergie agir et vous serez surpris de la légèreté des moments vécus. L'espérance ne sert à rien si vous restez accrochés à vos croyances. Elle devient foi quand l'abandon est total.

Mesurez l'intensité de vos croyances en vous observant. N'émettez aucun jugement, mais au contraire, gardez une vision claire de l'expérience vécue.

Que se passe-t-il alors ?

Vous constaterez qu'il n'y a plus de déstabilisation, mais un mouvement vers l'ouverture de la Vie universelle. Un apaisement intérieur rayonne et active l'énergie du Cœur. Essayez d'être simplement observateurs de votre vie. Soyez détachés de toute interprétation mentale et regardez. La magie opèrera sans nul doute et vous garderez confiance. Vous prendrez un tournant dans votre vie humaine et ne serez plus perturbés par des pensées déstabilisantes. Il n'y aura plus de réactivité ni de souffrance. Le détachement agira positivement et vous pourrez entreprendre de guider les autres êtres vers une expansion de lumière et son rayonnement bienfaisant.

Le monde se nourrit d'illusion. Mais que fait-il d'elle ? Réfléchissez à ces mots. Trouvez-vous un intérêt à laisser sa fréquence vibratoire s'installer en vous ?
Elle abaisse votre vibration et vous vivez votre ressemblance. Les expériences sont attirées à soi pour être dépassées avec sagesse et amour.
Pensez-vous aider l'humanité à sortir de ce marasme en poursuivant de la sorte ?

L'émotion est déstabilisante. Elle ne peut guérir la blessure humaine. Il existe pourtant un moyen de ne pas absorber les basses vibrations en les accueillant par la lumière du Cœur, sans déstabilisation, en comprenant votre propre rôle à jouer ici sur Terre et votre capacité à agir lumineusement plutôt qu'à générer la peur.

Pour aider l'humanité dans le passage important qu'elle vit actuellement, chacun doit inverser son fonctionnement énergétique pour parvenir à une mission d'aide révélatrice de lumière. La maîtrise en chacun doit prendre place. Le monde est créé par un mouvement énergétique, uniquement cela. Tout le reste est illusion. L'illusion de l'homme et de sa destinée.

L'émotion négative est une réaction à la peur. Elle prend forme, car vous ne savez pas qui vous êtes. Son énergie gagne votre énergie. Elle est une vibration toute puissante et change le cours de vos journées lorsqu'elle n'est pas considérée comme telle. Comme un intrus, elle se faufile et s'inscrit en vous. Elle nourrit aussi le mental qui s'active à son tour dans une pleine autorité illusoire.

Toutefois, grâce à l'intensité du Cœur, il est possible de se libérer de l'émotion négative, dans la puissance de l'instant présent relié au Tout et à sa dimension supérieure. Rien ne résiste à la vibration du Cœur. La négativité est mise en lumière ainsi que son origine. La transmutation a lieu et sa répercussion est puissante. Aucun outil ne peut rivaliser avec elle. Soulevant les voiles sombres pour les ôter, la lumière affirme les libérations. Quand la conscience de ce qui est réalisé avec foi, la lumière agit dans la pleine maîtrise du Cœur et sa fréquence intemporelle.

La porte du Cœur est ainsi ouverte pour la réalisation de la guérison. La lumière de Vie agit et l'abandon à ce qui est, amplifie la fréquence vibratoire. La conscience humaine ouvre simplement la porte. C'est pourquoi l'abandon à l'énergie est primordial. Sans cela, le Cœur ne peut réaliser les libérations et le mental conduit l'énergie dans le monde illusoire de l'ego. Agir, oui ! Mais dans le détachement du mental. Donnez l'élan, oui ! Mais en s'abandonnant à la lumière qui réalise. Le vouloir humain n'entre pas en ligne de compte dans le domaine de la guérison. Seules la vibration du Cœur et sa lumière la permettent.

Le temps où l'être humain pensait avoir la pleine capacité à guérir est totalement dépassé. L'inconditionnalité de l'amour remplace toute croyance à ce sujet et dépasse l'illusion que l'homme a mise en place. L'homme est peu de choses, mais il est aussi si grand quand il ne veut rien et s'abandonne. Son apparence est fragile et ouverte aux déstabilisations, alors qu'il détient le secret de la Création dans son Cœur.

L'incommensurable vie de l'homme prend une forme véridique pour affirmer le Soi profond dans toute son idéalisation. La réalisation de toute création peut alors avancer dans le monde de la dualité qui lui ouvre sa porte, autant que la conscience de l'homme évolue au-delà des limites dressées par ses croyances. C'est un monde nouveau qui naît et prend place, nourri par l'énergie du Cœur et son énergie de paix si belle.

La liberté gagne le Cœur de l'homme pas à pas et se définit un peu plus lumineusement chaque jour. La vie n'est pas la Vie. L'homme a une appartenance éloignée à sa croyance. L'avancée sur Terre se définit par ce qu'il est et émet. Il n'y a pas de différence entre ce qu'il voit et ce qu'il est. D'où l'importance d'accueillir ce qui vient en tout état de cause, simplement et humainement. Car son humanité est bien présente, le représentant tel qu'il est, ses qualités dépassant ses défauts qui sont en réalité des ouvertures sur la lumière.

L'être humain parle de liberté, mais il ne sait pas encore ce qu'elle est réellement. Il avance sur ses pas sans oser se lâcher. Elle est pourtant la délivrance et pour y accéder, il est nécessaire qu'il accepte de s'abandonner. Il souhaite œuvrer sans comprendre ce que cela représente exactement. Les zones d'ombre de l'humanité sont les siennes. Ce qui est à l'extérieur est à l'intérieur. Rien n'est séparé et tout est un.

Dans ce contexte, il est important qu'il apprenne à ne pas se détourner de l'illusion humaine ni à la différencier de lui. Quand il accueillera sa responsabilité dans ce qu'il voit et dans ce qu'il perçoit à l'extérieur, il ouvrira son Cœur à lui-même avec bonté et humilité pour l'illuminer. En œuvrant en lui, en acceptant sa création obscure sur Terre, il pourra la libérer.

L'humanité se libèrera grâce aux actions intérieures des humains.

Chacun est responsable de ce qu'il voit, de ce qu'il perçoit. Accuser est se détourner de la réalité. Accueillir et accepter ce qui est, permet de se libérer et par répercussion de libérer l'humanité. Pas besoin d'une formule magique à prononcer ni aucun rituel à pratiquer pour sauver l'humanité et la Terre. La fréquence vibratoire lumineuse actuelle ouvre la conscience humaine à une réflexion intérieure nouvelle et responsable. Cet accueil change la donne et renvoie en chacun la mesure des vibrations émises. Ce qui est à l'extérieur de soi est ressemblance intérieure. Il ne sert à rien de s'en détourner, car elle reviendra. C'est pourquoi l'état de conscience naissant définit une nouvelle liberté d'esprit. Changer est devenir responsable de soi en agissant sur ses propres zones d'ombre.

Un grand pas sera fait quand chacun activera son Cœur lumineux pour libérer la Terre et l'humanité. Dans cet élan, les hommes peuvent se rejoindre et jouir de la lumière du Cœur pour œuvrer dans un élan commun de transmutation. Cette force intérieure agit au sein de l'humanité et ouvre les consciences. L'unité est cela. Elle n'est pas seulement une ouverture à l'autre et une anticipation à la restructuration de la vie humaine. Elle est un partage de l'énergie du Cœur en une fusion intérieure intense par les Cœurs solaires en action. Le changement vient de l'intérieur et se répercute à l'extérieur. Plus vous serez à pratiquer la fusion intérieure, plus l'humanité se relèvera de l'obscurité.

Ne fuyez pas l'ombre, car elle est ce que vous êtes. Ne la rejetez pas, car elle est votre reflet. Vous n'êtes pas encore totalement éveillés, alors ne vous détournez pas d'elle, car elle est en vous. Au contraire, accueillez qui vous êtes et libérez-vous. Vous agirez sur elle et la transmuterez en lumière. Vous édifierez ainsi des ponts lumineux entre les êtres humains. Ils seront des passages qui pourront être empruntés. Ils ouvriront la conscience humaine qui se transformera lumineusement. L'espérance naîtra et s'installera. L'œuvre à réaliser paraît gigantesque, mais elle est en réalité l'ouverture d'une porte lumineuse sur l'obscurité engendrée par l'homme. La nuit est alors éclairée et devient le jour, transmutant en lumière ce qui est dans son axe. Rien ne résiste à la lumière quand le Cœur est pur et l'esprit libre.

Soyez des êtres compatissants pour vous-mêmes et vous réaliserez l'œuvre lumineuse que chacun espère. Il n'y a aucune autre possibilité à transformer la vie humaine. C'est par l'installation de la maîtrise du

Cœur en soi que la Terre et l'humanité retrouveront la jouissance éternelle dans une expansion toujours plus grande et plus puissante, dans l'infini de la capacité lumineuse du Cœur de la Vie.

Soyez des êtres doux avec vous-mêmes. Agissez et vous constaterez rapidement les répercussions lumineuses engendrées. Installez-vous dans ce nouvel état de conscience. L'emploi du mot « nouvel » est préférable à « supérieur », car l'homme a rapidement fait de croire qu'il est différent des autres. Seule l'humilité permet de suivre la voie du Cœur. Dans le cas contraire, l'ego envahit l'être très rapidement et il l'aveugle. C'est pourquoi demeurer vigilant à ses pensées permet de garder l'équilibre intérieur. Demeurer simple et humble également.

L'être humain est ce qu'il est, mais il est aussi les autres individus. La lumière de Vie est en chacun sans exception. Il est aussi le soleil, le ciel et les nuages. Il est également la pluie, la froidure et la chaleur. Il est les torrents, les mers et les océans, les montagnes et les vallées. Il est le manque et l'abondance, la tristesse et la joie, la violence et la paix, la peur et l'amour. Enfin, il est l'ombre et la lumière.

Sans cette compréhension qui génère toute création, il ne peut avancer dans la réalisation du Soi, car le Soi contient tout ce qu'il est. Il ne se différencie pas du vide et de la vacuité par opposition à la réalité de la Vie universelle qui contient tout cela et forme le Un du Tout.

Vous êtes le haut et le bas, la vie et la mort, le paradis et l'enfer même s'ils sont l'illusion que vous avez créée.

La forme n'est rien. Le vide est tout. Votre Cœur le contient sans ne rien contenir. Car l'infinitude est vide de toute représentation humaine. Elle est simplement le noyau de l'atome divin qui génère la Lumière de Vie. Il crée à l'infini par ce que vous êtes. Vous pouvez donc comprendre que votre vie est votre ressemblance et qu'elle peut être belle à l'infini si vous lâchez vos croyances formelles et illusoires. L'intention crée, mais attention à ne pas générer l'obscurité. Rester lumineux dans ses pensées, dans ses paroles et ses actes, agit positivement dans votre vie. Toutefois, vous êtes souvent défaitistes et juges de vous-mêmes quant à votre capacité à créer la beauté dans votre vie. Vous vous critiquez fortement, culpabilisez et rejetez la vie humaine lourdement alors qu'il suffirait de l'accueillir avec amour et justesse pour cesser d'exister et vivre lumineusement dans l'espace dimensionnel du Cœur de la Vie.

Le passé et ses mémoires vous influencent et vous orientent. La tâche à réaliser est, de ce fait, plus intense, car l'influence du passé est très présente en vous. Toutefois, la capacité à changer votre vibration en libérant par l'énergie du Cœur, les souvenirs douloureux, leurs traumatismes et les blocages qu'ils ont engendrés est bien présente.

> *Les ombres disparaissent rapidement quand on s'abandonne à l'énergie de transmutation, sans analyse, ni vouloir, mais dans la simple acceptation de ce qui est ou a été. La lumière agit alors pour le meilleur de votre voie.*

Vous possédez une puissance intérieure de transmutation illimitée et agissez en conséquence quand les mémoires s'activent en votre for intérieur ou bien quand les émotions vous déstabilisent.

Retrouver la maîtrise du Soi est le chemin à parcourir. L'être humain peut tout s'il s'abandonne à sa propre lumière intérieure. Pour cela, il n'a besoin d'aucun contrôle ni d'aucun attachement. Seul l'abandon à la paix intérieure et à la connexion de la lumière du Cœur ouvre la voie à la guérison.

Les pratiques anciennes sont obsolètes aujourd'hui. Leur fréquence vibratoire n'est pas en accord avec la nouvelle dimension de vie. L'humain doit s'adapter et lâcher ses connaissances pour accueillir la foi. Si vous avez foi en la Vie, alors vous pouvez tout transformer et agir positivement sur l'humanité. Si vous restez accrochés au passé, vous n'agissez pas lumineusement dans la durée, sa fréquence vibratoire n'étant pas en accord avec l'actuelle vibration qui est beaucoup plus élevée et donc à un stade de la conscience plus élevé. Le désaccord avec ces deux fréquences vibratoires est évident. C'est à chacun de s'adapter au nouveau en se délestant des croyances du passé et en accueillant consciemment la pleine capacité de l'énergie du Cœur.

Si vous demeurez accrochés au passé et restez dans le contrôle, si votre peur de lâcher prise reste présente, vous ne parviendrez pas à rayonner par le Cœur et à vous adapter à la fréquence divine qui peut tout.
Ce positionnement intérieur demande la simplicité innée. Car tout est si simple dans ce processus qu'il est souvent impossible à l'esprit humain de l'accepter et au-delà, de l'intégrer.

Quand l'abandon est présent en soi et la foi active, le Cœur parle et transforme par la simple intention qui crée immédiatement dans l'instant d'éternité.

La complexité n'existe pas dans ce processus créateur. C'est l'abandon total à Soi qui agit et active l'énergie créatrice. Rien d'autre n'est nécessaire. Aucun mot n'est requis, aucune volonté individuelle n'est active. Vous Êtes La Source de Vie en action et vous le savez. Vous ne doutez plus de vous ni du résultat. Vous activez la Conscience de la Vie ici et maintenant, dans une pleine réalisation universelle que vous créez dans la matière. L'espace est occupé par l'Esprit supérieur qui a été activé dans le Cœur de Qui Vous Êtes.

L'ego, quant à lui, est à sa fin. Seul le mental demeurera présent dans l'accomplissement de votre réalisation. Il vous accompagnera dans vos décisions. Ce renversement du fonctionnement de la psyché humaine affirme le changement dans toutes les parts de votre être et même dans votre vie. Ainsi vous ne subissez plus les expériences, mais vous les accueillez avec compréhension pour les dépasser. Là encore, il y a changement. Plus de vouloir ni de contrôle. Un accueil en douceur des moments de la vie humaine s'établit sereinement et non dans la résistance. La fluidité énergétique domine les situations, l'expérience amenant la compréhension intérieure dans le seul but de transformer l'émotion déstabilisante. Les blocages s'étiolent et une grande ouverture intérieure se crée sans opposition aux zones d'ombre existantes.

L'avenir sera fait d'accueil et d'ouverture, de compréhension, de libération et d'abandon à soi. L'ombre ne sera plus nourrie par l'homme et l'adombrement de la lumière touchera chaque cœur ouvert et aimant. Un chapitre dans l'histoire de l'humanité se tourne pour laisser la place à la raison du Cœur et à sa splendeur. La souffrance humaine est à sa fin. Il convient de l'accompagner par la lumière qui guérira les maux et transformera la conscience humaine. Une révolte intérieure se joue en chacun, car l'ego résiste à ce qui se prépare. Son pouvoir est si présent qu'il occupe l'ordre intérieur. Mais la volonté de chacun agira pour le changement. Le choix est à faire actuellement pour une meilleure vie dans l'espérance divine.

Rien n'est plus beau que la vision nouvelle qui s'installe en chacun dans l'intensité du moment. Car c'est ici et maintenant que vit l'univers, que crée la Vie universelle... Vous détenez la clé de la transformation intérieure. Rien n'est plus lumineux que la pause dans la reconnaissance de l'Être en soi, sa paix et son amour également. Libres vous serez si vous adoptez la Vie en vous, si vous ne rejetez pas le fait d'y appartenir. Noyez le chagrin dans la lumière. Défaites-vous de toutes les attaches de l'illusion. Il y a un autre monde en vous. Découvrez-le. Retournez à l'origine du Tout.

Chapitre 9

L'identification de chacun à la vie universelle est importante dans ce passage dimensionnel. Vous ne pouvez avoir un pied dans l'ancien et un autre dans le nouveau, car les retenues demeurent puissantes et les mémoires actives. C'est en s'abandonnant au nouveau qu'on lâche l'ancien. L'abandon ouvre à un état de conscience qui permet de pénétrer dans l'absolue vérité de la Vie.

Les pensées générées par le mental relient l'être humain au passé et à ses souffrances. Si vous souhaitez réellement dépasser le cap dimensionnel actuel, il est nécessaire de vivre intensément le moment présent en vous abandonnant à lui.

Qu'y a-t-il de vital pour vous en ce moment précis ?
Souhaitez-vous contrôler ou lâcher prise ?
Qui êtes-vous exactement, le savez-vous ?
Souffrir ou guérir, que souhaitez-vous ?

Observez-vous et abandonnez l'ombre à l'énergie lumineuse du Cœur. Prenez en main votre libération et relativisez vos pensées. Vivez l'instant, ici et maintenant, dans la lumière du Cœur et identifiez-vous à lui. Vous êtes le moment présent et la lumière de Vie. Accueillez et intégrez la vérité du moment. Cessez de nourrir le passé, ne le vivez plus. Il a été et il n'est plus. Vous êtes à présent dans un nouvel espace dimensionnel, dans une nouvelle conscience, plus légère et harmonieuse. Votre énergie se libère du passé par la lumière et il est temps d'entrer dans la guérison de votre être pour vous idéaliser dans ce qui vit ici et maintenant.

Rien n'a plus d'importance que cet instant où vous lisez ces mots. Rien n'est plus important que le moment où votre souffle se fait entendre. La vie est cela. Elle est là, présente, et ce qui est n'est plus, car immédiatement suivi par un autre instant de vie sans cesse renouvelé dans le moment présent. Tout moment de vie est vrai, mais n'existe déjà plus, car un autre moment de vie le remplace. C'est pourquoi vous ne devez pas rester accrochés au passé et à son innombrable succession de moments de vie joués à la perfection, à l'instant où ils ont été joués.

Le moment présent est vide d'esprit et de matière. Il est une énergie créée par le positif et le négatif. En lui, la conscience universelle agit toujours pour le meilleur et la continuité de l'énergie active la création de toute chose. Le moment présent est aussi un moment de vie qui s'étend en profondeur, dans la profondeur de l'atome qui enregistre la vie en lui.

À chacun de comprendre que l'instant ne peut durer une éternité s'il est vécu humainement dans le renouvellement actif du mental et de l'émotion qui sont la marque de la dualité. Vous avez la possibilité d'inscrire de nombreuses vies dans l'instant, car l'atome qui le constitue est sans fin. Toutefois, si vous vivez le moment dans l'abandon total de l'esprit humain, vous pénétrez dans l'infinitude de la Vie qui contient le Tout et la Connaissance infinie. Ce n'est alors plus le mental ni l'émotion qui dirigent votre vie, mais la Vie elle-même, et tout ce qu'elle représente universellement dans le vide de la vacuité, où le vide n'est rien et où tout demeure à la fois, sans liens ni influences, mais dans la marche constante de la lumière qui enseigne à chaque souffle. Le rythme est présent et complet. Le rythme de la vie universelle bat en vous dans un seul et même élan, celui de la pause éternelle qui se déroule parfaitement, vous enseigne et vous guide par le savoir inné de la Vie.

Vous pouvez sortir de vos souffrances en lâchant le passé. Vous l'avez vécu dans la conscience humaine et dans l'instant d'éternité qui a enregistré vos différentes vies en profondeur. Toutefois, l'instant vécu dans la dualité peut être lâché si vous acceptez de vous abandonner à la Lumière de Vie. Ainsi vous serez l'être que vous avez toujours été, lumineux et bienfaisant, porté par l'Amour du Cœur de la Vie. Vous n'inscrirez plus d'ombre en vous et la Vie vous portera dans le merveilleux moment présent en connexion avec la Source du Tout. Le moment présent dure une éternité. Il est le même pour tous. Les vies parallèles y sont inscrites sans fin.

Chacun a aujourd'hui la capacité de cesser de vivre dans la profondeur des vies passées et demeurer dans la constance de la Vie et sa fréquence élevée. Tous les êtres humains sont situés au même endroit, c'est-à-dire dans le même instant. Certains le vivent en profondeur, attachés au passé et à ses souffrances. Cependant, peu l'accueillent dans le moment inné de la Vie et l'intègrent dans la perfection pour Être Qui Ils Sont.

Vous avez deux possibilités de choix. Soit vous poursuivez dans le contrôle du passé et restez attachés à votre vécu humain. Soit vous ouvrez votre cœur à Qui Vous Êtes réellement, dans une nouvelle conscience, pour vous installer dans la lumière du moment présent. Il est possible de réaliser cette transition si vous acceptez de vivre dans l'espace de la lumière sans cesse renouvelée. Plus vous contrôlez votre vie et celle des autres, moins vous êtes dans le lâcher-prise et vous ne pouvez vous abandonner à la Vie universelle.

Cessez donc de vouloir. Cessez donc de diriger. Cessez donc d'analyser. Soyez simplement ici et maintenant et vivez le moment présent dans la grâce de la Lumière de Vie. Là est la voie à découvrir et à emprunter. Là est la simplicité du Cœur qui conduit l'être à la perfection. Toutes vos prises de tête, vos questionnements et vos recherches extérieures ne peuvent vous conduire à l'Éveil. L'humanité est en grande mutation. Sa libération interviendra quand elle lâchera ses recherches, ses envies et son vouloir pour se laisser conduire simplement par l'énergie de la Vie. Abandonner ses souffrances, c'est ne résister à rien. C'est aussi cesser de rechercher une cause ou un moyen extérieur pour exister. C'est encore revenir à soi et vivre pour soi pleinement, en étant seul avec soi-même sur le chemin de la progression intérieure. Ne plus avoir aucune attache avec l'autre, mais une grande ouverture sur l'humanité fera aussi la différence.

La voie devient large et englobe tout un monde, toute une vie, dans lesquels un seul Cœur bat à l'unisson du Tout par l'Amour inconditionnel qu'il contient.
Quand l'analyse mentale s'éteint dans l'esprit humain, l'intuition prend le relais. L'abandon à soi se met en place et la porte de la réalisation du Soi s'ouvre.

Apprendre à Être, c'est ce que l'être humain fait actuellement. Il marche vers l'Éveil, mais il a de la difficulté à lâcher le monde de la séparation. Il dit comprendre la voie lumineuse, il lit des enseignements, mais il ne s'abandonne pas toujours, car son ancrage à la dualité est puissant. En réalité, il souhaite garder le contrôle, car les peurs sont actives en lui. Dans une autre mesure, il vit sa vie par procuration, sans cesse dans la recherche de ce qu'il est en réalité. Ses croyances l'emportent loin de la ressource éternelle et bienfaisante du Cœur.

La plupart du temps, il nourrit ses pensées illusoires. Son corps en est affecté, car les informations reçues sont encodées. La maladie est alors créée par les blocages engendrés. La conscience humaine doit s'ouvrir à cet état de fait et changer ce fonctionnement qui altère les fonctions du corps physique. Là encore, l'observation est nécessaire.

Observer ses pensées pour les modifier afin qu'elles n'affectent pas le corps physique et le champ aurique.

Toutes les pensées humaines sont inscrites en lui et il est important d'avoir conscience des conséquences qu'elles entraînent et des affections qu'elles créent.

Être lumineux, dans la joie et s'abandonner à leur énergie vibratoire, donne l'élan de la Vie en soi. Chacun peut se nourrir de la vibration créée en toute conscience. Quand elle accueille ce qui est, la vibration est amplifiée et la transformation suit. Elle est source de bien-être et de paix. Se transformer de l'intérieur passe par les différentes étapes de la conscience humaine et il n'y a aucune alternative à cela. Tout se joue dans l'acceptation et l'abandon à l'énergie positive et lumineuse, au regard intérieur qui met en évidence ce qui est à transformer.

Au-delà de l'application lumineuse de l'énergie, sachez que le corps a besoin de se nourrir de positivité et donc de la fréquence élevée de l'atome qui circule dans les poumons par l'air que vous respirez. Il contient le prana (atome divin) qui, s'il est accueilli consciemment, nourrit l'être de sa grandeur. Observez votre souffle, il est lumineux. Soyez attentifs à ce qui se passe en vous lorsque vous respirez. Le prana nourrit vos poumons de lumière, vos cellules, votre corps et votre aura. Sa fréquence vibratoire lumineuse vibre en vous et transforme les blocages. En être conscient ouvre la porte à tous les possibles.

La nourriture saine apporte aussi à votre corps la substance lumineuse qu'elle contient. Manger et demeurer dans le moment du repas permet d'accueillir pleinement les saveurs, les nutriments et leur substance lumineuse qui prendront soin de votre corps.

Les pensées, les paroles, les intentions, les actes positifs nourrissent également votre corps de lumière. Il est donc important d'émettre le meilleur de soi consciemment pour le nourrir.

Enfin, le centre Cœur contient la fréquence lumineuse de la Vie. Sa vibration élevée nourrit l'individu de sa grandeur. En connexion consciente avec elle, la fréquence vibratoire s'élève.

Le corps physique peut rester jeune et rajeunir si vous veillez à lui apporter la fréquence vibratoire élevée qui circule dans l'énergie. L'intention est puissante et crée immédiatement. D'où l'importance de vivre le moment présent, centré dans le Cœur et sa lumière pour activer l'atome divin. Plus la conscience est présente, plus les capacités de transformation sont grandes.

Chapitre 10

Le livre de la vérité s'écrit dans le moment présent. Il demeure dans l'existence humaine et donne la direction au moment même où il s'écrit. Puis il s'étiole et se perd dans l'espace dimensionnel où naissent d'autres vérités actives immédiatement dépassées. Tout est passage. Tout naît et s'éteint même s'il demeure une trace qui disparaît un jour elle aussi.

L'intensité du moment est une vibration bien particulière. Elle est reliée au cœur de toute chose, là où la Source crée et donne naissance à la Vie universelle, sans cesse active et en renouvellement perpétuel.

L'infinitude détermine chose après chose, car rien n'est figé. C'est pourquoi l'homme doit intégrer l'abandon à l'énergie de la Vie, sans résistance ni limites. C'est ce qui permet d'aller dans la reconnaissance du Soi qui lui aussi est sans cesse en renouvellement, créant la Vie à l'infini et sa teneur multidimensionnelle.

L'homme a à réaliser son pouvoir infini de création, mais dans le non-vouloir. Créer tout en étant détaché de la réalisation, car la fréquence lumineuse agit toujours pour le meilleur des situations. Demeurer dans le vouloir est demeurer dans l'illusion. S'abandonner est avoir confiance, en étant libéré de la force du mental. La fréquence lumineuse agit alors dans la fluidité de la création.

L'être humain souhaite contrôler sa vie : garder ses amis, être près de sa famille, vivre dans l'abondance, être en parfaite santé, être aimé… Mais tant qu'il ne lâche pas prise et ne s'abandonne pas à l'énergie de la Vie, il rencontre des blocages et vit ce qu'il crée. Il attire ce qu'il est, c'est-à-dire sa résistance à lâcher. Il avance ou essaie d'avancer, nourri par l'ego et son illusion. Il n'écoute pas son âme et crée sans cesse de nouveaux blocages. Il se plaint de sa condition alors qu'il lui suffirait de s'abandonner à son Cœur, de retourner en lui pour écouter, voir et éclairer son chemin.

L'énergie actuelle montre la voie du Cœur. Il est important de saisir l'opportunité de vous y situer pour voguer légèrement sur les flots de la transformation. Vous souhaitez le meilleur, mais n'y parvenez pas, car les résistances sont présentes. C'est la marque de l'ego qui les entretient. Vous forcez la voie et nourrissez la lutte. Votre vouloir vous aveugle. Or le temps de la compréhension et du changement est venu et vous seuls êtes à même de les réaliser. Personne ne peut boire à la Source de Vie à votre place. Le changement passe par la volonté innée du Soi de parcourir la voie de la lumière.

Vous êtes très souvent déstabilisés et ne parvenez pas à trouver la paix. Là aussi, l'ego agit en vous. Pourtant la stabilité intérieure est à installer en soi pour avancer légèrement et sans souffrance. Si vous acceptez que le mouvement de la Vie soit sans cesse en renouvellement, l'attachement à ce que vous êtes et à ce que vous possédez tombera. Et vous demeurez libres.

L'attachement est à lâcher. Il est à considérer et à libérer. Observez-vous et vous constaterez qu'il est très présent dans votre vie. Vous désirez la liberté, mais à contrario, vous restez liés aux personnes, aux situations et aux biens. La possession définit amplement la cause de vos attachements. Mais tant que demeurent les attachements, vous ne vous élevez pas.

Le passage dimensionnel actuel demande une grande transformation intérieure et un délestage de la condition humaine, de ses possessions, de ses dépendances et attachements, quels qu'ils soient.

L'être humain est en passe de redevenir nu comme l'est son âme. Redevenir une énergie pure et rayonnante, ouverte aux autres et à la vie humaine, sans aucun bagage à porter.

La légèreté est le reflet du non-vouloir de la condition humaine. Sans vouloir vous êtes détachés de l'ego et l'énergie du Cœur est libre d'agir. Mais il est important de ne pas confondre vouloir et souhait, ainsi qu'avoir et possession. Chacun a le choix de vivre dans l'abondance, mais l'attachement à la richesse et aux possessions ne peut permettre l'accueil de l'énergie du Cœur. Dans ce cas, le lien avec le mental reste actif. L'édification des scénarios liés aux excès et à la possessivité est sans cesse renouvelée. La peur du manque et ses conséquences demeurent alors présentes.

La foi, quant à elle, permet l'accueil de la liberté intérieure, car l'abandon à ce qui est, est actif. Grâce à elle, la fluidité est présente et le Cœur ouvert. La vibration de l'énergie est belle et crée sa ressemblance. La vie abreuve l'être de sa bonté et de son abondance. Il n'y a aucun excès, car la peur est absente. Aucun manque ne vient obscurcir le ciel. C'est au contraire un courant continu bienfaisant qui active la création et comble les besoins. Cet abandon est nourri par la force vitale intérieure qui est sans besoins et donne une pleine reconnaissance du pouvoir créateur intérieur. L'être sait qu'il agit en accord avec l'énergie lumineuse du Cœur, tout en laissant la Vie lui apporter ce dont il a besoin. Il ne nourrit pas l'excès, car il est plein de la Vie. Il lui est donc impossible de vivre le manque, l'union avec la Vie agissant pleinement. L'énergie du Cœur est totalement présente. Elle le nourrit de sa vibration et inversement, par la foi, il la nourrit à son tour, laissant ouverte la porte à la multiplicité des dons innés s'installer par la force du Tout qui se libère dans la fluidité et active l'énergie de Vie et son abondance.

Toute source créative bienfaisante naît dans le Cœur et son infinitude. Plus l'abandon de soi est actif, plus la Vie conduit et nourrit l'être de ses bienfaits. Ainsi il n'y a plus de mauvais pas. Une union lumineuse prend place pour le meilleur du chemin intérieur de chacun. Ce n'est pas ce que l'homme veut qui est important, car dans ce cas précis le mental dirige le chemin. Ce qui prime, c'est ce pour quoi l'âme est venue sur Terre. Son choix est parfait, en accord avec la Vie et il donne l'élan à la progression intérieure vers la découverte du Soi. Sans accord avec elle, les blocages et parfois la souffrance s'installent. Dans le lâcher-prise et le non-vouloir, la légèreté prend l'ascendant sur l'énergie et ouvre à de grandes et profondes transformations. L'onde de Vie apporte le bien-être intérieur, source de paix et d'abondance. La tranquillité d'esprit laisse l'ouvrage se réaliser. La stabilité demeure et la perfection est.

L'homme se nourrit d'idéal sans comprendre qui il est. Alors qu'il lui serait plus nourrissant de se laisser porter par la vie, il se torture l'esprit et vit dans la peur. Ce conditionnement est ancien. Il a de la difficulté à le mettre en évidence tant il fait partie de lui. Sa domination est si puissante qu'elle l'entraîne loin de la raison du Cœur. Elle agit sans prémisses et il lui obéit sans aucun discernement ni doute. La vie humaine est ainsi faite, pense-t-il. Cette croyance, cette énergie même, bien ancrée en lui, fait office de meneur, mais aussi de bourreau.

Dans l'ouvrage du mental, il n'y a aucune limite. Seule demeure la vision erronée de la vie humaine et de son développement sans cesse actif et grandissant, nourrie par la croyance de l'homme et son puissant ancrage. Ainsi s'élaborent les scénarios les plus sophistiqués. La raison de la supériorité agit pleinement, le laissant dans son antre, bien gardé par toute raison dénuée de bon sens. La nourriture est bonne un certain temps jusqu'au jour où l'énergie créée revient tel un boomerang, assommant de sa charge émotionnelle tout individu soumis à l'ordre du pouvoir. Ce fonctionnement donne la mesure d'un emprisonnement très subjectif et pas toujours perçu comme tel qui aliène totalement l'homme et dirige sa voie dans la dualité… Un certain temps où la souffrance mène le combat.

Grâce à son mental, l'être humain se sent en sécurité. Avec lui, il n'est pas seul, mais il ne sait pas que sa force le cloisonne fermement. Inconsciemment, il a édifié des remparts énergétiques. La puissance mentale l'enferme dans sa condition qui est vouée à la contingence intellectuelle. L'action passe par cet ordre établi qui peut même conduire à la folie. Nombre d'hommes ont été menés par cette force laminante et puissante. Beaucoup ont péri par la destruction mentale d'un seul homme. L'histoire le confirme. L'énergie est un monde puissant qu'il convient de comprendre pour ne pas faire de faux pas. Faux pas s'il y a, car l'expérience de la dualité est la voie terrestre pour toute âme incarnée.

Alors la connaissance du monde de l'énergie n'est pas à ignorer. La vie humaine a ses souffrances que l'homme a créées. Le hasard n'a rien établi et seule la puissance mentale a agi et entraîné l'homme dans un dédale successif de souffrances qui n'ont plus lieu d'exister aujourd'hui. La lumière est présente sur Terre. Elle met en évidence ce qui est et chacun a le choix d'opter pour sa vibration afin de se libérer de l'ordre mental établi. Le monde s'illumine grâce à tous. Il n'est plus question d'opter pour un chemin plutôt qu'un autre. La voie de la lumière apparaît. Sa vérité est mise au jour et aux yeux de tous. L'être humain a souffert, c'est un fait. Mais l'échéance est proche et tout a une fin. L'humanité arrive à la fin de l'ère duelle. Elle a à prendre son envol vers les sommets lumineux pour ne pas sombrer. Vous qui lisez ces mots, vous savez déjà cela. Ce n'est pas pour obscurcir le tableau qui est déjà sombre que je mets en évidence ce qui est. Sans un regard profond sur la vérité, l'humanité ne peut créer un pont de lumière vers la Source. Cette certitude fait office de vision multidimensionnelle, mais elle est liée au fait que l'humain préfère souvent le plaisir à l'effort. Plaisir terrestre qui par ses dépendances l'éloigne de la vérité. Il y a toutefois un plaisir grandissant dans le cœur des femmes et des hommes. Il est celui de l'accueil de la lumière pour éclairer le chemin. Aujourd'hui, l'espérance rayonne au-delà de l'humain et attire l'éveil de la condition humaine souvent malmenée. Chacun espère un monde meilleur. Mais le monde changera quand vous changerez.

L'occultisme est terminé. La lumière et son espérance lumineuse naissent sur Terre. La raison du Cœur s'ouvre sur l'humanité et affirme sa fréquence. Personne n'est oublié. Seuls les remparts érigés par l'énergie du mental ôtent tout moyen de s'abandonner à la Vie universelle. Chaque ombre contient la lumière. Chaque lumière contient l'ombre. Le va-et-vient de l'énergie permet de discerner que rien n'est figé et que tout est semblable à ce que chacun est et crée. Le Tout vit dans chaque cœur. Chaque cœur est la Vie et la ressemblance humaine. L'incertitude n'est plus. Seule la raison du cœur mène désormais le chemin. Vivez et resplendissez ensemble pour que l'humanité se sauve de sa peine.

Il est temps pour chacun de sortir du marasme humain. Sortir de la volonté humaine d'entretenir les schémas du passé. Savoir Qui Vous Êtes dans la pleine jouissance de notre belle demeure intérieure et ne plus réagir à la dualité. Constater ce qui est, savoir, sans nuire à personne. Accueillir le don de la Vie et ne plus douter de soi.

Chacun est responsable de ce qu'il vit. L'intérêt actuel est d'accepter cet état de fait pour en finir sincèrement avec la dualité, en devenant un être conscient. L'instant présent vit à travers vous, trouant de son rayonnement chaque conscience ouverte à la compréhension. Il peut réellement se révéler dans votre quotidien si vous vous posez dans votre Cœur. Ainsi la transformation intérieure sera belle, car vous serez en accord avec la révélation de votre nature humaine et le changement sera présent dans la mesure dimensionnelle impersonnelle de la Vie. Il n'y a aucun doute à avoir sur cette vérité. Plus vous accepterez la lumière en vous, plus la transformation sera.

Les états de conscience se modifient intensément, portés par la fréquence vibratoire actuelle qui donne le sens de la Vie à laquelle chaque individu appartient. La paix intérieure en résulte et permet un accueil de toute vérité pour un changement certain. Il n'y a plus lieu de se détourner d'elle. La lumière éclaire l'ombre et si vous souhaitez réellement éclairer votre chemin, vous avancerez légèrement et déploierez vos ailes pour un envol fluide et lumineux. La grâce devient alors réalisation personnelle, la volonté humaine révélant le potentiel en chacun.

Les leçons ne sont plus à apprendre, car seul le Cœur sait. Seul le Cœur demeure l'ample vérité recherchée à l'extérieur de soi. Il a tout pouvoir d'action et de réalisation.

L'accueillir comme tel et avoir foi en lui ouvre à une nouvelle vision du monde dans lequel vous trouvez votre miroir.

Il est ainsi possible d'inverser le processus créé pour révéler une nouvelle conscience qui agit sans peur ni doute, mais humainement, pour une transformation durable de l'ombre en lumière. Chaque être humain doit devenir responsable pour un changement certain en lui-même afin de rayonner lumineusement sur Terre. C'est à lui qu'incombe le renouveau. L'état de conscience doit s'élever grâce à une nouvelle vibration qu'il trouvera dans son Cœur. La justesse est alors à sa place. C'est un point important qu'il convient de soulever. Sans cela, il poursuit dans la peur et le déni. C'est l'effort à établir pour se révéler et agir enfin dans toute sa splendeur, comprendre que toute vie a un sens profond révélateur pour soi.

L'importance dans le monde n'est plus de porter un regard individuel au sein de la masse humaine, mais au contraire, il est important d'accueillir la relation entre tous. Relation énergétique déployée et créatrice de tous les maux de l'humanité. Tel un boomerang, l'énergie se déploie et crée la vie humaine. Vous n'êtes pas des êtres individualistes. Vous appartenez à un ensemble créatif soumis à l'énergie. Si vous considérez réellement cet état de fait, vous comprenez votre appartenance à un seul et même Être et entrez dans le monde de la Vérité. L'illusion apparaît alors hors du temps terrestre et se définit, non pas rationnellement, mais dimensionnellement.

Toute vérité est à explorer intérieurement. Ne plus rechercher la cause de la souffrance, mais être la lumière pour agir sur votre transformation intérieure et rayonner le meilleur de vous-mêmes est une nécessité dans le passage dimensionnel actuel.

Cela revient à dire que vous êtes tous semblables dans le circuit fermé de l'illusion. Car vous êtes Un et appartenez à l'ensemble créateur de la Vie. Vous considérer meilleur ou plus lumineux qu'un autre est la marque de l'ego. La grande machine universelle ne fait aucune différence. Elle trouve sa subsistance dans le déploiement de l'énergie et se nourrit des pôles positifs et négatifs.

La majorité des êtres humains vit dans l'ignorance de ce qui est. Le reste est scindé en deux parties. La première partie n'applique pas la connaissance. La deuxième partie, qui est infime, sort avec sagesse de l'illusion entretenue par le reste de l'humanité. Or l'importance d'appliquer une création lumineuse active et consciente apparaît déterminante et juste. Les choix sont à faire et la question présente.

Que souhaitez-vous, non pas pour vous, mais pour l'ensemble de l'humanité ?

Voyez au-delà de votre personne et considérez avec justesse l'ensemble auquel vous appartenez. Ayez une vision juste de ce qui est. Apprenez à sortir de l'ignorance et de la séparation. Vivez pour l'ensemble et intégrez la globalité à laquelle vous appartenez, car vous êtes un des maillons de la chaîne qui actionne le rouage de la grande machine universelle. L'universalité remplacera l'individualisme et le monde se relèvera à la condition de trouver la ressource nécessaire pour verser dans cette vérité.

Quand vous pensez, vous le faites aussi pour le monde extérieur. Quand vous parlez, c'est la même chose. Le rayonnement de la vibration émise se répercute dans le monde et dans l'univers. Quand vous créez, vous agissez aussi pour l'ensemble.

Vous n'êtes pas des milliards d'habitants sur Terre, mais un seul et même ensemble énergétique, une même cellule vivante qui vit au gré des vibrations qu'elle émet.

L'essentiel est d'être conscient à chaque seconde de ses vibrations pour arriver à ne plus se sentir séparé, mais à être Un avec ce qui est autour de soi. C'est-à-dire avec les êtres humains, tous les êtres vivants, les planètes également et l'ensemble multidimensionnel auquel chacun appartient.
Tout est Un, la lumière et l'ombre, le blanc et le noir, le positif et le négatif, le bien et le mal, l'expérience humaine et l'illusion déployée, la vie humaine et la vie universelle, la séparation et l'unité. Cet ensemble est un tout qui révèle la beauté en chaque être vivant et en chaque chose.
Regardez tout ce qui est avec amour et non avec dédain. Ce que vous voyez est ce que vous êtes, car vous êtes tout cela à la fois.

Chapitre 11

La visualisation est créatrice. Elle est une image dans l'état de conscience du moment, quel qu'il soit.

Elle donne vie à ce que vous souhaitez dans l'espace de l'instant.

La fréquence vibratoire universelle, associée à la foi et à votre vibration, crée ce que vous émettez. L'abandon à ce qui est, est aussi déterminant. Il laisse libre l'énergie créatrice. Le mental n'intervient pas dans ce processus. Seule la lumière de Vie agit pour le meilleur.

Dans ce processus, la résonance est importante et il est juste de l'évoquer. Trouver la faille de lumière en soi permet d'ouvrir une porte sur l'ample capacité à créer de l'être humain. La faille est légitime, car elle est toute la matière à penser de l'homme. Sa fermeture représente le vécu et sa lourde charge et, grâce à lui, la conscience évolue vers de nouveaux concepts humains qui sont source de réalisation.

L'homme s'identifie à ce qu'il est et à ce qu'il pense être. C'est une forme erronée de sa propre croyance, souvent dévalorisante et perfide. Il ne s'aime pas tel qu'il est. Il avance farouchement, doutant de lui et de la vie qui l'entoure. Alors qu'il suffirait qu'il se reconnaisse avec ses valeurs, il s'enfonce dans le jugement et la culpabilité. Rien n'y fait jusqu'au jour où l'expérience lui ouvre le Cœur ou bien, différemment, il ouvre son Cœur à la vie et accueille sa capacité à être. À force de luttes, il trouve en lui ce qu'il recherchait ailleurs. Il trouve enfin la paix.

Toute croyance est erronée, car elle est fondée sur la psyché humaine qui dénote toujours les failles hurlantes de la société. Or de faille il n'y a, hormis en soi lorsque le Cœur s'ouvre et déverse sa teneur dans la conscience humaine. C'est pourquoi les croyances sont à abandonner au bénéfice de l'intuition pour un alignement parfait avec l'âme. Le Cœur s'ouvre quand la justesse de l'âme le touche et conduit la voie. L'ombre n'est pas éternelle. Elle est l'ambivalence de la dualité.

Plus la conscience est évoluée, plus l'engrenage dans la dualité s'affaiblit. La conscience lumineuse permet la reconnaissance de la lumière en soi et la vision de ce qui était en est modifiée. Les aspects obscurs deviennent des ouvertures sur la compréhension de l'humain et non des jugements qui nourrissent l'expérience. L'ombre n'est plus ombre, mais conscience. Elle apparaît comme étant un état de la création humaine qui vit à son tour. Il n'y a plus la recherche de cause à effet, mais un sens dans la création voit le jour. L'idée que se fait l'humain de lui-même est alors modifiée. La question ne se pose pas, car l'intérêt est porté sur la simple communion avec l'instant présent où tout est cela. Dans cet espace, seul le Cœur est présent. Il comprend et demeure ouvert à toute compréhension. Il ne juge pas comme le fait le mental. Les scénarios sont éteints, laissant l'instant être en soi dans la vibration la plus élevée. La Conscience de Vie est présente. Elle épouse l'état de ce qui est et détermine la force intérieure d'action dans ce principe universel. Nulle cage n'enferme l'être humain dans l'état de la séparation, car le mouvement de la Vie fait partie de lui. Le rythme de l'énergie est constant et élevé. Le principe humain et sa collaboration avec le mental s'éteignent.

Le moment où tout se passe est le plus important de votre vie.

Aucun autre choix n'est plus porteur ni libérateur. Chaque attention à ce qui est dans le moment gratifie et élève. Aucune source n'est plus lumineuse que la communion avec ce que vous faites et avec ce que vous êtes. Rien n'est plus beau que la promiscuité avec le vide de la pensée. L'ombre est alors lumière. La faculté à voir la lumière en tout ce qui est, est présente dans chaque instant vécu, en communion avec lui et dans la reconnaissance du Cœur. L'abandon à ce qui est, conduit sur le chemin de la Vérité qui n'est autre que la pure lumière.

L'état créatif du mental est une puissance sans discernement qui éloigne de l'instant. Ainsi sont créés les états de la souffrance humaine et par répercussion, ceux de la souffrance physique. Car l'un ne va pas sans l'autre. La souffrance émotionnelle est génératrice de maladies et le corps physique subit ses assauts malgré lui. Les impacts sont profonds et créent la détérioration physique et mentale.

L'impressionnante avancée qui se profile actuellement est une grâce pour tous. Elle résonne dans le souffle et vit dans l'instant présent. Sa porte s'ouvre et donne les informations nécessaires à l'avancement de l'humanité. Chacun peut, s'il le souhaite, accueillir l'opportunité d'inverser le processus destructeur en place, en versant dans le moment d'éternité qui demeure le seul moyen pour sortir de l'illusion. Il est possible d'agir en ce sens en devenant des êtres conscients de leur potentialité de lumière et en l'utilisant librement et humainement pour transformer le monde.

La lumière est à ramener dans la matière pour accueillir les souffrances et les alchimiser. L'état de conscience supérieur transforme toute chose en lumière sans aucun vouloir humain, car l'ombre est reconnue conscience universelle. Elle vit, elle aussi, dans le Tout de l'univers et vous tous, vous êtes l'unique, le Un, le Tout et vous faites partie d'un seul et même ensemble. Cette évidence résonne en soi comme une vérité. Elle Est !

Il n'y a alors plus aucune limite à rayonner et à fusionner avec elle puisqu'elle est ce que chacun est. Elle est une projection humaine, sa création. Dans ce cas précis, l'ombre est immédiatement éclairée par la lumière rayonnante et, de ce fait, elle est transmutée naturellement, sans effort ni résistance.

Dans l'unité, la séparation n'existe pas. L'ombre est lumière. La lumière est ombre. Ce que vous êtes est à l'extérieur de vous. Ce qui est à l'extérieur est en vous.

Alors, pourquoi s'épuiser en vaines recherches de réponses puisque tout est là dans chaque moment d'éternité vécu ? Dans le principe créateur, la forme est absente. Seul demeure l'état du vide, c'est-à-dire le moment présent.

La conscience est un outil très profond. Elle est à elle seule la Vie ! Elle dirige le grand univers et les mondes parallèles.

Une étape sera franchie quand l'homme la considèrera comme étant la vérité universelle. La conscience est en soi et, dans le même apanage de grandeur, elle est aussi l'essence de Vie. On ne peut la voir ni la toucher. Mais on la vit en soi dans un axe de vérité si profond qu'elle devient fusion. Elle est ce que l'être humain recherche ailleurs, dans le monde extérieur et dans les étoiles. Elle vit en vous et elle est tout ce que vous voyez et ce que vous ne voyez pas. Elle est l'essence de Vie, sans limite et sans fin. C'est la raison pour laquelle vous ne la comprenez pas alors qu'elle est sans distinction tout ce que vous êtes.

Trouver en soi ce que vous êtes, revient à dire qu'il n'y a rien à trouver, car vous êtes déjà ce que vous recherchez.

Ces paroles ne sont pas faciles à accueillir et encore moins à comprendre, car la Conscience ne se comprend pas. La pensée ne peut la trouver, car elle l'est déjà. L'entendement ne se fait pas par l'analyse, mais par le vécu, par l'intériorisation et la révélation en soi de ce qu'Elle Est. Au-delà d'une identification formelle, elle vit par la respiration, par le Cœur, par les cellules, par ce que vous êtes et enfin par votre totalité humaine et humaniste. C'est cela la Vie. C'est cela la cohésion intérieure entre le monde de l'homme et la totalité universelle. Une rencontre qui ne peut se toucher par les mots, mais qui est simplement ce qu'Elle Est.

Il n'est pas aisé d'accueillir cet enseignement. Mais aujourd'hui, pour entrer dans la valse de la Vie et se fondre en elle, l'exactitude de la compréhension de l'existence de toute chose doit laisser la place à l'abandon de toute compréhension afin que vive la liberté intérieure pour retrouver ce que Vous Êtes tous pour fusionner en une seule conscience. Votre corps, vos organes, votre pensée, vos cellules, la végétation jusqu'au plus petit brin d'herbe, les animaux, les minéraux, le ciel et les étoiles, le vent et la pluie, la matérialité, les sons, les odeurs, le positif et le négatif, l'amour et la peur… tout est Conscience de Vie.

Nous ne sommes pas un seul être, une seule chose ou une émotion. Nous sommes un Tout sans différence ni séparation, sans commencement ni sans fin. Rien de ce que vous croyez n'est vrai et à la fois, tout ce que vous voyez l'est.

Le film de la vie humaine se termine. Il laisse place à la grandeur de l'univers.

La valse de la vie se joue à chaque instant en vous laissant enlacer par l'énergie qui tourbillonne, qui va et vient et qui vous porte. La vie humaine est cela. Elle est une valse ! Si vous décidez de valser, vous valserez au son de l'univers dans la légèreté et le bonheur. La conscience de ces moments est une ode à l'instant dès lors que la joie vous entoure. Si vous ne parvenez pas à lâcher le contrôle, vous rigidifiez la souffrance et elle ne vous lâche pas.

L'instant définit la notion du lâcher-prise. Le contrôle est son opposé et demeure une limite dans l'évolution de l'âme. Sans souci, vous êtes libres d'accueillir la floraison des graines qui ont été semées. À l'inverse, dans la déstabilisation émotionnelle, la stagnation est puissante. Elle bloque toute progression intérieure laissant le temps prendre possession de l'être.

Le temps n'est pas l'instant. Il est le rythme terrestre qui règle votre vie, tout comme le sont les saisons, le jour et la nuit.
L'instant, quant à lui, est la pénétration consciente de l'esprit humain dans l'onde illimitée de la vie. Il est présent en tout où le temps s'arrête.

Son amplitude génère conscience et esprit. Conscience de la multidimensionnalité et de sa relativité qui ouvre l'esprit sur un retour à soi si beau qu'il dépasse l'entendement humain. La grâce est présente. Elle nourrit la foi et l'abandon à ce qui est. Sans limites, il est alors possible de dépasser l'intérêt humain pour la matérialité et verser dans la richesse du moment présent.

La saveur de la vie change alors. L'intérêt porté aux excès humains s'efface. Le plus important est de vivre consciemment chaque instant, de savourer le moment intérieur, de s'en nourrir jusqu'aux portes de la Vie, d'y entrer sans retenue, car le fil conducteur n'a ni attente ni vouloir. Il ouvre simplement à la reconnaissance entre soi et la Vie, entre le blanc et le noir, entre la vie humaine et le monde multidimensionnel, entre la joie et la tristesse, entre l'amour et la peur. Tout est là dans sa plus belle apparence. Il n'y a plus de limites à se reconnaître ainsi, plus de refus des causes sombres.

Les bras sont largement ouverts et accueillent la lumière et l'ombre sans différence, car la lumière est ombre et l'ombre est lumière.

Tant que l'homme repousse l'ombre, il n'accueille pas totalement sa partie lumineuse. Repousser l'ombre revient à se repousser soi-même.

Pour un éveil complet, il est nécessaire de se reconnaître dans tous les recoins sombres créés par les expériences humaines, qu'elles soient en soi et à l'extérieur de soi.

Ce n'est pas le pardon conditionnel qui est à obtenir, mais une acceptation et une intégration de toutes vos parts humaines et non humaines qui sont vos créations et donc présentes en vous, sur Terre et dans l'univers.

Ne plus se dissocier de ce que vous voyez, de la souffrance humaine, des différences entretenues, des échecs à créer un Nouveau Monde, de la frilosité de l'économie, du monde politique et social, de l'instabilité du climat, de la pollution, de la souffrance animale, de l'injustice humaine, de la violence, ni des agressions, tout fait partie de vous et de chacun. Alors, ne vous offensez pas contre ce qui est, ne jugez pas, ne vous étonnez pas de ce monde humain en souffrance, car vous l'avez créé de toute part. Quand enfin vous admettrez de changer ce qui entretient l'ombre à l'extérieur de vous, vous enclencherez le changement sur Terre et dans l'univers.

Il n'y a pas de petites parts à agir. L'infime, tel le battement d'aile du papillon, a une incidence sur la vie humaine. Rien n'est à mettre de côté. Tout est à voir dans sa propre vérité pour être reconnu en soi.

L'onde de vie est une énergie. Sans cesse active, elle libère sa gravité sur Terre, elle crée et rayonne à l'infini. Toute source de pensée est un acte en soi. Sa présence influe sur le comportement de l'être humain. Sachez que ce que les autres pensent de vous prend forme dans votre pensée et dans votre énergie. La relativité énergétique forme des interactions diverses qui ne vous laissent pas sans impact.

Si bien qu'il est parfois difficile de garder son intégrité énergétique et d'être juste dans ses actions.

L'influence génère la robotisation de l'homme qui n'est pas lui-même la plupart du temps.

Alors, comment garder votre intégrité énergétique et comment agir en votre âme et conscience sans que l'énergie qui parcourt l'univers prenne les rênes de votre vie ?
L'âme et la conscience sont la réponse à cela. Dans l'instant présent, le miroir de l'âme agit comme un réflecteur de lumière et transmute l'onde énergétique qui vient vous toucher. La conscience du moment maintient le positionnement de votre intégrité énergétique. Alors, vous ne subissez aucun impact de l'extérieur et demeurez le maître de vos pensées et de vos actes.

Seul l'instant présent préserve l'énergie et nourrit de lumière. L'âme se découvre alors rayonnante et pure. Vous êtes parfaitement vous-même, libre penseur et libre acteur de votre vie. La nourriture de l'âme est un nectar libérateur. Tel un baume, elle répand l'énergie de lumière pure. Tout est alors possible et la pensée humaine prend sa juste place en elle.

L'être humain se nourrit la plupart du temps de ses pensées négatives issues de la trame énergétique générée par l'humanité. Il ne sait pas qu'il est connecté à elle. Ses désirs et son besoin de matérialité suffisent à le conduire dans une vie illusoire où l'argent demeure le meneur. Il est alors extérieur à son intuition et il vit dans un monde parallèle où se chevauchent les désirs humains, entraînant de fortes distorsions de l'esprit. L'âme est mise au second plan, oubliée et impactée par la souffrance de l'homme.

La vie humaine n'est plus celle que vous avez connue. La souffrance n'est plus le moyen de progresser, mais la voie à oublier. Il est temps de sortir du cycle de l'enfermement en s'ouvrant à la conscience de l'âme, en la mettant au rang de la vie universelle et en l'aimant. L'intention ouvre le passage et crée un décloisonnement qui libère sa lumière. Plus cette ouverture consciente s'intègre à vous, plus vous vivez en accord avec elle et vous êtes conduits par l'intuition.

Dans ces retrouvailles, s'insinuent dans vos pensées, la justesse, l'honnêteté, la transparence et la clarté. L'ombre n'a plus d'emprise.

S'unir à son âme permet de pénétrer dans la maîtrise de ses émotions pour les lâcher peu à peu, car la vision de la vie se modifie. Elle devient plus évidente. On entre alors dans un accomplissement de soi différent, harmonieux et léger qui privilégie le bien-être, l'amour et le respect de soi, dans une évidence sans raison ni calcul.

Chacun est à sa place. Chacun vit ce qu'il choisit de vivre, en acceptant de ne pas être maître des autres, mais seulement de lui-même. L'envie de changer ce que l'on voit ailleurs s'éteint. Le souhait de se changer intérieurement est la priorité.

L'âme conduit les pas sur le chemin de la liberté intérieure dans une pleine réunification de la lumière en soi. La conscience est lumineuse et juste, rayonnante et empreinte de compassion et d'humilité. S'ouvrir à soi, c'est s'ouvrir aux autres. Nous ne sommes pas seulement des êtres humains, mais des êtres multidimensionnels, reliés par la Vie et ce qu'elle représente. Le moyen d'intégrer cette conscience est de se libérer de l'ego qui accentue les différences et place les oppositions sans cesse en action.

L'unité est à l'inverse du rythme mental de l'humain qui nécessite des placements dominants dans la vie courante. S'opposer à l'autre, c'est se limiter. Il n'y a aucune ouverture sauf un besoin de contrôler. L'ego a nécessairement besoin de pouvoir pour exister. Il s'en nourrit et plus son contrôle est puissant, plus il détermine les oppositions dans les situations de vie qu'il élabore savamment.

Le meilleur de soi ne repose pas dans le pouvoir. Cette machine bien orchestrée n'apporte la paix en aucun cas. Elle nourrit seulement le mental. Dans ce cas, il n'y a donc aucune liberté intérieure à agir et à faire des choix justes et lumineux. Seule la pensée dominante active l'illusion dans laquelle l'homme s'est enfermé. Sa priorité a été de jouer à l'apprenti sorcier lors de ses différentes incarnations. Transmuter le plomb en or et alchimiser la matière. De nombreuses vies ont été figées dans cette optique et le chemin a été tout tracé avant même chaque naissance. Or aujourd'hui, les choses changent et la progression de l'âme ne peut se suffire à la souffrance humaine. Beaucoup sont prêtes à verser dans la lumière, dans un éveil profond et durable. Les opportunités sont grandes pour y parvenir, car les temps actuels et leurs fréquences vibratoires ont changé. Le temps s'accélère et l'instant présent se révèle. L'âme se trouve à la croisée des chemins. Elle souhaite la délicatesse des pas, l'ouverture sereine et la paix. Beaucoup auront à prendre la voie de la lumière dans un essor libre et serein. Beaucoup trouveront la libération alors que d'autres préfèreront poursuivre dans d'autres découvertes multidimensionnelles.

La perfection n'est autre que l'immensité pourvue d'infinitude. Il n'y a ni début ni fin, juste un état à vivre réuni dans l'incertitude des jours et la certitude de la vie. La vision s'éclaire actuellement et les limites tombent. L'univers apparaît chargé de vide que les mots ne peuvent décrire. Tout est là sans que transparaisse quoi que ce soit hormis la simplicité riche de sens qui crée dans la maîtrise de soi.

L'illusion s'estompe, les limites tombent, l'ombre disparaît ou plutôt, elle est définie librement dans les choix de vie qui sont faits. Il n'y a plus l'emprise de l'illusion, mais un accueil lumineux transparaît dans toutes les situations de vie. Choisir est le maître mot. Choisir et définir le meilleur. L'impact des croyances demeure dans le passé. L'épanouissement de l'être devient le chemin dans l'instant présent où seule demeure la présence consciente de la Vie. Une présence libre et humaine sur le plan collectif, mais aussi une présence libre et universelle en soi. Débute alors un épanouissement intense et libre. L'être entre dans un nouveau cycle fait de bien-être et de joie. La rigueur devient douceur, la puissance devient pureté. Aucune définition ne peut s'inscrire dans cette découverte, car elle est partie intégrante de liberté.

L'âme connaît la renaissance dans le cœur brisé par les épreuves. Elle libère sa pureté dans l'énergie qui dessert le corps physique. Sa luminescence prend place et agit dans l'élan nouveau de la vie. S'imprégner de l'énergie de l'âme. La libérer consciemment en soi. Devenir Un avec Elle. Vivre le moment sans pensées obsessionnelles. Relever le temps au temps du moment. Prendre soin de soi, des moments de plénitude, les alimenter par le Feu du Cœur. La douceur de l'âme prend ainsi sa place. Elle devient libre en soi et apporte la joie. Il n'y a pas de plénitude sans rapprochement intérieur avec l'âme et sa pureté. Le soi devient Soi grâce à cette intégration. Elle est trop souvent oubliée, la forme duelle et l'interprétation de l'avancée individuelle étant nourries par l'ego.

La troublante vérité devient aujourd'hui une évidence. La vérité explicite de la volonté de l'âme qui transparaît à chaque pas, qui s'ouvre sur le chemin de la liberté. Avec elle, il y a une réelle ouverture dans le Cœur de l'être humain. Elle ne se ressent plus de la même façon qu'auparavant, mais elle est bien présente. L'âme pousse l'individu à s'apparenter à cette évidence et il est entendu qu'elle agit avec force pour montrer la voie du rapprochement intérieur qu'elle souhaite.

Les temps changent et s'ouvrent à une nouvelle interprétation de la vie sur Terre. Une interpénétration de l'énergie de l'âme et de celle de l'homme. La normalité de la vie devient alors sacrée. Un parfum de renouveau s'installe pour laisser place à la floraison du Cœur et à l'illumination du chemin.

Alors que beaucoup s'évertuent à être reconnus sur leur parcours fait de multiples connaissances, le chemin de la progression intérieure se perd. La cause est liée à l'ego et au détournement de l'avancée par l'intellectualisation de toute chose. Beaucoup apprennent savamment, intellectualisent le chemin, en oubliant l'état de reliance intérieure qui unit le corps physique à l'âme. Alors qu'il devient urgent de s'y reconnaître pleinement, ils oublient cette vérité, ils ne la perçoivent pas tant ils sont investis par le mental dominant. Ils passent à côté de l'opportunité de se situer sur le parcours de la voie de l'âme et sa raison.

Chaque individu a la faculté de s'idéaliser sans ego en se connectant à son âme, en la laissant aux commandes de sa vie. Elle a la capacité d'agir et le pouvoir de vivre à travers vous si vous la laissez vous investir de sa force lumineuse. Le lien est fort et respectueux en même temps, car la volonté et la liberté d'avancer appartiennent à chacun. La conscience agit dans une autre mesure et ouvre la voie à l'avancée sereine et complète. Il n'y a plus de fausses manœuvres et les pas sont justement posés dans la lumière. Le relief de la vie humaine s'estompe et laisse place à la volonté intérieure de reconnaître la progression différemment, sans souffrance, car il y a un accord intérieur, une juste mesure donnée dans l'avancée individuelle qui est en réalité un parcours de fusion avec l'énergie de l'âme et sa volonté.

Vous êtes sur la voie de l'Éveil et la conscience humaine s'ouvre sur d'autres vérités. Toutefois, la multitude des informations et l'ouverture aux capacités multidimensionnelles nourrissent la forme dominante de l'ego si vous n'y prenez garde. Inconsciemment, beaucoup demeurent sous son emprise et se laissent conduire loin de l'énergie Cœur, loin de la connexion avec l'âme.

Savez-vous que le Cœur parle ?

Il transmet l'enseignement et ouvre aux facultés dans la reliance avec la Source puisqu'il est cela. Avec lui, la présence consciente à votre vie est une priorité pour voir clairement les zones à éclairer, les schémas à modifier, les croyances à lâcher. La floraison du Cœur se révèle après avoir semé les graines, après les avoir arrosées, après avoir enlevé les mauvaises herbes. La récolte peut être fructueuse si vous agissez avec amour et gratitude.

La multiplicité des actes lumineux et justes est la preuve que vous êtes situés sur la voie du Cœur en lien avec votre âme. Être à l'écoute de soi, de ses besoins, c'est aussi être à l'écoute de son âme. Se relier à elle permet d'avancer sereinement, pas à pas, souffle après souffle, pour que viennent à soi le meilleur des enseignements, les meilleures leçons qui conduisent directement à la progression intérieure. En lâchant ce que vous connaissez, en accueillant les expériences de vie sans calcul et sans aucun vouloir, la vie vous tend la possibilité de vous transcender.

Se libérer des anciens conditionnements et de l'ego demande une présence consciente et constante du moment. Il est nécessaire d'y revenir le plus souvent, de s'y déposer et de ressentir la vibration qui est. En connexion avec l'âme, vous êtes situés hors du temps terrestre et sa linéarité. En renouvelant cette connexion consciente, vous trouvez la paix. Vous n'êtes plus happés par les soubresauts extérieurs. Vous demeurez vous-mêmes en toute circonstance, dans la force de votre lumière. Les pensées sont toujours présentes. Vous leur accordez seulement l'attention nécessaire au moment où vous le jugez bon. L'emprise de l'ego lâchera. Son pouvoir s'évanouira, emporté par la présence du flux lumineux de votre âme.

Rien ne résiste à l'âme si vous êtes en accord avec elle. Elle est désormais la meneuse du Nouveau Monde qui s'installe, à condition de vous joindre à elle pour parfaire votre avancée. À condition aussi de la laisser agir à travers vous, sans aucune résistance.
La foi est votre force dans cette ouverture gigantesque. Elle ouvre les portes pour laisser entrer la lumière quantique qui nettoie et libère.

Chapitre 12

Le basculement actuel est intérieur. Il n'est pas extérieur à soi. Il est un retournement de la pensée humaine vers ce que chacun est. Il n'y a aucune alternative à cela, car le monde est en désaccord avec les vibrations du moment. La raison demeure sans démonstration et le Cœur parle. Ce qui était n'a plus lieu d'être. L'avancée se profile et se forme pas à pas, les découvertes intérieures générant un aperçu sur la vie dans sa globalité, ses fonctions étant nouvelles pour la majorité des individus. Elles n'étaient pas cachées, mais totalement imperceptibles jusqu'à présent. La conscience humaine n'avait pas la capacité d'entrevoir l'exactitude de l'avancée actuelle. Il était impossible de la comprendre et au-delà de l'intégrer. L'élévation vibratoire de la Terre a tenu son rôle en libérant une partie du passé en chacun. Les évènements ont permis que s'ouvre également la conscience humaine sur ce qui n'était pas perceptible ni compris auparavant. L'onde de choc a tenu son rôle en fissurant la carapace mentale des individus, mettant en évidence certaines vérités pour que naisse le moment dans ce monde perdu. Car il est perdu désormais. L'ancien se meurt pour laisser la place au nouveau. Avec une nouvelle conscience plus empreinte à renouer avec l'être humain et l'être humain plus empreint à accueillir une nouvelle conscience.

Le retour intérieur est le retour à la présence de l'âme qui éclaire la vie et qui conduit le troupeau dans la nuit pour qu'il ne se perde pas en chemin.

C'est cette représentation que vous devez accueillir. L'âme est reliée à La Source de Vie par l'atome qu'elle contient. Elle a vécu d'innombrables vies et a choisi toutes les expériences qui l'ont fait souffrir pour une évolution vers sa propre lumière qui ne peut prendre forme sans l'expérience de l'incarnation.

Dans l'avancée actuelle, vous vous libérez des blessures de l'âme si votre cœur est ouvert. Il laisse passer le flux nouveau de l'énergie qui lamine et dissout les mémoires anciennes. Peu à peu, la lumière de l'âme devient plus présente et rayonnante en soi. Elle prend sa place en vous et si vous l'accueillez dans le moment présent, elle se place dans votre énergie pour que vous ne fassiez qu'un seul et même être. Le corps physique, l'Esprit éternel et l'âme sont alors réunis. Le retour intérieur est un retour à la Source de Vie. Il engendre une progression que seuls, jusqu'à présent, les maîtres connaissaient. Mais aujourd'hui, il est à votre portée de parcourir le même chemin, sans limites ni obstacles, si vous faites l'effort de ne plus retourner en arrière dans la profondeur de la souffrance humaine.

Votre conscience peut être en accord avec ces mots si vous allez à la rencontre de votre âme. Elle vous aidera à découvrir sa vibration et vous transmettra l'avancée. Il est inutile de vous infliger et de lui infliger de nouvelles souffrances. Le moment présent est la seule libération durable et votre âme peut vous aider à vous y situer si vous faites l'effort de lâcher les mentalisations excessives, les peurs, les croyances et autres liens qui vous retiennent dans le passé.

Créer une nouvelle vie sur Terre dépend de ce que vous créez en vous à chaque moment, dans la réunion intérieure avec votre âme.

Le savoir ne vous apporte ni la paix ni la légèreté d'être. La conscience du moment crée à l'opposé une connexion intérieure puissante et génératrice de joie. Dans cette reconnaissance, vous deviendrez des êtres lumineux chargés d'un esprit créateur puissant. Plus vous êtes reliés au moment, plus vous portez la lumière en vous.

La nourriture de l'âme est la beauté que vous lui apportez. Elle se définit par la joie d'être qui vous êtes dans votre vie, reliés au moment présent. Dans cette connexion, la marge de l'avancée est énorme, car il n'y a aucune limite à Être et à demeurer dans l'ancrage de l'âme. Il n'y a également aucune limite à accueillir la Vie dans votre vie par la connexion intérieure avec votre âme. Si bien qu'il est intéressant de comprendre ce lien sans attache qui réunit la forme et l'informe dans une seule énergie, tout étant Un et à la fois l'illusion des pensées. Car l'illusoire est avant tout une forme d'être engendrée par la pensée humaine. Elle crée ce que vous prenez pour véridique, l'élan de la pensée étant donné par l'énergie du moment.

Vous apprenez ainsi que l'énergie dans le moment crée la forme et l'informe qui est la vision infinie de la Vie trouvant naissance au creux de la vibration.

Les mots sont le déroulement de la pensée humaine. Ils sont ce que vous êtes dans le prolongement de la pensée, associés à l'énergie du moment. Si vous êtes positionnés en lui alors se forme la vibration qui crée toute chose. Elle déroule l'expérience pour une compréhension de la loi de l'univers et de sa réciprocité.

Prenons l'exemple de la forme qui naît dans la matière par la pensée. Elle est ce que vous pensez être, elle est aussi vos pensées. Vous donnez l'élan à la forme par vos croyances, votre vouloir et leurs vibrations. Prenons ensuite l'exemple de l'informe qui est créé dans le moment présent et le lâcher-prise, en connexion avec l'âme. Comme il n'y a pas de contrôle, c'est la vibration du moment qui agit dans cette édification. La pensée humaine n'est pas orientée par le mental pour obtenir ce que l'individu veut, car il est dans le lâcher-prise et la foi. Il s'en remet à l'univers et la résonance du Cœur ouvre sa conscience sur l'accueil de la vie et de l'expérience sans aucun vouloir ni pouvoir. C'est ainsi que l'univers se nourrit à l'infini de l'expérience humaine touchant à la vérité sans fin et l'informe se déroulant sans limites.

Chapitre 13

La Présence intérieure agit par l'intention sans aucun besoin de reconnaissance. L'humilité passe par le lâcher-prise dans le domaine de la pensée. Le mental agit avec force alors que le Cœur orchestre dans le moment.

La difficulté pour l'être humain est de fonctionner pour être reconnu. Le domaine de l'ego est vaste. Cependant, la simplicité peut s'installer par le fait de faire la différence entre ce que dicte l'ego et l'intuition qui résulte de l'expression de l'Âme qui ne peut prendre sa place si l'ego fait scintiller la grandeur factice qu'il offre.

Le chemin est l'équilibre, l'expression des valeurs lumineuses et la justesse en toute chose. L'humilité et la simplicité permettent au Cœur de rayonner la Présence qui prend place peu à peu. L'individu avance alors par des pas ordonnés, sans un besoin de reconnaissance. Il sait qu'il ne détient pas la vérité, car Il Est la Vérité. Il sait qu'il ne détient pas la lumière, car Il Est la Lumière. Il ne projette rien. Il accueille les expériences de la vie avec compréhension et ouverture, car Il Est. Les humains voient très souvent la grandeur, ils recherchent l'approbation.

Or, la simplicité développe à elle seule la valeur de l'Être.

À chaque moment, il est possible de vivre par le Cœur et libérer sa fréquence. L'onde se propage, car le mental n'émet aucune résistance.

Dès qu'il y a projection ou désir de réalisation, c'est l'ego qui parle.
La Présence, quant à elle, définit et réalise dans le moment sans concept établi. Elle Est l'entièreté de l'univers et forme la matière à chaque pas posé. Elle ne calcule rien, n'émet aucun désir. Elle Est et Elle réalise dans le moment présent. Ce qui permet de comprendre que l'Éveil passe par l'intégration de cet état d'Être qui prend place peu à peu, pour un jour ne plus disparaître et faire partie de votre individualité.
Être l'Être qui prend place en soi.
Être la Présence sans vouloir en demeurant son essence profonde.
Ne pas s'en dissocier et l'incarner à chaque instant, dans le moment où tout prend forme, où tout se crée.

Il est possible de concevoir la forme d'Être par le mental. Mais c'est une illusion, un aveuglement. Entendez-vous le tintement de la cloche ? Elle désigne la forme, le son, le pourquoi et il y a analyse. L'Être, quant à lui, l'accueille sans évaluer ce qu'elle est et pourquoi elle tinte. Il accueille ce qui est dans le moment. Il ne l'identifie pas, ne le classifie pas. Et s'il voit la cloche, il sait qu'il est tout ce qu'elle est et représente. Le mental dira, elle est belle, elle est moche. Elle fait mal aux oreilles. Pourquoi sonne-t-elle ? Qui l'actionne ? L'Être ne tirera aucune conclusion, aucune identification. Il saura ce qu'elle est sans mots et pourquoi elle sonne. Rien ne le heurtera, il n'aura aucun jugement, car Il Est ce qu'elle représente. Elle est une part de ce qu'Il Est.

Trouver l'espace de la lumière en soi fait partie du chemin. De la même façon, chacun est la transformation qu'il recherche ailleurs. La croyance d'être coupé de sa Présence intérieure ne lui laisse aucun espoir pour se transformer. Quand vous sortez des croyances liées à la séparation, vous accueillez toutes les possibilités de guérison qui sont les vôtres. Vous n'êtes plus coupés de la Source et vous l'incarnez de la meilleure des façons, sans doute et sans limite.

Les causes pour lesquelles l'individu se bat sont perdues d'avance, car elles sont édifiées par l'illusion. Cependant, elles agissent sur l'ouverture de la conscience humaine.

Sans chuter à genoux, vous ne pouvez vous hisser vers la lumière. S'il n'y a pas de chute, il n'y a pas d'élévation. Sans constat d'échec, vous n'avez pas la possibilité d'édifier des transformations lumineuses, stables et durables.

Le vouloir, le pouvoir, l'intensité des causes font naître la violence.

Comment est-il possible de se battre pour obtenir la paix ?

Il s'agit d'une croyance fortement ancrée qui n'est plus nécessaire aujourd'hui. Lâchez-la, placez la cause lumineuse désignée par votre âme et suivez-la. Soyez attentifs aux signes. Prenez le temps de réaliser lumineusement ce que vous souhaitez qu'il soit dans votre vie, ensuite dans la société et dans votre monde. On ne peut brûler les étapes dans quelque domaine que ce soit et croire en autre chose que la lumière. Car elle est ce que vous êtes et rien d'autre. Cessez d'adhérer à l'illusion. Versez dans la forme juste et simple du Cœur. Vivez la Vie !

Libérez-vous de vos chaînes. Ne cédez pas à la facilité. Car c'est ce que font la plupart des individus. Ils laissent aller le temps en pensant qu'il leur sera favorable alors qu'il n'en est rien. Cette croyance est une retenue sur la voie de l'évolution. Elle définit le temps comme moyen de progression. En réalité, il perd celui qui croit en lui en satisfaisant ses besoins et ses performances. Simplifiez-vous la tâche en vivant l'instant et toute sa splendeur. Car en lui demeurent l'Intelligence suprême et la Création.

Vos yeux vous font mal ?
Vous perdez progressivement la vue ?

C'est parce que vous ne regardez pas la vie humaine avec la vision juste du Cœur et son avancée. La peur de lâcher qui vous êtes et ce que vous êtes, bloque la progression intérieure. Apprenez par vous-même et ne laissez personne vous dire ce qui est bon pour vous. Écoutez la voix intérieure qui parle. Vous ne l'entendez pas, car vous êtes trop occupés à écouter vos pensées. Or il est nécessaire aujourd'hui de ne plus rechercher un moyen extérieur d'évolution, mais de vous mettre à la tâche.

La nourriture intellectuelle abreuve le mental. Elle n'a aucun intérêt pressant, car elle rigidifie le mental qui dicte alors la voie. Elle rigidifie la pensée, la formate et n'ouvre pas le Cœur. Alors que la ressource de l'intelligence de la lumière ensevelit les anciens idéaux, il est important que toute l'idéologie du passé s'efface et laisse place à la Présence de l'Être qui guide chaque pas vers et dans l'élévation. La richesse intérieure est un trésor éclairant la place de son immensité. Quand l'ivresse humaine est interrompue par l'intensité de la lumière, elle illumine l'obscurité. Alors vous en prendrez conscience pour la dissoudre et retrouverez l'équilibre intérieur. Anéantissez vos idéaux et soyez l'Être magnifique que vous êtes dans votre Cœur. Apprenez à cesser vos recherches, car vous vous perdez dans le monde flou qui vous entoure. Enfin, prenez la juste et lumineuse place qui vous revient. La volonté est de mise. Enrichissez-vous des expériences et de leurs orientations. Ne perdez pas l'espoir et gagnez en assurance. Il est là le véritable chemin. Vouloir connaître l'avenir, c'est ne pas prendre sa responsabilité dans le moment de l'expérience humaine. Toute défiance entraîne un recul ou plutôt un écart dans votre évolution.

Les âmes renaissent aujourd'hui, car elles savent que l'Être prend sa juste place dans chaque cœur aimant. Il n'y a pas de volonté faussée.

Seuls, la souffrance et le rejet de l'expérience demeurent. Beaucoup prient sans avoir la foi. Ce n'est que partie remise dans cette vie ou dans une autre. La volonté de chacun pour trouver le repos de l'âme activera la renaissance intérieure. Le repos ne se trouve pas sans l'évidente connexion de lumière recherchée à l'extérieur de soi. Prier pour Être est ne pas croire en vos valeurs. Lâchez l'indispensable et prenez le nécessaire. Méditez sur ces mots. Ils vous aideront à vous trouver. À l'intérieur ! Ne pas prendre exemple sur les autres permet de rester dans l'équilibre de sa progression. Car ils ne se connaissent pas eux-mêmes et expérimentent eux aussi la matière. Ils se livrent à l'illusion pour renaître dans leur Cœur. Chacun a un stade de progression qui lui est propre, avec un passé d'expériences différent. Les choix de l'âme sont différents et l'on ne peut de ce fait se calquer sur les autres.

L'impressionnante vérité définit une distance entre ce que vous êtes humainement et ce que vous êtes à l'intérieur de vous. Le principe commun relève de l'interdépendance dans la création de toute chose. La profondeur des pensées et des intentions génère le lien avec la Création. Chacun de vous est donc apte à créer sa vie comme il l'entend. C'est-à-dire, entrer dans le monde de l'infini pour parfaire une volonté génératrice du Cœur.

Prenons pour exemple le principe masculin et sa puissance lumineuse. Prenons ensuite le principe féminin qui opère par sa pureté et sa luminescence. L'un ne peut, sans l'autre, activer volontairement la créativité. L'autre ne peut, sans l'un, agir parfaitement. C'est pourquoi ces deux principes doivent être parfaitement équilibrés. Tout comme l'homme et la femme, car ils sont complémentaires s'ils sont situés dans une parfaite intégrité. La domination a perdu un bon nombre d'individus masculins et féminins. Ils ont été happés par l'ego. Alors que la reconnaissance de sa complémentarité fait partie de l'évolution intérieure, dans une fusion solide et stable des deux parties, par le Cœur. Seul, ne pensez jamais avoir un parfait équilibre intérieur. La vérité réside dans le double de votre âme, votre autre côté que vous rencontrerez un jour.

Soyez sans limite. Ne restez pas cloisonnés par vos croyances. Unissez votre âme à votre autre côté. Elle apparaîtra quand vous serez prêts à en vivre l'expérience. Rien ni personne ne résiste à cette attraction. Tant que vous ne l'accepterez pas comme faisant partie de votre progression, vous résisterez à ce que souhaitent les âmes. Car c'est dans cette grâce que naît la vérité et sans elle, vous restez sous la coupe du mental. L'impermanence se voit en toute chose et le changement fait partie de la vie humaine. La certitude noie l'amour. La largesse de l'intention ouvre la porte à la réalisation.

La froideur intérieure forge l'enfermement et maintient les croyances avec autorité. L'univers désigne pourtant l'ouverture du lâcher-prise pour ne plus maintenir la forme rigide qui se déroule par vos intentions qui sont elles-mêmes calibrées par vos croyances. Ne pas lâcher est douloureux parfois. La résistance est présente. L'âme souhaite l'ouverture du Cœur dans le lâcher-prise. Le mental, quant à lui, veut garder le pouvoir. Équilibrer les aspects positifs et négatifs qui fluctuent en soi, active la transformation. L'obscurité aspire votre conscience. La lumière ouvre la porte à la Vie infinie.

Lorsque le pardon se prévaut de toute aspiration, il n'y a plus de lutte intérieure. La clarté adombre l'ombre, la pensée s'élève et la révélation est évidence.

Que faut-il à l'être humain pour être heureux ?
La plupart du temps, il désire l'argent pour assouvir ses passions dans la matière, alors qu'il lui suffirait d'ouvrir son espace intérieur à la quiétude. Ainsi il se remplirait durablement du trésor infini de la Vie.

Elle est sans limite, elle est la grandeur en toute chose et en tout être, car elle est la multiplicité du grand univers. La complétude manque en chacun. Elle est la haute distinction recherchée. La transparence, quant à elle, relève de l'Être et du Tout. Elle est essentielle sur la voie de l'élévation.

Chapitre 14

L'individu se confronte aux autres individus. Il ne sait pas qu'alors, il s'oppose à lui-même. L'opposition entre le mental et le Cœur est une inversion de ces deux énergies non équilibrées. Elles attirent alors les situations en opposition. Il est donc aisé de comprendre que, ce qui vient à soi, est à l'intérieur de soi, dans le manque d'équilibre de l'énergie. Si nous allons plus loin, ces deux fréquences vibratoires montrent les distorsions énergétiques souvent issues du mental qui rigidifie et enferme l'individu. Dans la compréhension de ce fonctionnement de l'énergie, il est alors impossible de laisser aller les pensées dans la légèreté du Cœur, mais au contraire, c'est une forme d'autorité qui prend le pouvoir. Elle retient fermement l'énergie de l'individu et l'emprisonne.

L'être humain a souvent un vouloir d'autorité et de domination. Les liens formés sont source de discorde s'ils n'entrent pas dans l'acceptation de ce qu'ils sont en réalité. La volonté affirme le pouvoir au détriment de l'énergie du Cœur qui souhaite la paix et voit la beauté en toute situation sans imposer son autorité. Elle sait que la propension à dominer n'est pas de nature à Être. Au contraire, elle délie tout lien réfractaire et s'édifie dans l'amour à chaque pas posé sur le chemin de la vie humaine. Ce qui vibre dans le moment est une nourriture sans fin.

Dans un aspect plus sourd, l'individu a tendance à éviter et à fuir ce qu'il est. Il n'y a pas d'opprobre à sa propre condition, car il est victime de lui-même et de ses croyances sans le savoir. Il devient alors l'objet de l'illusion dans laquelle il s'est placé. Commandité par l'ombre et ses connexions, il devient le pantin de sa vie, sans limites ni discernement. Il est le reflet de ce qu'il crée et en l'occurrence de ses croyances. Il ne prend pas la mesure de ses actes, car il est prisonnier de l'illusion. Sans limites, il déploie sa forme. Sans attaches, il ne sait pas qu'il est pris à son propre filet, celui qu'il a tissé et qui le maintient captif. Car il ne veut pas lâcher ce qu'il connaît, par peur de se lancer dans la créativité du Cœur. Il est attaché, mais il se sent en insécurité, perdu dans ses propres tourments. La difficulté à lâcher ce qu'il connaît est fermement ancrée en lui. Mais la solution n'est pas de rester dans ce que l'on n'aime pas.

Êtes-vous de mon avis ?

Quand le Cœur parle, la peur disparaît et s'ouvre alors la porte de la Vie en soi. À chaque pas, il est possible de la créer avec une nouvelle vision, une réalité différente. La vérité étant de donner en toute transparence et authenticité.

Seuls sont ceux qui ferment leur Cœur à l'expérience humaine. S'enfermer dans l'énergie du mental crée la résistance, le mal-être et la souffrance. Alors qu'ouvrir son Cœur à ce qui se présente permet d'ouvrir ses ailes pour aller vers de nouvelles opportunités d'avancement. Les étapes de la vie se franchissent pas à pas. Elles sont toujours porteuses de progression intérieure, même dans l'adversité. Chaque étape est un aperçu sur la lumière si on veut bien ouvrir les yeux.

La postérité, quant à elle, est une forme de croyance qui définit la succession de ce qui est bien ou bon, de ce qui a été fait pour le bien de tous. En réalité, elle délimite l'avancée et la limite dans le temps. Alors qu'Être est la forme la plus juste pour se réaliser, dans le moment présent et sans raisonnement. C'est l'intégrité de l'énergie qui ne renie rien et qui ouvre à d'autres compréhensions sans aucune exigence et avec conviction. Demeurer dans l'Être est ne pas perdre le sens du chemin. Chaque âme évolue avec ce qu'elle est et chacun permet à son âme de vivre l'expérience humaine à travers ses propres choix.

L'intelligence humaine s'approprie toute chose grâce au savoir qui est une définition de la croyance imposée. Elle ne peut toutefois être déviée au service de l'homme, car l'homme prend racine en elle. Elle forme, elle illusionne, elle montre la voie où le meilleur est un rêve construit par l'apparence. Ses bases sont pourtant faibles, car l'homme demeure dans la croyance de n'être que lui-même. Alors qu'il est autrement plus grand lorsqu'il lâche prise sur ce qu'il sait. Il a de la difficulté à considérer ses croyances comme des obstructions à son parcours sur Terre. La plupart du temps, il lui est impossible d'ouvrir les yeux sur sa condition humaine en perte de sens. C'est pourquoi la souffrance l'implique dans un processus intérieur vers la compréhension de soi qui met en évidence le manque de lumière et d'amour présents en lui. Jusqu'au jour où, las de vivre la complexité de la vie, il prend sa place dans la recherche lumineuse qui manque à l'évolution de son âme. Ses principes tombent creusés par l'innommable devenu évidence. Il accueille ce qu'il est avec compréhension et la conscience de soi lui permet de sortir de l'emprise de l'illusion à laquelle il a ouvert la porte. Il avance en apprenant à marcher sur les bases nouvelles de la rectitude et de l'amour.

Le chemin de la lumière demande une présence consciente de chaque instant. L'instant qui vit en soi et à travers soi, car il est la Vie et son immensité. Rien ne change son mouvement, car il est la totalité du monde multidimensionnel. Il s'apparente au vide, moment privilégié qui englobe l'entièreté de la Vie. C'est pourquoi beaucoup le recherchent au-delà des limites qu'ils s'imposent. Limites définies par le mental qui noie la raison du Cœur. La nourriture de l'âme est bien celle-ci, la raison évidente que rien n'est figé et que tout est en mouvement dans le moment d'éternité où tout résonne et se crée.

S'enfermer dans ses croyances est épuisant. Car elles génèrent une lutte grandissante, une opposition entre l'énergie du mental et celle du Cœur. Alors que rien n'a d'importance, cette force intérieure illusoire et prenante est maintenue quoiqu'il advienne. Dans les eaux troubles de ce tumulte intérieur, l'individu se débat sans cesse et se confronte à lui-même, à ses pulsions intérieures qui sont en réalité ce qu'il crée, ce qu'il est. Elles sont les failles entretenues par le mental et le définissent en manque d'amour.

Les prises de conscience sont nombreuses. Toutefois, la difficulté à les intégrer est présente. Car elle relève de l'action intérieure à modifier ses propres états d'être, de faire et de penser qui sont totalement présents et impactants, comme peuvent l'être les sangsues accrochées au corps. La seule volonté de ne pas répondre à ces états qui ont pris forme de programmes permet de comprendre leur action intérieure. Il est possible de dépasser ces injonctions pour demeurer dans de fermes directions, celles indiquées par le Cœur et oser être libres.

Libres dans votre Cœur et votre esprit ! Telle est la volonté de votre âme qui conduit la voie. Dans la reconnaissance intérieure, il y a la Vie. La définir autrement serait faussé. Il n'y a aucune découverte plus juste que celle de la liberté en soi. Savoir qu'elle est le chemin est une oraison forte qui résonne avec vos cellules. Sans elle, il n'y a aucune exploration à aller la découvrir. Sans recherche intérieure, on ne peut la définir avec certitude.

> *Découvrez le sens intérieur de la recherche de la liberté. Il n'est pas fugace, bien au contraire. Il est la droiture du chemin et sans un positionnement dans la clarté intérieure, il ne peut être découvert et compris.*

La société est vide de sens. Elle n'a aucune valeur morale. Elle n'est pas ce que le monde souhaite, ce que les âmes vivent. Elle est toutefois l'outil qui vous montre que rien n'a de sens en elle. Alors, un jour, il se peut que vous ayez l'envie de lâcher cette représentation factice qui vous perd dans vos recherches extérieures. Il se peut qu'un jour, vous trouviez la volonté de ne plus vous laisser happer par toutes ses formes d'intérêts qui, en réalité, sont des pertes de sens dans votre évolution.

Pourtant, dans l'intérêt collectif et le souhait de votre âme, il est nécessaire de vous en détacher. La leçon illusoire s'est exercée avec brio. L'homme a expérimenté les pôles de progression. Il en a même souffert. Il a appris de ses faux pas. Il est allé jusqu'à l'épuisement de ses ressources intérieures. Il a erré, il s'est couché. Toutefois, l'époque grandissante qui prend place sur Terre va lui permettre de se relever en ouvrant son Cœur à la vie. Des souffrances traversées, des fêlures engendrées, la lumière est née.

Il n'y a ni couleur ni ombre. Il y a la Vie universelle et au-delà, sans aucune limite, la grandeur éternelle sans fin. Sans couleur ni ombre. Quand vous vous évertuez à définir toute chose, à la juger, vous vous limitez. Le monde universel n'a ni couleur ni ombre. Votre formatage a cloisonné vos limites.
Pensez-vous aller vers de nouveaux horizons en restant dans des définitions qui ôtent toute perspective d'évolution ?

L'individu est ainsi fait, essayant d'oublier ses blessures en jugeant, en dénigrant, en diffamant... Il est facile de critiquer et dans ce cas, il se condamne. Il est facile de lâcher des mots blessants ou violents, mais désormais, il sera difficile de s'en relever. Car l'époque actuelle ne permet plus ces ombrages destructeurs par les fréquences vibratoires qu'ils véhiculent. Ils sont le passé et la marque des blessures que vous portez.

Le choix doit être fait consciemment.

Que souhaitez-vous alimenter ? Comment arriverez-vous à vous élever si vous ne prenez pas la responsabilité de l'énergie générée par vos pensées, par vos mots et vos actes qui créent les maux du corps ?

Chaque être humain participe ainsi à l'effondrement de votre monde. Mais il a la capacité de s'élever vers la lumière en rayonnant l'amour plutôt que la haine. L'homme se fait mal sans le savoir. Il se définit spirituel et finalement empêche la lumière de briller. Il est à la fois la lutte, la guerre intérieure, la misère du Cœur. Il est parfois les mots vibrants d'obscurité.

Comprenez la valeur vibratoire de l'énergie. Conscientisez toutes les sources vibratoires qui nourrissent la vie humaine. Il n'y a aucun jugement dans mes mots. Ce texte permet de comprendre le fonctionnement humain et le rôle de l'énergie dans vos pensées et toutes les parts de votre être.

Il y a beaucoup d'amour dans ce texte, quoi que vous en pensiez. La semence lumineuse a été déposée dans votre esprit et dans votre Cœur. Laissez-la agir. Vous devenez actuellement de plus en plus éveillés, lumineux, et il est important d'intégrer cette compréhension afin de l'accepter et laisser place à la lumière. Soyez conscients de votre capacité à aimer. Inversez le processus mis en place depuis fort longtemps et vous parviendrez à lâcher toutes les formes de souffrance que vous portez.

La rupture de l'inconscient collectif est évidente. Trop d'obstructions sont face à la lumière. Trop de pouvoirs implantés. Le trop permet toutefois l'éveil des consciences. Il y a une forme d'exigence dans l'énergie, une direction qui crée et qui permet de se comprendre pour une ouverture sur la lumière intérieure en cessant d'alimenter les basses fréquences vibratoires.

La violence est très présente sur Terre. L'homme se débat avec ses propres démons et il les représente. Il a pourtant à se défaire des programmes du mental pour sortir du calibrage dans lequel il s'est placé. Il a la capacité de devenir libre. Libre d'être un générateur de lumière. Ce qui était ne sera plus. La pensée intérieure s'éveille et s'élève pour ne plus nourrir l'obscurité. Le guerrier intérieur s'apaise.

Trop d'individus ont alimenté les sources qui abaissent la fréquence de l'ensemble. Ils répandent inconsciemment leurs semences autour d'eux. Mais la lumière qui se déverse actuellement sur Terre prend peu à peu autorité et transmute d'elle-même un grand nombre de basses fréquences. Notamment celles qui ont été sciemment édifiées pour rabaisser et détruire, et pour entraver la liberté des individus.

La grande transformation est en action. La fréquence lumineuse éclaire et transmute les énergies. C'est pourquoi il est impossible de cacher et taire certaines choses. L'ombre est mise en lumière. Elle est mise en évidence pour être transmutée et il n'y aura bientôt plus la possibilité d'atteindre ceux qui seront dans leur Cœur de lumière. Car l'humain se transforme en profondeur.

Quand la résonance intérieure atteindra l'Esprit et le révèlera, l'obscurité ne le touchera plus.

Les sources de basses fréquences ne l'atteindront plus et retourneront directement à leur source. Elles ne laisseront aucune trace sur leur trajet. L'individu générateur de ces basses fréquences sera alors soumis à sa propre création vibratoire.

Vous constatez la violence déployée sur Terre. La lumière met en évidence les zones d'ombre et leurs impacts destructeurs. L'obscurité et ses fréquences vibratoires ressortent aux yeux de tous pour ensuite être nettoyées et transmutées. Elles ne peuvent plus exister dans les nouvelles énergies. Ceux qui les ont créées ne peuvent plus avancer. Ils sont pris au piège de leurs propres créations et de leur propre inconscience.

La force d'action est à révéler dans le monde humain et à travers les expériences vécues pour que la liberté devienne le phare de chacun.

Que souhaitez-vous vivre ?
Quelle dimension voulez-vous expérimenter ?

Le haut, le bas, le bien, le mal, le positif, le négatif, n'ont aucune importance, car ils sont le sens de l'idéalisation tant recherchée. Lâcher l'un pour attraper l'autre revient à dire que la compréhension de l'expérience n'est pas acquise. Vivre le bas pour s'élever est la justesse en votre monde. Il n'y a aucune demi-mesure à mettre en place, aucun rejet à adopter, mais seulement à accueillir toutes les facettes de l'expérience humaine pour les vivre dans leur profondeur afin de vous relever dans la lumière.

Prendre le chemin de l'élévation est entrer à bras le corps dans ce qui peut vous permettre de vous comprendre. Ne pas fuir ce qui ne convient pas et, au contraire, le vivre pour comprendre ce qui crée les résistances. Sans cela, il est impossible de s'accomplir. C'est en traversant l'obscurité que la lumière émerge en soi, de la profondeur de la carapace formée par le formatage de la souffrance.

Cela ne veut pas dire que la souffrance est une fin en soi, mais seulement une répercussion des blessures qui figurent encore dans le corps et l'esprit humain. Jusqu'au jour où, le chemin arpenté en long, en large et même dans la stagnation, la fuite et le repli, ne font plus peur à l'être humain.

L'énergie du Cœur affirme alors l'accueil des expériences, ne nourrit plus les blessures qui sont libérées par l'énergie de l'Esprit qui prend place.

Ce chemin est celui de la réalisation du Soi. Accueillir l'Esprit est un stade de l'évolution intérieure qui démontre le mental désarmé. Il n'impose plus les choix de vie dissonants, il ne ravive plus les blessures, car elles sont transmutées immédiatement par l'intention. La lumière quantique agit par la grâce de l'Esprit. On ne peut voir clair qu'à travers les yeux du Cœur. Le mental quant à lui entretient des formes dissolues de l'évolution, contractées et pesantes. Sans le rayonnement du Cœur, la fausse lumière conduit l'individu dans l'errance de ses choix de vie par ses résistances à accepter et à lâcher.

Le raisonnement humain doit laisser la place à la raison du Cœur. Notez la différence, car elle est de taille. Dans l'énergie du Cœur, tout est accueil sans interférence mentale. Il y a la compréhension, l'intérêt collectif, la vision claire des expériences, le retour à soi, la transmutation des blessures, des pensées dissolues, du pouvoir du mental, sans aucune analyse, simplement dans le moment présent et dans le rayonnement de l'énergie. Vous avez la capacité de tout réaliser par la simple intention qui guérit et affirme sa vibration, qui illumine les distorsions intellectuelles et qui révèle le meilleur de la volonté divine.

Ce chemin est celui de l'affirmation de l'âme dans toute sa splendeur éternelle. Elle réside dans la non-conformité intellectuelle. Elle rayonne et donne la Présence de l'Esprit par la vibration. Elle touche et élève. Elle vit sur Terre et purifie les rencontres et les lieux. L'engagement mental n'a plus de place pour exercer ses pressions et diriger. L'ouverture de la lumière prend le relais dans la simplicité d'être.

L'Esprit donne sans calcul. Il illumine et transmute par la vibration de la lumière. Cette différence entre le mental et le Cœur apparaît alors comme une renaissance au sein de soi, dans l'énergie du Cœur et la liberté d'être, libéré du pouvoir du mental et de son énergie. La compréhension de la vibration qui transmute toute énergie de basse fréquence est entendue sans qu'aucun doute n'émerge dans les pensées. Cette évidence se place avec foi et n'illusionne aucunement l'individu qui se sent porté par l'Esprit.

Avec splendeur la vie humaine prend un autre tournant. La splendeur de la beauté de l'Esprit. Plus aucun vouloir, plus aucune recherche n'émergent dans l'esprit humain, car l'évidence de la lumière qui conduit les pas attire la même ressemblance ou bien les situations qui sont à comprendre et à transmuter avec amour. Un monde se termine. Un nouveau émerge et vous en êtes les créateurs.

Chapitre 15

La transition actuelle éveille la conscience humaine qui a de la difficulté à se relever dans la lumière. Le silence intérieur et la pause ne se font pas. L'impressionnant tumulte intérieur de l'être humain est révélateur d'une charge mentale importante. Il mène la voie et apporte des scénarios limitants tant il est prenant et enfermant. Son emprise est puissante. L'individu n'a aucune vision claire de lui-même et de ses actions. Elle relaie l'énergie des connexions établies par les croyances humaines. Les émotions sont très présentes et alignées sur l'intérêt individuel. Le pouvoir de l'ego agit fermement à travers les scénarios imaginaires qui régissent l'esprit et la forme. Chacun est déterminé à ne pas laisser l'autre transiger dans l'action. La tournure actuelle étant sans limites d'action dans une énergie agressive. La lutte intérieure est présente, elle n'apaise pas, bien au contraire. Elle contribue à affaiblir l'adversaire. Car il est souvent question d'adversaire dans les relations conflictuelles. Tant que la paix n'est pas installée en soi, tant que le Cœur n'est pas ouvert, la lutte est sans fin si l'on ne revient pas à soi en toute clarté. L'être humain agit souvent sans discernement. L'emprise du mental est importante, car il écoute le dialogue intérieur et il s'identifie à lui. Il croit être ses pensées alors qu'il n'en est rien. Il les suit et leur obéit. Il s'implique dans les scénarios du mental et ses personnages. Il joue les rôles soumis par le mental et instaure une lutte de pouvoir, s'il n'y prend garde. Car il croit avoir raison, la domination de l'ego aidant.

N'êtes-vous pas fatigués de vivre cette fuite en avant vers des horizons sans fin qui vous nourrissent d'illusion ?
N'êtes-vous pas fatigués d'écouter le discours intérieur incessant qui prend votre énergie et vous décourage ?
N'êtes-vous pas fatigués de jouer des rôles qui entretiennent le mal-être et vous empêchent de dormir ?
Avez-vous envie de changement ?
Avez-vous envie d'être libres ?

Il est nécessaire de regarder la vérité pour que cesse la domination de l'ego. Le corps de souffrance se nourrit d'émotions. Il entretient le lien qui les active. Il fait revivre les blessures du passé, car il a besoin de cette fréquence énergétique pour subsister. C'est alors que le Cœur reste fermé à la progression.

Vous êtes parfois perdus et ne savez comment faire pour vous relever dans la lumière. Vous êtes submergés par les émotions et les repoussez continuellement, car elles font mal. Alors qu'il vous suffirait d'accepter le passé souffrant, d'accepter ce qui a été, sans jugement ni culpabilité pour le laisser aller sans aucun attachement, vous agissez à l'encontre de ce qu'il faudrait pour faire taire les pensées. En les écoutant et en vous impliquant dans les scénarios qu'il vous tend, vous les entretenez dans votre esprit et dans votre corps. Et le corps vous parle par la douleur. Il vous adresse son langage pour vous faire comprendre la souffrance entretenue par la résistance de l'esprit.

L'intérêt grandissant pour aider l'humanité qui se perd par ses exactions n'a aucun sens si vous ne changez pas vos états de penser et de faire. En restant sous la coupe du mental, il vous est impossible d'être dans l'ouverture du Cœur pour vous comprendre tout d'abord et ensuite comprendre les autres. Pour apaiser les guerres extérieures, apaisez-vous à l'intérieur. Acceptez vos failles et vous serez en paix avec vous-mêmes. Vous pourrez alors vous poser dans le Cœur et trouverez le repos.

La conscience grandissante oriente vers la paix. Les conflits sont le reflet de ce que l'individu est à l'intérieur. Les entretenir montre l'emprise de l'ego et des blessures sur soi. Prendre la fuite en tournant le dos est un manque de courage pour affronter ses propres zones d'ombre. La colère n'arrange rien, la victimisation également. Ce qui est, restera tant que l'individu ne se prendra pas par la main afin de connaître la raison pour laquelle il génère des conflits. Car il n'est pas en paix à l'intérieur de lui. Regarder en soi est le seul moyen de se libérer. S'ouvrir à la réalité avec honnêteté permet de lâcher ses émotions pour se transformer. Accepter de ne pas être parfaits relève de l'humilité et de l'amour de soi. Soyez bienveillants et doux avec vous-mêmes. Le monde actuel est si agressif ! Prenez des moments pour vous et posez-vous dans l'énergie du Cœur. Apprenez à être plutôt qu'à faire pour sortir de l'illusion. Il y a en vous un écrin de beauté si lumineux, ne le mettez pas de côté.

Quand vous cesserez de vous évader dans l'éphémère de la vie, vous aurez la possibilité de basculer dans l'énergie du Cœur. Oui, la possibilité en faisant l'effort de vous comprendre et en cessant de vous raccrocher à l'ancien et à ses schémas réactifs. En acceptant toutes vos parts d'être, même les plus basses vibratoirement.

Le Cœur est présent en votre centre et également ailleurs, en toute chose. Il contient la Présence éternelle qui nourrit de l'Amour inconditionnel, infiniment grand.

Toutefois, dans l'égarement du mental, vous sortez de cette présence si belle et vous lui tournez le dos bien souvent. Car vous ne comprenez pas qui vous êtes en réalité. L'estime de soi est si faible qu'il vous est impensable de reconnaître l'Amour en vous, la présence de l'Esprit et aussi La Source de Vie. Vous ne vous sentez pas légitimes sur cette Terre. Vous n'avez donc pas la capacité de trouver la légitimité du Cœur et vous aimer, aimer les autres êtres humains et aimer la vie. C'est une lutte intérieure entretenue par le fait que vous n'accueillez pas le jeu de la vie tel qu'il est. Vous le connaissez pourtant, mais par facilité, vous vous laissez prendre au piège du mental.

Un jour, la lutte cessera. Dans cette vie ou dans une nouvelle. Un jour, la poussée de la lumière vous orientera dans l'espace du Cœur, car vous lâcherez l'ego et sa domination. Vous plierez pour la pause intérieure et l'acceptation. Vous demeurerez sages, enfin ! Dans le repos intérieur, vous entamerez l'intégration de Qui Vous Êtes en réalité et gravirez, marche après marche, palier après palier, la montée ascensionnelle. Dans cet élan, vous rejoindrez l'Amour, dans la profondeur de l'espace du Cœur. Votre état de conscience se transformera et intégration après intégration, les portes du Cœur s'ouvriront.

PARTIE III. ÉMERGENCE

Chapitre 16

Nourrir la foi en soi ne suffit pas à s'élever et à placer l'autorité de la lumière dans sa vie. Bon nombre d'individus ne s'autorisent pas à devenir des êtres lumineux sur Terre. Le passé a laissé de lourdes traces béantes qui irriguent tous les centres énergétiques du corps physique. La croyance d'être le passé et ce qu'il représente ne permet pas l'implantation de l'idéologie de la lumière et de son émergence. Or il est nécessaire de ne plus nourrir l'illusion pour laisser la place à la lumière. Ne plus croire ni adhérer au passé souffrant pour se trouver une raison d'exister. Ne plus entrer dans des jeux de rôles qui victimisent et accusent l'autre de tous ses maux.

La foi est nourrie par la conviction d'être et d'appartenir au système dimensionnel de l'univers. Elle ne peut être édifiée par le mental parce qu'il est nécessaire d'avoir la foi pour s'élever. C'est en fait l'inverse qui prend la mesure de l'élévation en sortant du mécanisme du mental qui appauvrit cette appartenance et fait douter de soi. En ne s'identifiant pas à ce qu'il dit, ni aux jeux de rôles illusoires qu'il tend. En disant non au jeu intellectuel et en ouvrant son Cœur à toute forme de pensées et d'actions, de situations et d'expériences pour forger la volonté de la lumière qui conduit les pas.

C'est dans l'esprit du Cœur que naît la foi. Elle prend place peu à peu, se renforce et irrigue toutes les parts de l'être. Elle vit à travers soi. Elle est l'évidence de la Vie qui coule dans l'énergie du corps. Elle tient le rôle de l'édification de la Vérité en soi et en se forgeant à cette vérité, il est évident que l'être humain n'est pas ce qu'il croit être, mais un élément du Tout et de la Conscience universelle.

La Conscience est le miracle accompli sur Terre. Elle n'est pas ce que beaucoup ont recherché à intellectualiser. Ils ont trouvé en elle les limites mentales de l'incompréhension et les portes se sont refermées. Car la Conscience ne s'analyse pas, elle se vit à travers chaque expérience, se découvre à chaque pas posé dans la lumière. Cette ouverture s'accueille par le Cœur dans la pleine reconnaissance intérieure qui ne restreint rien, mais qui ouvre sans peur au moment de vérité qui se ressent et s'appréhende pas à pas avec foi.

La destinée est une vision humaine qui divise et ancre en même temps l'idéalisation de la foi par la traversée des multiples expériences. Savoir qu'il est un monde après la mort ouvre la vie en soi. Contrairement à ce que beaucoup pensent, il y a un nombre incalculable de théories établies pour élargir le champ de la conscience humaine. Avec elles, l'intérêt pressant de trouver la clé donnant le pouvoir sur la vie. Mais chacun sait désormais que le temps n'existe pas à proprement parler, qu'il est un monde parallèle à la vie sur Terre et qu'il n'apporte rien s'il n'est pas vécu pleinement.

Les étapes ne peuvent être dépassées dans le formatage de l'esprit humain. La force humaine défie la volonté divine. Elle affirme l'ouverture sur le monde de la pensée. En réalité, un seul monde d'ouverture est réel, celui du multidimensionnel. Aucune théorie ne peut l'établir, le démontrer, car l'énergie relève d'un ordre de fréquences qui génère la vie et la crée sans discontinuer. C'est pourquoi, au-delà des démonstrations et des théories, le simple fait d'ouvrir sa conscience aux multiples possibilités d'avancement et d'ouverture sur le monde multidimensionnel permet à la Conscience de vivre à travers soi. Nulle théorie n'agit aussi puissamment que le mouvement de la pensée. Nulle théorie ne peut prévoir ce que la pensée est à la Conscience dans le mouvement perpétuel du multivers et de ses lois. À chacun d'entreprendre le lâcher prise pour générer sa connexion et entreprendre une ouverture de la Conscience en soi et son application par l'intention.

Le mécanisme de la pensée est complexe et simple à la fois. Dès lors qu'il entre en action par le simple fait de l'intention, l'énergie acte et crée la direction voulue. Sans limite, le monde multidimensionnel s'ouvre en soi et apporte la vérité. Chacun a une idéalisation à réaliser, à appréhender, mais il reste toutefois des chemins détournés par l'ego qui formalisent une réalité tout autre.

Prendre la vie à bras le corps apprend à découvrir la voie de la Conscience. Car sans entrer dans l'expérience, il ne peut y avoir de dépassement du temps en soi. Ce qui revient à dire que l'être humain ne peut se détourner du choix des expériences que l'âme souhaite vivre.

Il était possible de le faire dans un court passé, mais actuellement, la résonance de l'énergie sur Terre ne permet plus de repli intérieur pour les éviter.

Entrer dans le domaine du dépassement de soi en vivant les expériences que vous attirez, car vous en êtes les aimants, est une expérience dans l'expérience de la vie humaine. Savoir accueillir ce qui est et le dépasser avec compréhension, gratitude et amour, ouvre la voie de la guérison intérieure, celle qui libère des pressions énergétiques, celle qui apprend l'amour.

Vivez dans l'ouverture libre et sereine. La foi vous y aidera si vous réalisez le dépassement de la pensée limitante qui vous enferme dans ses schémas rigides.

La souplesse de l'esprit est à acquérir en développant l'observation. Elle est une aide précieuse pour qui souhaite avancer dans la vérité intérieure. Il y a en elle un bagage universel qui ouvre les portes de l'intéressement humain à développer la conscience de la force mentale et de son pouvoir. Dès lors que vous vous posez dans l'entremise du développement mental, vous voyez la vérité. Mais il faut le vouloir pour dépasser l'ego. L'être humain se formalise rapidement en souhaitant un changement immédiat, en percevant clairement ce qui lui permettrait d'accueillir légèreté et fluidité. Sachez qu'il est le seul à mettre des limites dans ses pensées et dans sa vie.

La croyance développe la rigidité d'esprit et ôte toute ouverture sereine dans l'expérience vécue.

C'est pourquoi l'individu se limite et n'arrive pas à dépasser ses actions par l'amour. Il demeure le seul meneur de son existence et il est urgent qu'il en prenne la mesure, qu'il cesse de pleurer sur son sort et s'ouvre à la vérité intérieure qu'il ne veut pas voir ni entendre.

Apprendre à Être est une mission que l'âme met en action en passant par les expériences terrestres. Cette mission a pour but de libérer la dualité au profit de la divinité intérieure. Les voiles sont levés, couche après couche. De fortes croyances limitent cette vérité, mais elle est un fait grandissant en chacun, car la conscience humaine s'éveille et nourrit de sa lumière chaque être en demande.

Le monde tourne et l'être humain tourne sur lui-même. L'issue de son incarnation est découverte peu à peu par l'ouverture qu'il appréhende, par la conscience qu'il place dans son cœur. Le chemin se dessine et il est à construire pas à pas, leçon après leçon. Pour un jour, voir réellement la vérité. Il devient alors un être conscient qui développe sa conscience en appliquant la beauté en toute chose. Ainsi va sa vie et son argumentation devient désormais le chemin beau et serein qu'il souhaite nourrir, sans heurt et avec amour. Toutefois, l'ego est dominateur. Il ne veut pas perdre le pouvoir dont il se nourrit. Il ne veut pas baisser la garde.

Pour ne pas entretenir la lutte intérieure, se reconnaître dans l'ego permet de le dépasser. L'accueil et l'acceptation permettent la fluidité en soi. L'ego ne peut résister à l'ouverture lumineuse qui est créée. Pensez lumière et vous ne serez plus agressés. Posez l'amour, mettez la lumière sur les situations de vie qui viennent à vous et vous ne souffrirez pas. Sans aucune résistance, la vie est plus légère. Sans rancœur, la vie est harmonieuse. Sans peur, vous attirez l'amour.

Le jeu de l'énergie crée le chemin et les expériences attirées sont des tests à dépasser, des zones à mettre en lumière. Tant que l'ego résiste, vous souffrez. Si vous laissez passer la lumière et la rayonnez, vous vous permettez de vous libérer de vos propres expériences. Sans retour à soi, il n'y a aucun cheminement heureux. Quand on veut garder le pouvoir, les résistances rigidifient l'esprit humain et font mal.

Apprenez à retourner à l'intérieur de vous et à y rester. Ne restreignez pas votre créativité à entrer dans la transmutation lumineuse. Sortez du cloisonnement de l'ego qui dévie à son profit toute situation et toute expérience. Il se nourrit de vos résistances. Il les entretient si vous l'écoutez, si vous adhérez aux pensées qui défilent sans cesse dans votre tête.

Quand vous vous placez dans votre cœur aimant, les résistances laissent la place à la lumière. Elle illumine toute pensée, toute objection, toute injonction, tout cloisonnement mental.

L'ouverture est bien située dans ce domaine et son expression. Les recherches pour évoluer ne sont rien si vous ne savez pas accueillir l'autre et les situations vécues par l'énergie lumineuse du Cœur. C'est cela grandir en vibration et tant que demeure l'emprise de l'ego sur vos pensées, il vous sera impossible de vivre en paix.

Pensez lumière et vous éclairerez toute situation. Donnez la lumière par le Cœur et par l'intention, vous transmuterez les difficultés, vous éclairerez le monde. Aucune théorie n'arrivera jamais à établir ce qui provient du Cœur. Vous avez à traverser son expérience pour la faire vôtre. La vivre est une étape de l'évolution où la conscience humaine devient divine. Quand il y a de la lumière, la nuit disparaît.

Alors, pourquoi vous torturer ? Car c'est en sorte une torture de l'esprit que vous appliquez en écoutant vos pensées limitantes. Leur énergie gagne votre corps et crée de puissants blocages qui rigidifient l'action bienfaisante.

Quand l'énergie du mental a pris place, vous ne pouvez trouver le repos, vous n'arrivez plus à dormir, vous devenez triste et agressif parfois. La clé est pourtant dans l'ouverture à créer avec l'application de la source lumineuse du Cœur qui illumine et transmute. Elle est là la Conscience de la Vie que vous recherchez dans les livres. Personne ne pourra vous ouvrir sa porte. Vous êtes les seuls à pouvoir mettre en place ce basculement du mental dans le Cœur en vous autorisant à y demeurer, en vous autorisant à être lumineux, en vous autorisant à être qui vous êtes même si vous n'êtes pas parfaits.

C'est en acceptant vos failles que vous vous permettez d'entrer dans le domaine de la lumière quantique, que vous vous autorisez à changer. C'est d'abord en vous que l'ouverture se fait, avec gratitude, avec douceur, avec amour. Accordez-vous l'autorité douce de la lumière et dépassez la résistance de l'ego. Autorisez-vous à lâcher le passé. Il est une illusion qui demeure ancrée si vous y croyez. Mais dès que vous le regardez comme tel, dès que vous le mettez en lumière, vous le dépassez. Le pouvoir de la pensée entretenue par votre croyance induit un cloisonnement dans votre énergie, un ancrage de ce que vous pensez réel. Vous créez ce que vous croyez être et si vous pensez ne pouvoir lâcher le passé, si vous croyez en lui, vous le maintenez et vivez avec lui dans la souffrance intérieure. Sans éclairage, vous n'êtes pas libres de vivre dans le bien-être. Il en est de même pour toutes les situations conflictuelles dans lesquelles vous évoluez. Sans lumière, vous les entretenez. En leur tournant le dos, vous ne pouvez les régler et attirez encore les mêmes situations de vie. Jusqu'au jour où vous cédez à vous-mêmes et lâchez votre résistance. Vous acceptez alors d'avoir créé ces situations.

La mise en lumière de vos failles permet de les dépasser. Vous entrez dans le rôle conscient du changement intérieur en mettant en lumière vos zones d'ombre et vos blessures.

Le Nouveau Monde a nécessairement besoin d'ouvreurs de lumière et de consciences lumineuses. L'intellectualisation n'a pas sa place dans le domaine du Cœur.

Vivre dans le Cœur en laissant le mental de côté, en déposant les armes mentales qui identifient les personnes et les situations de vie, les étiquettent et les définissent par la résistance du pouvoir du mental. Là est la voie à suivre.

Le Nouveau Monde sera implanté par de solides fondations lumineuses grâce à l'ouverture de la conscience du Cœur. Les fondations intérieures seront ancrées par l'assise de la lumière en soi. Les êtres humains serviront la Terre et l'humanité par qui ils sont, grâce à l'ouverture lumineuse qu'ils génèreront dans leur vie. Avec cela viendra le temps de la reconstruction, de l'édification d'une nouvelle structure de vie, car il s'agit bien d'édifier une conscience lumineuse qui servira chaque être par l'implantation d'une vie établie pour tous et non l'inverse. L'individualisme a été un outil qui a servi la conscience humaine pour arriver au stade de l'évolution actuelle. Aujourd'hui, l'ouverture du Cœur servira l'unité. Il sera créé des lieux où l'œuvre commune mènera ses actions en faisant le bien par la lumière et pour la lumière. Agir dans la Conscience de la Vie dans l'énergie du Cœur est un générateur puissant et vibrant que définit la Conscience du Tout.

Chapitre 17

Le passé limite l'être humain. Il reste présent, car la croyance de lui appartenir est intense. Tant que résident en soi ses traces, tant que la conscience humaine les limite pour une progression entendue, il demeure en soi avec force et détermination. Les regrets, la rancœur, la peine, l'appartenance entière au passé souffrant sont un frein dans le passage actuel. Nul ne peut s'ouvrir au nouveau en portant le fardeau familial tridimensionnel. C'est une raison qui se doit d'être accueillie et lâchée. Par reconnaissance pour la famille, l'individu porte cette charge qui ne lui appartient pas. Elle crée des chaînes, des nœuds dans l'énergie et bloque l'ouverture de la lumière en soi. C'est pourquoi, agir sans intégrer cette libération, agir sans cesser d'y porter un attachement certain au nom des ancêtres, ne peut servir la conscience du moment.

Beaucoup d'êtres humains sont bloqués par la souffrance du passé qui ne leur appartient pas toujours. Ils ont le besoin d'entretenir le lien familial et leurs croyances. De la sorte, ils ne trouvent jamais le repos. Ils se nourrissent des traces anciennes et de leurs mémoires souffrantes par respect pour le passé et les êtres chers. Mais comprenez que la lumière doit remplacer l'ombre et les souffrances anciennes. Si vous retenez le passé, si vous entretenez la mémoire de vos ancêtres et leur peine, vous la nourrissez et n'arrivez pas à laisser la lumière prendre sa place en votre sein.

L'illusion humaine est puissante. Elle agit sur toutes les parts de votre être, dans votre énergie, dans vos pensées et dans vos émotions. Elle appartient à une création mentale et émotionnelle qui restreint l'élévation et repousse toute source de lumière. Car vous êtes des aimants et vous attirez toute situation, toute personne, toute expérience de vie par votre vibration pour comprendre qui vous êtes. Les sources d'énergie entretenues sont des ouvertures sur la lumière, rien de plus. Elles déterminent la conscience humaine et le même ordre vibratoire vient naturellement à vous. Tels des aimants vous vivez ce que vous êtes aptes à vivre, ce qui est en lien avec votre croyance, avec vos blessures et avec l'illusion entretenue dans vos pensées. Vous créez votre vie inconsciemment la plupart du temps et vous vous irritez de ne pas être en paix, de ne pas être heureux. Mais vivre ce que vous vivez est juste, car vous en êtes le créateur. Votre croyance ancre l'expérience sur votre chemin. Celui-ci est votre ressemblance. L'autre, votre reflet. Les expériences, l'expression de la volonté de votre âme. Car elle souhaite se reconnaître dans la perfection de la lumière et vous pousse à la découvrir.

Apprenez à être sages et respectueux pour la vie. C'est un premier pas vers l'accueil et l'acceptation de l'illusion qui se découvre, car alors vous ne luttez plus. Le mental n'a plus d'emprise, car vous ouvrez votre Cœur au moment et à l'expérience.

> *Quand vous accueillez, vous faites entrer la lumière. Quand la lumière éclaire la situation, l'émotion ou la pensée, elle dissout l'obscurité et son emprise. Quand l'obscurité est transmutée en lumière, la pensée est claire et l'énergie du Cœur exprime sa potentialité.*

Il résulte alors une paix intérieure libre et vibrante qui permet la libération des mémoires anciennes et de l'énergie dissonante qui attirait à vous toujours les mêmes expériences dans la résistance et la souffrance.

Comprenez que l'accueil et l'acceptation sont de merveilleux outils quantiques. Ils sont le moyen de lâcher l'ancien, de reconnaître ce qui a été sans retenue ni analyse. Simplement le voir pour le laisser partir. En posant la conscience lumineuse sur le passé, en l'accueillant avec gratitude, sans aucune analyse, sans raisonnement sur ce qu'il a été, vous vous permettez de franchir des caps ascensionnels en libérant la résistance mentale qui les entretenait fermement. Ce qui n'est pas accueilli ne peut être transmuté. Cela revient à poser l'intention dans l'énergie du Cœur, sans aucun vouloir ni pouvoir sur le résultat, en laissant l'énergie libre d'agir, car elle est l'Intelligence suprême.

Apprendre à regarder en soi pour lâcher les retenues obscures et égotiques sont source de conscience. Agir dans la demeure du Cœur, qui est votre temple lumineux, est la souplesse de l'esprit mise en action. Toute mesure résultant de l'ouverture du Cœur édifie la souveraineté dans chaque action, dans chaque pensée et intention.

L'émotion est preuve de vie. Car vous êtes humains et pleinement incarnés. Il y a des formes de soumissions mentales, mais aussi des émotions actives dans les rôles joués. C'est pourquoi, les accueillir et les traverser pour comprendre la vibration qu'elles entretiennent sans les refouler, permet d'ouvrir la porte du Cœur qui prend le relais par l'intention donnée de les libérer sans aucune limite.

Voici la résultante de l'action tenue par l'ouverture du Cœur et son feu qui transmute toute chose en lumière. La clé que vous recherchez à l'extérieur de vous est là, tout près, si près qu'elle vous paraît illusoire. Alors que vous êtes dans l'illusion formatée par les pensées, alors que les recherches extérieures noient la raison du Cœur, vous vous illusionnez, car vous vous référez au mental et aux croyances engrammées en vous. Il serait pourtant très simple de croire en soi et en ses capacités lumineuses intérieures.

L'élévation ne s'installe pas en soi tant que demeure la résistance à l'action du Cœur et sa seule présence. L'illusion entraîne l'être humain dans d'obscurs méandres intérieurs et la soumission que vous placez dans l'aventure traversée ne vous permet pas de vous édifier dans la lumière. Seules les personnes ne résistant pas à cette marche intérieure découvrent les bienfaits de la vie et lui permettent d'agir avec foi, sans qu'aucune retenue mentale ne les illusionne.

La résistance mentale crée le feu mental qui, à l'inverse du Feu du Cœur, édifie un cloisonnement puissant et enfermant. Il maintient les croyances et ne permet pas l'ouverture du Cœur. La spontanéité et la fluidité dans toute action doivent voir le jour. Le corps est alors relâché sans blocage énergétique, le mental sans aucun pouvoir.

Toute résistance fait mal dans le corps.

Si vous mettez en action vos désirs après avoir analysé les choses afin de les réussir, c'est du mental.
Si vous avez besoin de temps et si vous pesez le pour ou le contre, c'est du mental.
Si vous ne pouvez prendre une décision sur le moment en suivant votre intuition, c'est du mental.
Si vous n'êtes pas spontanés et avez besoin de temps avant d'entreprendre, c'est du mental.
Si vous ne pouvez lâcher votre raisonnement, c'est du mental.
Si vous planifiez toute chose dans votre vie, c'est du mental.
Si vous craignez de lâcher prise pour vous ouvrir au moment qui est, c'est du mental.
Si vous n'avez pas confiance en la vie et essayez de la diriger, c'est encore le mental qui a autorité sur vous, sur vos pensées et donc sur votre énergie, car vous le laissez diriger votre vie.

Vous avez un besoin de contrôle sur tout ce qui est en vous et autour de vous. Votre analyse mentale vous le prouve. Vous n'êtes pas dans le lâcher-prise, mais dans le contrôle mental qui a tout pouvoir et vous le suivez jusqu'à l'excès parfois. Vous l'écoutez, car cela vous rassure. Le contrôle est une sécurité pour vous. Vous avez besoin de sentir que vous dirigez votre vie et de surcroît celle des autres.

Peut-être avez-vous un besoin de reconnaissance aux yeux des autres en étant dans le pouvoir énergétique du mental qui met sans cesse les actions en place, qui planifie votre propre vie et celle des autres, qui entend raison aux yeux de tous et montre son efficacité ?

Réfléchissez à cela. Vous avez la capacité de comprendre ces mots si vous vous posez dans l'énergie du Cœur. Sans cela, la lutte intérieure continuera. Jusqu'au jour où votre corps vous alertera. Vous aurez alors le choix d'accueillir la compréhension de votre résistance à vivre dans la rigidité de l'esprit pour entreprendre le changement intérieur et verser dans la souplesse du Cœur. La charge mentale est signe de résistance et de souffrance. L'énergie du Cœur, quant à elle, transmute et libère. Elle ne porte rien qui puisse entacher le bien-être.

Par ailleurs, quand la légèreté du Cœur s'installe en soi, la vibration crée la vie dans sa forme légère et lumineuse. L'attraction qui se fait et qui n'est pas dirigée par le vouloir du mental, laisse place à la créativité intérieure et par résonance, la vie devient un chemin harmonieux sans résistance, car toute chose est accueillie dans sa lumière et avec amour.

Chapitre 18

La Présence de l'Esprit supérieur voit le jour dans l'étape de la vie actuelle pour celui qui devient maître de son esprit. Pour cela, et avec conviction, l'être humain parcourt la voie intérieure qui met en évidence toute source de blessures et de retenues. Il s'ouvre à la Vie et prend la mesure de ce qu'elle représente. Cette étape est le renouveau en soi et la refonte de toutes les illusions que détenait l'esprit humain. Les croyances étant un frein à la progression intérieure, elles sont mises en évidence pour être transmutées. Les blessures appartenant au passé sont aussi libérées par l'énergie du Cœur. L'implantation de l'énergie de la lumière du Cœur demande une attention de chaque instant, une observation de soi et de ses propres conditionnements. Le mental est lui aussi mis en évidence. Les nombreuses pensées qu'il transmet, afin d'obtenir raison et nourriture énergétique, appartiennent au passé et deviennent une logique d'action plutôt qu'une vérité. L'application des pensées est relevée dans la justesse, ce qui amenuise leur puissance d'action. La conscience parle et agit alors. L'intérêt du mental visant à créer toute chose est désormais mis au second plan. Le Cœur s'ouvre et rayonne. La Présence de l'Esprit se révèle. L'individu est en accord avec sa source lumineuse. Il crée l'idiome de la Vie sur Terre et ancre la foi dans le fonctionnement de sa structure énergétique.

Chacun devient maître de sa vie et nourrit la forme indirectement par la Présence intérieure.

Plus besoin de mot ni de raisonnement, tout se pose et se crée par sa seule présence, par sa seule intention.

Toute l'intellectualisation de l'Ancien Monde s'éteint et avec lui les croyances qui ont été édifiées dans une structure rigide qui enferme et ne laisse aucune issue au Cœur pour s'ouvrir.

Deux fonctionnements demeurent chez l'être humain. Celui qui mène toute action par le raisonnement et l'analyse mentale et donc qui ne cesse de vouloir comprendre. Et celui qui ouvre son Cœur, qui laisse le flot lumineux de sa présence le nourrir et créer sans contrôle, dans une parfaite corrélation intérieure entre les intentions qui formulent l'action et la Présence intérieure qui la réalise pour le meilleur de son évolution.

Ce domaine appartient à la foi et donc au lâcher-prise. Sans cela, il est impossible de révéler les actions du Cœur dans la matière, le mental étant toujours le meneur des émotions qu'il entretient, de la complexité qu'il nourrit en toute chose et notamment dans les situations de vie sans fin.

Le Cœur, quant à lui, laisse libre le meneur de toute action. Il déploie son énergie dans le moment et il libère. Il crée la forme dans la matière sans qu'intervienne l'objection mentale. Tout est simple, si simple qu'il n'est pas évident pour beaucoup de lâcher les interrogations, les compréhensions qui sont totalement obsolètes aujourd'hui. La mentalisation appartient au passé, à l'Ancien Monde. Tant qu'elle persistera demeureront les blocages et les blessures.

L'interrogation que beaucoup se posent aujourd'hui est la suivante :

Comment puis-je réaliser ce basculement et lâcher mon ancien fonctionnement ?

Je vous répondrai qu'il n'y a aucune question à se poser, car dans ce cas, vous donnez encore le pouvoir au mental de vous répondre.

Vous me direz alors :

Mais j'ai besoin de comprendre, je ne peux agir sans cela.
Je dois comprendre ce basculement pour le vivre.
Eh bien non, le basculement intérieur ne se comprend pas, il s'applique et se vit. Il y a une différence entre comprendre, analyser, noter, répéter, relire les protocoles d'action pour verser dans ce processus intérieur et faire confiance en ce qui est, en votre Cœur et en la Présence qui vous habite. Cela s'appelle la foi intérieure.

Répéter, apprendre et mécaniser les compréhensions n'appartiennent pas à la légèreté de l'énergie du Cœur. La mentalisation est exacerbée, aux antipodes de la fluidité. Le mental retient, formate, enferme et crée une dépendance. De ce fait, l'être humain en manque intérieur, en manque de foi en la vie, le sollicite à chaque instant, à chaque situation de vie. Il n'a plus autorité sur ses décisions et sur ses choix de vie. Les mécanismes du mental sont fortement ancrés en l'individu qui est alors totalement dépendant de son fonctionnement mental et sans aucune liberté de choix. Il devient automatique de s'y référer, de toujours essayer de comprendre, de ne pas se laisser porter par le flux de la vie qui sait tout et qui agit sans contenu mental, mais en accord avec la vibration du moment et pour le meilleur de l'évolution de chacun. Car chaque être est vibration. La Terre et les univers sont aussi des mondes vibratoires. Ils fonctionnent seulement au son de la vibration et par magnétisme, chaque son émis attire le même ordre vibratoire par sa fréquence.

Apprendre le langage de l'univers revient à lâcher prise et à entrer dans la foi qui actionne tous les rouages vibratoires.

L'individu attire alors ce qu'il est, sans compréhension et sans illusion. Il ne s'illusionne plus ou plutôt, il ne se laisse plus illusionner par le mental, car il a compris qui il est. Il sait qu'il est créateur de sa vie. Il est libre d'être et de créer dans sa propre vibration qu'il nourrit par l'intention. Les pensées se déroulent sans emprise énergétique. Elles passent par le Cœur et la Présence intérieure crée dans le moment. Car c'est le moment vécu sans mentalisation qui active la créativité consciente. Comme le mental n'a pas autorité puisqu'il est au service du Cœur, la légèreté en action demeure. Plus de rigidité ni d'enfermement dans le pouvoir du mental, mais au contraire, demeure un apaisement dans la totalité de l'esprit humain et dans le corps. C'est alors que naît la magie de la vie, chacun attirant à lui l'ordre vibratoire du Cœur en action.

Il est nécessaire de prendre conscience de toutes les créations mentales qui ont un pouvoir évident sur les choix de vie, sur les relations, sur les croyances entretenues. Car l'adhésion au mental est une croyance ancrée dans la psyché humaine. L'individu croit qu'il ne peut avancer dans sa vie sans comprendre et analyser. Il planifie toute chose, même son chemin vers la découverte du Soi. Il n'est pas conscient des blocages qu'il entretient par la force de dissuasion du mental. Il se laisse balloter par ses émotions qui nourrissent l'énergie du mental. C'est pourquoi le mental essaie toujours de créer une faille par les pensées qu'il ramène à ce qui ne va pas, à ce qui est douloureux et surtout à sa subsistance énergétique qui l'entretient et le renforce. L'individu s'accorde avec ses pensées qui sont pure illusion. Il demeure aveugle et sourd. Il entretient la force mentale, car il l'accueille pleinement.

Alors qu'il pourrait nourrir le meilleur, il se laisse mener, il se laisse souffrir. Car c'est bien de cela qu'il s'agit. Le mental fait mal. Il oriente les excès par des pensées subliminales. Il s'agit d'une manipulation savamment orchestrée, car elle agit en chacun, créant des émotions fortes et générant des blocages énergétiques dans le corps physique. Il en résulte une lutte intérieure, des oppositions énergétiques, des émotions pesantes, des blocages dans la créativité humaine ainsi que des maux du corps. Voici l'ouvrage intérieur du mental qui s'immisce à chaque instant par le parasitage des pensées qui prennent forme dans votre vie, car vous croyez en elles au point de vous oublier, au point d'oublier votre liberté intérieure. Les choix de vie sont très souvent mis en place par le mental. Ils sont alors soumis à une énergie rigide qui ne lâche pas. La raison mentale est enracinée. Elle déploie toute sa force et mène le chemin.

L'énergie du Cœur est, quant à elle, douce, légère, accompagnante. Elle est la forme divine en vous, en votre temple lumineux. Elle révèle la Vie dans votre vie. Elle n'a besoin d'aucune connaissance, car elle est la Connaissance. Alors que l'être humain s'accorde à dire qu'il ne peut avancer sereinement sans compréhension, l'accord vibratoire ne se fait pas. Le Cœur n'entretient pas la lutte intérieure, ni le « je sais mieux que toi », ni le « j'ai raison et tu as tort », ni la domination énergétique, ni l'abus d'autorité. Il laisse l'autre libre. Il sait que celui-ci n'est pas encore arrivé au stade vibratoire de son évolution où le laisser être est la simplicité qui s'exprime, qui guide et qui crée. Toute direction est bonne à prendre quand elle provient du Cœur. Quand elle est issue de la mentalisation, la loi de la vérité et de la croyance est appliquée. Toute illusion est alors le fondement du chemin emprunté. Alors que le Cœur est à l'opposé de cette énergie qui cloisonne et enferme, il montre la voie sans rien imposer, il désigne le chemin et quand on se laisse porter, la raison d'exister devient la raison de vivre sans condition.

Vivre libre est le renouveau. Libre dans ses pensées et dans ses actes. Sans cela, le Cœur ne s'exprime pas. Il paraît pure illusion de croire en cette possibilité. La capacité d'Être est une mesure allégorique que l'on ne peut décrire avec des mots. Beaucoup n'arrivent pas à sortir de l'identification au mental et s'emploient à poser un mot sur chaque chose. Chaque mot devient une étiquette. Chaque étiquette détient une vibration qui joue sur la personne, sur la situation ou sur le lieu. Sa définition totalement mentale applique la loi de l'énergie et freine l'évolution en enfermant plutôt qu'en libérant. D'où l'importance de n'émettre aucun jugement sur quiconque et laisser l'autre agir comme il l'entend. Il optera pour des choix de vie qui lui sont propres et fera de ses expériences son chemin. Car il est impossible de poursuivre dans les élans provenant du conditionnement du mental qui a besoin de contrôler tout être et toute chose pour arriver à ses fins. C'est-à-dire à garder le pouvoir, exister à travers toutes les expériences de vie et rester maître dans toute expérience.

La notion du mental, et sa simple évocation provoquent une fermeture chez l'être humain. Si vous regardez réellement pourquoi cela provoque cette résistance, vous comprendrez que vous n'avez aucune autorité sur vos pensées et donc sur votre énergie. L'ego est bien présent et le simple fait de l'évoquer crée la résistance. Pour beaucoup, être dans l'ego est dégradant et humiliant. Il leur est impossible d'accueillir ce fait. Alors qu'ils pourraient simplement en prendre conscience, ils s'enferment avec lui dans son énergie et le renforcent. Sachez que ce qui n'est pas accueilli et conscientisé ne peut être transformé. Tant qu'il y a résistance à s'ouvrir à ses propres failles, elles ne peuvent être lâchées.

L'ego est le meneur de l'humanité. La priorité aujourd'hui est de l'accueillir en soi, de le voir sans jugement pour pouvoir le laisser aller. Il n'y a aucun mal à être dans l'ego.
Percevoir l'ego chez les autres individus est le reflet de l'ego qui est en soi.
Le passage obligé de la conscientisation de l'ego est une ouverture béante sur l'énergie du Cœur.

Tant que l'être humain ne l'accepte pas, il reste dans les anciens schémas de vie, dans les conditionnements du mental, dans la résistance et le manque de bien-être et de joie. Vivre libre demande une présence consciente à soi et à ses propres fonctionnements. Accueillir l'ego en soi est montre d'une grande faculté à verser dans l'énergie du Cœur.

Finalement, le secret que l'individu recherche dans sa vie pour évoluer vers la lumière et être heureux, repose sur sa capacité à regarder en lui pour s'accueillir tel qu'il est, avec son propre ego et ses propres failles.

La lumière transmute ce qui est conscientisé dans la vision intérieure de soi et de ses propres fonctionnements. Tout le reste est expérimentation dans la vie humaine. Elle conduit pas à pas à restituer la lumière en chacun par des phases importantes de conscientisation et d'acceptation. La lumière est un phare qui s'aperçoit au loin. Il appelle les Cœurs ouverts.

Chapitre 19

Se permettre d'être un humain venu expérimenter la matière aide à accueillir toute pensée persistante, toute distorsion dans l'énergie du mental et sa vision. Alors que le monde et l'être humain sont à la recherche de la perfection, le jeu s'achève. Car il s'agit bien d'un jeu permettant une ouverture de compréhension et d'acceptation de soi. La déconstruction de l'idéalisation humaine touche à sa fin. Les croyances ont ancré des programmes qui font référence au passé et à l'illusion.

> *Or toute forme de croyance est actuellement à accueillir pour être considérée comme étant un frein dans la progression intérieure qui régit chaque chose, chaque avancée, par une ferme condition à être ce que dit la pensée.*

Alors que la forme d'être prend toute sa consistance dans la conscience humaine, l'individu se place au rang de l'intérêt collectif, dans une moindre mesure, mais elle va prendre un essor important dans les années à venir. Chaque terme à un début, un renouveau ! Il est alors perceptible de comprendre l'avancée pour lâcher les croyances obsolètes qui sont des limites dans le déroulement de l'esprit humain. Chaque être a désormais la capacité de comprendre le mouvement de l'énergie et les créations qui en découlent. Des créations qui deviennent conscientes et légitimes dans le cœur de chacun.

En étant dans la croyance, la pensée devient rigide et obsessionnelle, ôtant l'accueil libérateur qui pourrait naître dans le mouvement de l'énergie. Apprendre à lâcher les causes, et donc l'illusion, devient nécessaire pour parfaire sa propre liberté. Car les programmes enferment et ne laissent pas l'esprit libre. Ils activent la multitude des pensées mécaniques et parasites dans l'esprit humain, le laissant prisonnier de son propre formatage.

Tant que demeurent les croyances, les blocages se forment sur le chemin de l'évolution. Ils apparaissent peu à peu, ouvrant à qui veut le voir, l'enfermement des pensées qui sont sous l'emprise des programmes issus des croyances auxquelles chacun fait référence. La puissance de l'esprit est forte, enivrante également. Il en résulte un aveuglement puissant qui, sans conscientisation, devient maître des situations et du chemin à parcourir.

Dans l'absolu de la pensée, il n'y a aucune cause à défendre, mais simplement une découverte de soi à parfaire. Sans aucun but à atteindre, car il ne s'agit pas d'une course à l'élévation, mais simplement d'une réalisation intérieure à développer dans le sens profond de la fusion avec l'Amour inconditionnel qui conduit les pas.

Sachez que le risque n'existe pas, sauf dans votre imaginaire. Bloqués dans votre vie, vous errez dans les pensées qui se rattachent à vos croyances. Toutefois, il est possible de voir la réalité de ce que vous traversez en vous posant dans votre centre Cœur et en accueillant les messages, le ressenti ou l'intuition. Il y a plusieurs chemins qui s'offrent à vous. Il suffit de se recueillir pour prendre la décision la plus juste et nourrir ensuite cette voie par la conscience du Cœur. La justesse indique, dans le moment de la progression, un ensemble de situations qui peuvent être perçues comme étant illusoires. Or, elles vous sont toutes destinées. Elles sont votre ensemble sur Terre et vous avez la capacité de faire le choix le plus entier et le plus beau, sans vous obliger à être la personne que vous ne voulez ou ne pouvez être. Cela s'appelle le libre arbitre.

La spiritualité a un fondement pur et riche. Mais l'humain l'a converti à sa source par ses pensées et surtout par ses croyances. Alors qu'il n'y a rien à croire ni à prévoir dans ce domaine, il a recherché le moment ou l'évènement opportun pour être quelqu'un d'autre.

La montée vibratoire, elle seule, est le chemin et elle vous montre la voie.

Sans vouloir, vous avez la capacité d'être dans la perception de votre ressenti.

Quand le moment est venu, vous ouvrez les bras à ce que vous ressentez bon pour vous et non à ce qu'il faudrait qu'il soit dans votre vie par besoin de reconnaissance ou tout autre chose. Oubliez toutes les injonctions formelles du mental et soyez dans l'accueil du moment. Les portes s'ouvriront alors et vous aurez largement le choix devant vous, car les blocages ne seront plus présents.

Les blocages sont des énergies qui vous définissent dans le moment. Si vous persistez à vouloir comprendre, ils resteront des points à dépasser. Le mental vous égarera alors et vous livrera la nourriture que vous souhaitez. C'est-à-dire l'illusion de la forme transmise par les recherches et la peur de vous tromper. Toutefois, si vous laissez aller le moment de blocage sans l'entretenir et sans le retenir, il se libèrera de lui-même sous l'effet de la non-résistance et de l'accueil de la situation. Il est facile d'accéder à cet état de conscience et de jouer avec l'énergie.

Dès que l'intégration est faite, la solution apparaît. L'alignement parfait se déroule alors.

Vous serez étonnés de la façon dont se règlent les situations dès lors que la conscience du Cœur est en action. Elle est le lâcher-prise et l'avancement certain. Le doute et la peur, l'intérêt et le pouvoir sont tous des meneurs bloquants.

Le Cœur, quant à lui, ouvre la voie par la fluidité qu'il détient, par l'organe de la Vie qui vit en lui. Il nourrit de lumière et d'amour tout ce qui est.

Aujourd'hui, vous avez la capacité de ne plus vous soumettre au futur qui a été créé par vos pensées incertaines, par les peurs et l'illusion. La possibilité d'ouvrir la voie par la lumière et l'amour est bien présente en vous. Il suffit pour cela d'entrer dans la conscience du Cœur en demeurant, non pas celle ou celui qui subit la situation ou le problème, mais le créateur de la vérité en sortant de l'emprise de la matrice humaine à laquelle vous avez laissé votre liberté.

Le futur est devant vous. Il est la création de vos pensées et de vos émotions, la création de votre vibration. Les blocages actuels font montre de vérité et ils vous appartiennent. Ils ne proviennent pas des autres. Votre création est active et elle représente la somme de vos pensées en action. Il est totalement possible de modifier le futur en vous situant dans le moment présent et en laissant la conscience du Cœur parler. Elle libèrera l'ancien et édifiera le nouveau grâce à votre vibration. Il sera alors temps de prendre la responsabilité de vos créations, sans laisser le doute s'immiscer en vous. La créativité consciente sera comprise et vous jouerez avec la forme dans le moment qui peut tout.

La liberté s'acquiert dans le moment présent, avec la vibration de l'amour pour seule énergie. Dans cet espace, seules règnent la vacuité et la Présence de l'Être. Elle n'est reliée à rien, étant elle-même sa propre conscience faite du Tout et du vide existentiel. Apparaît alors le sens réel de la Vie dans votre vie. L'instance des pensées ayant été éclairées, la profondeur de la compréhension de l'énergie qui représente ce que chacun vibre, prend forme à chaque instant et libère sa contenance. La conscience en action prend le pas sur l'illusion. Se défont alors les liens de l'illusion, le formatage de l'esprit qui n'a plus d'emprise et qui demeure au second plan. Les pensées sont ce qu'elles sont, peu à peu détachées du pouvoir du mental. Elles ne résistent pas. Elles ne s'imposent pas, le basculement dans l'énergie du Cœur ayant eu lieu.

S'ouvre alors une perspective d'avancée humaine dans l'esprit de l'amour, sans lutte ni emprise. La liberté est née ! S'édifie en soi la seule et unique avancée vers la lumière. L'expérience est accueillie pour être dépassée et ainsi s'ouvre le chemin vers une destinée lumineuse, car il n'y a plus d'accroche pour arrêter le temps. Le moment se vit sans projection et dans la profondeur de toute action. Les résistances sont des ouvertures sur le lâcher-prise. La compréhension prend le pas sur l'illusion. L'individu ne se laisse plus emporter par ses émotions, car il est à sa place dans le rôle qu'il interprète et il le sait. Chaque moment est vécu en conscience pour nourrir et élever l'être qui avance avec foi. S'illumine alors la voie de la progression, la lumière éclairant chaque zone d'ombre pour la libérer.

L'individu ne retient rien. Il accueille. Il accepte. Il se comprend. Il se libère par la conscience du moment. Il avance vers une nouvelle expérience dans la joie d'être qui il est et totalement détaché d'un but et d'un résultat.

Le lâcher-prise se définit moment après moment. Le rêve et son interprétation se vivent clairement. Le sens de la vie humaine apparaît sous les feux de la lumière qui conduit les pas.

L'objectif dépasse toute illusion par l'esprit, sans être envahi par le mental. Le Cœur, quant à lui, dépasse la forme par l'accueil et le sens inné de la liberté qui jaillit du fond de soi en toute transparence. Le Cœur s'ouvre sur chaque zone obscure rencontrée, libérant l'essence même de la liberté dans chaque cellule du corps. Les résistances tombent et laissent l'énergie libre de circuler, activant la fluidité et la paix intérieure. L'état de conscience établit la libre circulation de l'énergie qui devient fluide, sans aucun contrôle. Il définit ce qui est dans le moment. D'où l'émergence de l'énergie du Cœur qui ne happe pas vers des extrêmes déstabilisants. Au contraire, il laisse aller la forme sans retenue. Se détacher de toute chose avec respect désigne que l'état de conscience est libéré de l'ego.

L'homme se fait mal par ses pensées rigides et leurs positionnements dans une attitude de lutte et de pouvoir. Le lien entre ce qu'il est et ce qu'il pense être n'est pas mis en évidence. Le sort en est jeté depuis longtemps. Il poursuit aveugle et sourd, livrant bataille à l'illusion sans fin. Le Cœur et son Amour n'ont pas le pouvoir de se déployer pour rayonner au-delà des croyances qu'il suit fermement et durablement. Son attachement pour les personnages mis en action dans les situations de vie qu'il rencontre prend forme de vérité. Il vit dans un monde illusoire, totalement déconnecté de la substance divine qu'il détient. Son Cœur attend de s'expanser pour apporter paix et sagesse par la conscience libérée. Il y parviendra un jour. Quand l'essoufflement fera surface, la pause s'installera dans son corps, dans son esprit et dans sa vie.

La lutte est un moyen de se préserver de la souffrance, mais la souffrance ne réside-t-elle pas dans l'absence de vérité ?

Chacun est destiné un jour ou l'autre à ouvrir la porte du Cœur pour libérer le flux divin qui soulage les tensions et les résistances. Un flux de vérité laissant l'obscurité remonter et voir le jour pour mieux être appréhendée et acceptée. Un jour seulement, la vision globale de la Vie se fera et activera la conscience humaine vers un état de vérité et de pureté.

Chapitre 20

Dans la profondeur du Cœur demeure l'origine du Tout. Il détient ce que chacun souhaite voir, ce que chacun recherche ailleurs. Le bien-être se trouve dans cet espace de pureté où la vision est claire et authentique. L'homme trouve la voie pour y accéder quand il comprend qu'il n'est aucunement séparé de Lui. Seule sa vision floue et complexe détermine ses pas, l'éloignant de Lui par les détours empruntés qui, invariablement, le ramènent un jour au centre de lui-même. Car c'est ici et non ailleurs que se trouvent la richesse et la beauté de la Vie. C'est encore ici qu'est la connaissance universelle. C'est dans la profondeur du Cœur que la sagesse, la paix et l'Amour prennent racine.

Apprendre à retourner en soi et à ouvrir les portes du Cœur est la voie de la progression intérieure. La détermination à errer dans l'illusion est à son terme. Elle est la fin du temps terrestre. Elle est aussi la mesure d'une idéalisation faussée, portée par l'homme en recherche de découvertes extérieures. La mentalisation excessive définit un ordre de progression qui ne résout rien, mais au contraire, nourrit le mental. Alors qu'il existe une voie directe et fluide, l'individu s'éparpille, pensant que le savoir est une source d'élévation alors qu'en vérité, il éloigne du centre de la connaissance que détient le Cœur de chaque être humain.

L'homme croît au savoir idéalisateur qui lui permettrait d'accueillir des dons. Or il n'en est rien sauf pour l'ego qui dirige et endort, qui ne résout rien et éloigne de la vérité. L'absence de discernement ne permet pas de trouver une juste mesure dans les pas posés et les choix de vie qui sont faits. C'est une lutte sans cesse grandissante qui établit la direction sans ouverture du Cœur. Tout est dans la résistance de sa propre énergie pour trouver le repos intérieur alors que la lutte incessante est en action. La pause s'installe quand la recherche cesse. Car la pause reconnecte au Cœur et au moment présent. Elle se découvre dans la fluidité des pensées et avec amour.

Les dons sont innés pour tous, mais chacun a un parcours différent à accueillir. C'est pourquoi il est difficile pour certains de ne pas les exprimer, car il est un temps pour tout. Les expériences sont à vivre même si elles sont douloureuses parfois. Elles ne peuvent être dépassées sans être vécues. Cette vérité n'est pas toujours entendue alors qu'elle est la direction à tenir dans les choix de vie à faire. Revenir dans son Cœur est si simple que l'être humain, dirigé par son mental, croit cet espace éloigné de lui, voire inaccessible par sa seule pensée. C'est pourtant l'intention qui prime en cette ère de changement, l'intention pure et sans pouvoir définissant toute chose dans le monde de l'homme.

Le conditionnement mental a pris l'espace énergétique et dirige l'être en demande. Si la volonté de s'identifier aux pensées et aux personnages mis en action dans les situations de vie est présente, l'individu ne peut se poser dans l'espace du Cœur. Si la connaissance intellectuelle le nourrit de son savoir, alors il n'a pas la possibilité de se connecter à l'espace du Cœur. Si sa voie est jonchée d'obstacles définis par le mental, s'il entre dans son raisonnement, ses choix de vie demeurent dans la résistance, sans cesse définie par la raison mentale qui retient et égare les individus, et les conduit dans les méandres de la complexité. La fluidité n'est alors pas en action. Il demeure seulement un objectif individuel qui renvoie sans cesse au mental et aux pensées qui mènent la voie et les choix de vie.

Dans l'énergie du Cœur, la pause se fait. Elle est gage de simplicité. Elle se découvre pas à pas, dans le silence de soi et dans la foi. Pour la ressentir, car elle est déjà là, il suffit de ne plus écouter ses pensées et se mettre à la disposition de l'énergie du Cœur, de La Présence en la laissant agir en soi. Aucun savoir ne peut mener à bien ce parcours intérieur. Aucune recherche extérieure ne vous y mènera. C'est vous qui découvrez, expérience après expérience, le fondement intérieur de la lumière et sa valeur.

Ce parcours intérieur demande à lever les voiles de la séparation. L'être humain souhaite l'impensable, il demande ce qu'il pense irréalisable par une orientation du mental. Il est le seul qui puisse trouver la connexion du Cœur en lâchant ses résistances mentales et en prenant la décision de ne plus parcourir les sentiers du savoir.

> *C'est un renversement total des croyances qui a lieu. Sortir des résistances et avancer avec foi, sans aucun vouloir ni contrôle, voilà le chemin de la vérité qui conduit au sommet de l'élévation.*

Le parcours est ardu et révélateur de soi. Sans accueil de ce qui se présente dans le moment, il est impossible de se libérer du passé.

> *Ne trouvez-vous pas que le parcours vers le Cœur est simple ?*

Je vous le dis à nouveau, lâchez vos pensées et votre vouloir pour trouver la solution, pour vous libérer ou vous transformer. Vous découvrirez alors la puissance de l'esprit dans le lâcher-prise et la foi que vous placerez dans l'accueil de ce qui est. L'élévation n'appartient pas au savoir humain ni à la connaissance intellectuelle, mais bien à l'ouverture du Cœur dans toutes les situations de vie.

Actuellement, un nombre important de mémoires sont soulevées par la fréquence lumineuse qui touche la Terre et l'humanité. Elles remontent en soi, souvent dans l'inconfort, car l'être humain leur résiste. Il ne veut pas ressentir à nouveau la tristesse ou toute autre émotion. Il craint que le passé douloureux revienne prendre l'espace dans son énergie. Il le renvoie alors dans la profondeur, pose un pansement dessus et continue à vivre avec lui, sans comprendre qu'il reviendra bientôt pour un jour être accueilli et transmuté.

L'acceptation de ses zones d'ombre demande du courage et de la volonté. Mais sans reconnaissance pour ce qui est, il est impossible de les transformer et donc, de se transformer pour passer les étapes de la conscience. Ce sont des couches du passé, leurs mémoires, leurs blessures et leurs traumatismes qui reviennent à soi pour être conscientisés et libérés.

Beaucoup ne comprennent pas qu'il suffit de les regarder avec amour sans les rejeter, pour les laisser aller dans la lumière.
Il n'est pas question de revivre les souffrances, mais d'accueillir leurs mémoires pour franchir les étapes qui nous séparent de La Source.
Ces mémoires sont douloureuses, car elles ne sont pas reconnues et ce qui n'est pas accueilli, se renforce par la force de votre refus.

Elles n'ont donc pas la possibilité d'être mises à la clarté de la conscience humaine pour être transmutées.

Il n'y a ni bien ni mal dans ces libérations. Demeure seulement la conscientisation à effectuer pour laisser aller le passé. Les couches de la séparation se détachent de soi pour partir. Elles se décollent peu à peu. Elles sont mises en lumière pour sortir de soi. Tant qu'il y a résistances à les accueillir telles qu'elles sont, sans jugement, sans culpabilité, sans colère, sans regret, elles ne peuvent fondre comme neige au soleil.

Le basculement actuel nous montre la voie du Cœur et sa puissance en action. La liberté appartenant à celui qui modifie sa vision intérieure pour laisser la lumière s'implanter dans son corps et dans son esprit. C'est en soulevant les zones d'ombre que la lumière les remplace.

Le temps où chacun souhaitait comprendre la cause de sa souffrance est bien terminé. Aujourd'hui, l'accueil dans l'amour de tout être et de toute situation permet de laisser s'infiltrer la lumière en soi par un choix de conscience grandissant. Elle effectue alors la transmutation intérieure.

C'est ainsi que l'être humain s'élève en conscience, actuellement plus que jamais auparavant et dans la paix du Cœur. Tout se fait si vite qu'il est possible de gravir l'espace ascensionnel rapidement, toujours dans la foi et l'accueil intérieur.

Un cycle se termine avec l'ère ancienne. Celui où les recherches étaient totalement en action. Comprendre le passé et ses blessures était réellement un passage pour avancer avec plus de légèreté. Il s'agissait d'un parcours difficile sur lequel il fallait revenir souvent. Mais aujourd'hui, le passé s'efface par la seule intention. La foi mène la voie. Les changements intérieurs se font sûrement et définitivement.

Il n'y a plus à entrer dans les causes du passé, mais à regarder devant soi pour un parcours dans la lumière qui appelle chaque être humain à devenir plus conscient en se découvrant avec amour.

Les étapes de la conscience se franchissent sans effort et dans le lâcher-prise, sans aucun calcul mental pour parvenir à ses fins. L'énergie du Cœur, quant à elle, agit et donne l'élan pour avancer dans la simplicité de l'action.

L'accueil est le regard posé avec amour et compréhension sur les expériences de la vie qui demeurent encore accrochées à soi. Il est un révélateur de la transformation intérieure. C'est une fréquence d'amour qui aligne l'individu sur l'énergie du Cœur.

La libération se fait alors par la lumière s'il se laisse traverser par ce qui remonte en lui. Le passage peut être inconfortable, car les mémoires refont surface en soi. Il suffit alors de ne pas rechercher une cause, ni se laisser submerger par les émotions, mais laisser la conscience du moment prendre le pas sur le mental. La simplicité est en action. La fluidité de l'énergie de l'individu permet à la lumière de passer en soi pour éclairer les zones d'ombre. Sans cela, elles ne peuvent être transmutées. Il appartient donc à chacun de regarder le passé avec indulgence et amour. La vérité est inscrite en soi depuis la nuit des temps. C'est le moment de redevenir maître de sa vie en l'accueillant.

Toute source extérieure pose des limites sur le chemin de la découverte intérieure. La raison mentale donne le tempo de la résistance. L'accueil intérieur et l'évidence de la progression font foi et révèlent toute chose dans sa perfection. Il n'y a plus d'empêchement ni d'accès à l'impossible. Tout est là et attend d'être accueilli pour parfaire le chemin de la découverte du Soi. Agir et donner l'élan au changement est nécessaire, voire possible pour tous dans le saut quantique à réaliser. Agir permet d'activer l'impulsion de la création et donner l'élan pour affirmer la conviction intérieure du changement qui est alors acté dans l'univers. Il passera par la transmutation des zones sombres qui limitent l'accès à la Vérité. La soumission n'est pas présente. L'état de conscience du moment détermine l'alignement intérieur avec le choix qui a été fait. La simplicité en action relaie la fluidité. L'ouverture est grande. Elle transmet le jeu de la vérité qui crée par l'onde divine.

Sachez qu'il est en vous la possibilité de ne plus vous limiter par les personnages de l'ego. Cette identification freine aussi votre volonté d'entreprendre le nouveau. Vous n'êtes pas toujours vous-mêmes et souvent vous adoptez des rôles invasifs. Ils sont la représentation de vos peurs. La peur d'apparaître tel que vous êtes. La peur du jugement.

Votre apparence est nettement mise en avant. C'est un filtre qui régit votre énergie et vous éloigne de votre authenticité.

C'est pourquoi, lâcher les apparences et les démonstrations non authentiques, les personnages avec leurs masques illusoires est une nécessité pour s'élever dans la justesse de qui vous êtes réellement.

Ce qui est caché apparaîtra un jour aux yeux de tous. En attendant, l'alignement sur votre lumière ne se fait pas. Vous ne pouvez vous libérer de l'illusion si vous vous cachez derrière les costumes de l'ego. Il apparaît une distorsion réelle dans votre énergie à être ainsi. L'époque actuelle demande à se dépouiller de toutes les obstructions à la révélation de la lumière intérieure. Il arrivera un temps où vous ne pourrez plus vous cacher derrière des faux-semblants.

La voie est lumineuse et l'ombre remonte pour être éclairée par la conscience humaine, individuellement et collectivement. Si vous résistez à sortir de vos personnages, vous attirerez les expériences qui vous montreront qui vous êtes en réalité à l'intérieur et ce qui doit être éclairé pour être transmuté. Rien ne sera plus caché. La liberté intérieure se renforce dans les révélations qui sont faites et reconnues. Reconnaissez combien vos personnages ont pris la première place dans votre vie. Reconnaissez le manque d'authenticité qui illusionne ou empoisonne. Ne soyez pas fautifs, mais responsables d'avoir mis en place l'illusion par les jeux de rôles joués. La transparence se fait peu à peu si vous accueillez la vérité, si vous lâchez la peur d'être vu tel que vous êtes. Cela fait partie du chemin de vérité que vous avez emprunté. Vos résistances se rigidifient si vous ne les accueillez pas et elles font mal, de plus en plus mal. Ne luttez plus, mais soyez en paix avec qui vous êtes. Vous n'êtes pas différents des autres êtres humains.

Chacun porte ses personnages illusoires et personne n'est parfait. D'ailleurs, il n'y a pas à être parfait, mais simplement à être qui vous êtes en vous laissant porter par le flux de la vie.

Quand on ne calcule pas le chemin, il vient à soi par les expériences nécessaires à l'évolution intérieure. Vous le savez déjà.
Mais alors pourquoi souffrez-vous ?
Pourquoi ne pas vous laissez aller à chacun de vos pas ?
La réalité est que vos personnages ont pris l'ascendant sur votre énergie. Ils conduisent savamment vos pas et vous nourrissent de leur vibration. Si bien qu'il vous est impossible de les voir et d'en sortir, car vous vous identifiez à eux.

Vous n'avez pas compris qu'ils ne sont pas ce que vous êtes en réalité, mais des vibrations qui ont pris possession de votre énergie. De surcroît, vous les écoutez par les discours du mental élaborés avec soin pour toujours ne pas faillir dans l'adversité.

Vos jeux de rôles en action sont des illusions prenantes, car vous les croyez vraies. En réalité, elles évoluent parce que vous adhérez à ces discours qui mettent en place toute la stratégie mentale nécessaire à votre épanouissement.

Mais en vérité, c'est une lutte qui se joue, une lutte de chaque instant, de chaque jour et dans chaque expérience. Elle oppose toujours le vrai au faux, le bon au mauvais, le gentil au méchant, la victime au bourreau.

Le repos intérieur ne se fait pas et la paix ne s'installe pas. Jusqu'au jour où, vous accueillerez le fait d'être l'exécuteur du mental. Vous cesserez alors de lutter contre ce que vous nourrissez inconsciemment. Vous cesserez de lutter contre vous-mêmes et intègrerez la transformation dans la forme.

Chapitre 21

Les portes du Cœur s'ouvrent peu à peu, pas à pas, dans la pleine reconnaissance intérieure de la lumière de La Source. Le personnage qui doutait ou accusait s'est transformé en sage. La personnification de la vérité prend place. Elle détient un nombre incalculable de vérités non formelles et multidimensionnelles. Elles sont la richesse du savoir universel qui se déverse en soi en lieu et place du mental. Alors, la voie intérieure s'ouvre plus profondément, libérant l'axe de la lumière sur le chemin de l'individu. La forme devient légère et lumineuse, l'Esprit éclairant de sa présence et transmutant l'illusion en toute simplicité.

> *Les discours ne sont plus nécessaires pour parfaire l'avancement. Seul règne un état de présence qui éclaire et illumine tout sur son passage.*

La sombre vérité humaine est éclairée et transmutée. Les graines de lumière sont semées. Elles germeront sans aucun vouloir contrôlant. Elles libèreront la volonté intérieure pour une transformation certaine, une transmutation définitive, voire la guérison. L'axe de la liberté est alors créé.

La vérité n'est pas un ordre établissant une ou plusieurs directions. Elle est un phare naissant dans le Cœur de tout être. Elle établit le sens de la grandeur dans la lumière et l'amour. Avec elle naissent les prises de conscience grandissantes. L'autorité et le pouvoir ne sont pas présents. Seul le Cœur propose et jouit de sa présence. Il éclaire et tend le sens lumineux et juste de toute chose. Sans lui, il n'y a qu'un feu éteint et seule la fumée se perd dans l'espace.

Vos pensées sont la représentation des volutes de fumée qui naissent sans discernement dans l'esprit humain. Elles se perdent dans l'univers, créant la vie par leur fonction dirigiste. À l'inverse, quand le Feu du Cœur est actif, il rayonne et réchauffe de sa vibration. Il panse les plaies et guérit. Il donne sans calcul. Il aime. Dans cet ordre de grandeur, aucune direction n'est imposée. Tout est affirmation de la vibration divine en soi et à l'extérieur de soi. La grandeur qui habite le Cœur est une corrélation intérieure entre le Divin et l'être humain, sans scission ni opposition. Une union que rien ne définit. Une fusion alliant la voie du Cœur et celle de l'esprit créateur.

En nourrissant l'énergie du Cœur, il est possible de sortir de la mentalisation. C'est un choix, une direction à prendre et à appliquer. La progression intérieure se fait à force de volonté et de courage. Elle fait montre de sagesse et d'union.

La séparation est une idéalisation mentale qui définit l'individualisme comme axe principal.

Elle est une dissidente de l'opinion et révèle souvent le manque de joie intérieure. L'être humain se perd dans l'illusion de son mental, se sent séparé des autres, agit dans la lutte et la séparation. Il ne comprend pas le jeu de l'énergie et fait croître ce à quoi il se raccroche. Il ne se ment pas, mais reste sur la vibration de la séparation, écoutant ses pensées sans application de l'énergie du Cœur qui réunit.

La paix intérieure s'installe par ce que vous vibrez. Tant que demeurent les distorsions de l'esprit, elle ne peut s'installer. Vous dites, « je n'y arrive pas », car vos croyances mènent la danse dans l'énergie créée. Vous croyez en la séparation plutôt qu'en l'union. Vous luttez et vous critiquez.

Alors, comment pouvez-vous espérer être en paix ?
Comment l'amour peut-il rayonner à partir de votre Cœur ?
Vous êtes la seule personne ayant la capacité à vous transformer. Quand vous ne vous identifierez plus à vos personnages, vous œuvrerez dans la transparence d'action sans discours moralisateur, sans accusation et avec compréhension pour l'expérience que vous avez attirée.
Quand vous lâchez la garde, quand vous lâchez prise et regardez en vous avec les yeux du Cœur, avec compréhension et amour, la libération se fait sans même le vouloir. C'est alors la Présence intérieure qui agit. Elle ouvre la conscience sur une autre réalité. Elle prend place et élève dans la pleine reconnaissance de la Vie en soi.

C'est une juste avancée qui se fait. La divinité rayonne, car vous la reconnaissez, vous savez que vous êtes le Divin incarné dans votre Cœur.

Il suffit à chacun de lâcher prise sur ses résistances pour atteindre cet état de l'avancement intérieur et de l'éveil. Simplement lâcher vos croyances, simplement être qui vous êtes sans suivre le personnage tendu par le mental.

Demeurer dans le Cœur, c'est trouver la liberté intérieure, mais aussi dans sa vie.

Les blessures sont alors transmutées. Seule demeure la compréhension de la vie. Elle tend toujours la situation à dépasser par l'amour et la bienveillance. Seule, la pause intérieure permet une assise lumineuse que rien n'affecte. Il revient à chacun d'en faire l'expérience en lâchant l'ego, en ne le nourrissant plus. L'ouverture du Cœur se fera plus présente jusqu'au jour où la Présence intérieure se positionnera sur l'assise lumineuse qui aura été positionnée. La notion de séparation aura alors disparu des pensées qui seront reliées au Cœur. Le mental étant situé au second plan, il n'influencera plus par son discours.

Soyez à l'écoute de vous-mêmes.
Vos pensées sont-elles accusatrices, déstabilisantes, limitantes, envahissantes ?
Prennent-elles le pouvoir sur votre énergie ?
Êtes-vous heureux(ses) dans votre quotidien ?

Vous vous permettrez ainsi de voir la réalité et la conscience de ce qui est, éclairera vos failles. Le basculement dans l'énergie du Cœur se fera alors progressivement. Plus vous serez présents à vous-mêmes, plus vous éclairerez votre réalité et les conditionnements du mental seront mis en évidence. La direction intérieure est la seule issue pour renaître à soi.

Les portes du Cœur libèrent le flux divin en chacun. Elles sont un accès à la divinité intérieure. Elles s'ouvrent d'elles-mêmes, les voiles de la séparation et la reconnaissance de Qui Vous Êtes, vous libérant de l'enfermement. Les états de la conscience humaine accueillent alors une vision plus claire de soi, dans une parfaite réalité de la vie et de ses situations fortement impactées par le jeu de l'ego.

Les portes du Cœur sont au nombre de sept. Elles définissent l'état de conscience du moment dans l'axe de la progression intérieure. Le passage dans les différents états de conscience et leurs traversées souvent chaotiques agit sur leurs ouvertures et laissent la lumière de La Présence intérieure rayonner peu à peu. Il correspond aux différents paliers de l'éveil intérieur.

Chapitre 22

La 1re porte du Cœur définit la réalité de la dualité dans la vie humaine et son impact, sans perspective d'avancement, avec ses hauts et ses bas et un état de soumission à ce qui est, sans aucune vision claire ni aucune reconnaissance pour le monde céleste et La Source. L'individu est toutefois dans l'amour conditionnel. Il en expérimente toutes ses facettes.

Cet état de conscience correspond à une fermeture plutôt qu'à une ouverture, une limite dans la progression intérieure. C'est un passage que chacun vit ou a vécu un jour, dans cette vie ou une précédente, ne sachant qui il est en réalité.

La perspective d'évolution est absente pour l'instant. L'errance dans l'illusion est présente, mais elle permet une prochaine évolution dans le dépassement de soi grâce à la traversée d'épreuves douloureuses. Elles laisseront un jour passer la lumière par les failles occasionnées.

C'est alors que la force intérieure se révèle. Elle prend racine dans cet état de conscience, inconsciemment la plupart du temps. L'individu avance tête baissée. Il se débat dans sa vie. Il est en lutte. Il expérimente les limites. Il les dépasse. Il passe par l'ombre pour comprendre le chemin de la lumière. Car comment s'élever sans avoir éprouvé la vie dans le tréfonds des épreuves !

L'illusion vécue par l'être humain est à l'image de la première partie de cet ouvrage. Il croit être libre alors qu'il est totalement prisonnier de la matrice humaine. Il a adopté une convergence totalement arbitraire qui l'aveugle. Mais il la suit jusqu'à l'obtention d'un épanouissement matériel qui le laisse en demande et ne le rassasie pas. Il croit trouver le bonheur dans le consumérisme. La course à l'illusion est sa vie, déconnectée de son Cœur et de son âme.

Il habite son corps sans en prendre soin, obéissant à une culture dirigiste de l'esprit qui planifie toute chose et a autorité sur lui. Il n'a alors plus de respect pour lui-même. Obéissant à l'illusion, formaté par les programmes installés et se nourrissant d'intérêts individuels.

La société est un monde exclusif. Sans consensus, l'individu a peu de considération pour le monde de l'homme qui subit ses soubresauts destructeurs. La correspondance entre soi et la société est forte. Elle est ce que chacun est. Chacun est ce qui est à l'extérieur de soi. Ce qui est à l'extérieur de soi est ce qui est en chacun, à l'intérieur.

En accueillant toute chose, toute indication sans recul ni discernement, il est impossible d'avoir une vision claire de la réalité. La connexion avec la matrice humaine est alors présente. Elle a autorité sur l'énergie et la pensée des individus. Elle s'en nourrit sans qu’il y ait conscientisation. C'est une relation, un échange d'énergie qui a lieu constamment dès que le jeu de l'illusion et son formatage s'installent. Car l'acceptation de toute chose privilégie une ouverture en soi. Il y a donc des échanges énergétiques entre chaque individu, entre soi et la matrice humaine dès qu'il y a acceptation de l'autorité extérieure, quelle qu'elle soit. C'est-à-dire ce qui est en lien avec la société, avec le monde de l'homme et ses directions imposées, mais aussi entre chaque être humain.

On ne peut alors parler de liberté ni émettre un quelconque discernement dans ses pensées qui relèvent d'une autorité extérieure, car la porte lui a été ouverte. Les croyances fusent en soi et dirigent les convictions les plus profondes. Les pensées proviennent des croyances fermement accrochées à soi comme un adhésif à son support. La liberté de pensée est cloisonnée et l'individu obéit à l'illusion.

Chapitre 23

La 2e porte du Cœur correspond à un renforcement de l'état de conscience du moment. L'approfondissement des expériences jusqu'à compréhension, intégration et élévation.

Il y a alors un jeu qui s'établit entre soi et le mental. Une compréhension sur la justesse des actions. Les limites sont dépassées, car l'intégration intérieure n'est pas faite.

L'équilibre n'entre pas en action. Il s'agit plutôt d'un ballotement dans l'énergie du moment. Tantôt dans la raison du Cœur, tantôt dans le pouvoir du mental qui anime les personnages. Avec une découverte de sa propre qualité à agir pour créer sa vie.

La vision s'élève et devient plus globale, plus transparente sans toutefois parfaire une intégration parfaite dans le jeu de la vie. La possibilité des prises de responsabilité dans les jeux de rôles et les personnages joués fait son apparition. Elle est peu à peu accueillie, mais non intégrée.

La rigidité d'esprit peut atteindre un paroxysme qui déstabilise fortement, l'être étant confronté à la mise en évidence de ses mémoires. Commence alors un approfondissement dans l'ouverture de soi pour accueillir plutôt que lutter et se définir de plus en plus dans des choix de vie lumineux où le bien-être est privilégié. L'absolutisme rigide des anciens schémas et conditionnements intérieurs est mis en lumière et une vision différente de soi apparaît sans pour cela changer. Les choix sont à appliquer pour reprendre la barre de l'embarcation qui vogue sur les flots tumultueux de la vie.

Il demeure en chacun des mémoires très limitantes et, l'intérêt à ce stade de l'évolution, n'est pas de les refouler, mais les accueillir. Car ce qui n'est pas mis en évidence reste en soi. Elles sont le passé rigide et froid. Elles sont les bouleversements émotionnels. Elles sont les peurs et leurs emprises. Elles sont la violence. Elles sont les pensées limitantes. Mais elles sont aussi l'amour, la paix, la joie. L'individu n'est pas seulement la représentation de ses blessures. Il est aussi la Vie lumineuse et bienfaisante dans son Cœur. D'où l'importance de lui ouvrir les différentes portes en se laissant porter par ce qui vient à soi. En accueillant le passé et ses tourments, en regardant simplement ce qui est là. L'éclairage de la conscience met en évidence ce qui est prêt à être libéré. Cela se réalise avec un regard paisible porté sur soi, sur ses failles et ses blessures. Sans la paix intérieure, ce qui définit l'acceptation totale du passé souffrant, il n'y a pas de libération par la transmutation de la lumière de Vie. L'évolution de soi est l'ouverture totale à soi-même et non l'accusation portée sur les autres. Ce fonctionnement mental fait partie de la 3e dimension. Aujourd'hui, il est dépassé.

Le chevauchement des dimensions a lieu en tout espace de temps. Actuellement sur Terre, vous le vivez au plus près de ce qu'il est. Vous avez la capacité de basculer dans la 5e dimension. Mais auparavant, le passage en 4e dimension est à traverser. Il est un pont entre les deux dimensions, la 3e et la 5e. Il est aussi la pleine reconnaissance à porter sur ce qui a été, sur les expériences qui vous ont fait progresser intérieurement et dans votre propre conscience. C'est la prise de responsabilité qu'il convient d'accueillir dans toutes les étapes de vie, sans aucun jugement et avec compréhension :

Ce qui me dérange à l'extérieur est en moi et j'acquiers la vision juste pour changer intérieurement.

L'équilibre se fait alors dans chaque intention. Le monde prend une tournure différente par la conscience qui est posée sur l'évidente réalité. Plus d'accusation, plus de victimisation, plus de jeux de l'ego. L'évidence voit le jour dans la conscience humaine. La transformation intérieure se fait pas à pas. Parfois, un retour dans les anciennes croyances a lieu, car l'ego est encore présent. Il limite l'avancée si on l'écoute. Il essaie de reprendre le pouvoir sur les pensées, car il a besoin de cette nourriture énergétique pour subsister.

Dès que nous n'écoutons plus l'ego et ne donnons plus suite aux différents personnages qu'il essaie de mettre en action, il n'a plus autorité sur soi. Il devient lui-même le personnage à ne plus écouter ni suivre.

Chapitre 24

La 3e porte du Cœur est une entrée dans le monde multidimensionnel qui, lui aussi, devient une expérience. On ne peut juger de la réalité sans reconnaître ce dans quoi l'on est. Alors, sans limite, l'expérimentation spirituelle a lieu. Les excès font partie du chemin. Qui n'expérimente l'obscurité ne peut reconnaître véritablement la lumière. Le monde multidimensionnel est un révélateur, la connaissance de l'univers étant à parfaire.

Les excès dans les expérimentations mystiques et multidimensionnelles, ainsi que leurs croyances sont aussi des passages à explorer. Elles renforcent l'assise de la lumière en soi et permettent à chacun de savoir se situer dans la lumière universelle. Pas à pas, la mise en évidence de l'ego se fait. Chacun est soumis à comprendre la réalité de son emprise sur la voie de l'élévation. Personne n'est plus avancé qu'un autre individu.

> *Seule la croyance de se définir dans un quelconque pouvoir spirituel démontre le rythme intérieur sans cesse évolutif qui maintient et enferme dans l'illusion.*

Chaque être est un être divin incarné. Ces étapes de la conscience le définissent ainsi peu à peu, si on décide de les accueillir en cessant de nourrir l'ego. Chaque individu a la même potentialité à découvrir ses capacités multidimensionnelles. Elles apparaissent lorsque le moment est venu.

L'avancée intérieure est la même pour tous. Les jugements dans ce domaine sont issus de l'ego. La rivalité existe réellement dans le monde spirituel. Mais ces excès retomberont pour laisser passer la lumière de la pureté. Les expériences seront immanquablement attirées à soi.

Nul ne peut évoluer dans l'ego spirituel.

L'accueil de l'autre, quel qu'il soit, est montre de pureté et d'amour. Sans amour, l'armure de l'ego ne tombe pas. L'illusion demeure en soi. Sa subsistance relève de l'autorité à croire en soi dans ce domaine subjectif et invasif, alors qu'il suffirait d'accueillir l'autre comme une part de soi-même pour ne pas faillir par l'ego.

Les maîtres spirituels apparaissent après l'ouverture de la 7e porte du Cœur. Au stade de la 3e porte, le monde de la multidimensionnalité prend forme dans l'esprit humain. Ce qui ne veut pas dire que l'éveil est réalisé. Ce ne sont pas les capacités multidimensionnelles qui permettent une quelconque progression intérieure. Elles établissent la réalité dans le monde de l'homme et ouvrent aux aperçus spirituels. L'ego persiste encore dans ce passage. L'individu a nécessairement besoin de l'explorer pour le comprendre. Sans cela, il se leurre et s'évade dans l'illusion qu'il place en lui pour ne pas se voir tel qu'il est. Fuir c'est renoncer à accueillir ce que l'on est réellement.

Chapitre 25

La 4e porte du Cœur relève de la vision juste et pure en chaque chose. Quand la liberté prend place en soi, la conscience éclaire plus lumineusement l'entrée dans la vérité. L'individu ne porte pas ce qui ne lui appartient pas. Il est stable et ne se laisse pas dominer par le mental. Les déstabilisations sont faibles, car il se recentre en sa lumière, en son amour. Les limites tombent. Le Cœur s'expanse et rayonne. Le Feu du Cœur prend place en lui. Il représente l'Amour inconditionnel. Il porte l'énergie de l'être sans aucun vouloir. Il le maintient dans l'action véritable. La foi mène la voie sans failles ni doutes. L'illusion tombe et la conscience illumine les pas.

L'amour se révèle librement dans la simplicité. Il nourrit l'être de sa vibration. Il prend place en lui sans l'envahir, car son énergie est fluide. Il en appelle à la conscience du moment. La vérité apparaît alors en toute transparence. Rien n'est caché, tout est révélé par la justesse des mots dans l'équilibre parfait de l'énergie.

L'expérimentation de la vie humaine est alors accueillie dans le plus pur dessein. La reconnaissance intérieure ne résiste ni à ce qui vient, ni à ce qui est. L'illusion est découverte. Les personnages sont mis au jour. L'obscurité est dissoute par l'éclairage de la lumière. Le Feu du Cœur révèle l'ombre et la transmute. La transparence se fait sans retenue. Il n'y a plus de crainte à accueillir les expériences révélatrices. L'Intelligence Suprême devient le phare qui conduit les pas en toute fluidité. L'être humain verse dans l'être divin qu'il entrevoit en lui. Le chemin est encore long pour y parvenir, mais la foi est révélatrice et porteuse d'une avancée illimitée.

Il n'y a plus de performance à saisir, mais seulement un état d'être qui s'installe durablement peu à peu, dans l'amour de soi, dans l'amour de la vie et sa beauté.

La peur disparaît aussi. L'amour prend l'espace de l'être et noie toute forme de dualité. Le positionnement de soi est alors situé dans le moment qui est. Les choix sont faits dans l'amour, par l'amour et pour l'amour. Les résistances et l'ego s'éteignent. L'identification aux différents personnages a disparu. L'individu sait alors Qui Il Est. Il entrevoit le devenir sans crainte, car il sait qu'il est créateur de sa vie. Il participe à sa progression intérieure consciemment. Il a foi en l'univers comme il a foi en lui-même, car il est enfin relié à la totalité de l'univers. Il est le Un qui participe à la Vie et il l'accueille.

Chapitre 26

La 5e porte du Cœur est la révélation de la Présence de l'Esprit en soi. Il ouvre la conscience humaine sur la Conscience de la Vie, menant l'être humain sur le chemin de la découverte du Soi.

Les moments vécus sont actifs dans la Présence intérieure. Elle prend l'espace et s'installe en soi dans une continuité sans relâche. La pause est réelle. Elle demeure la seule vérité.

> *Dans la profondeur de soi, la richesse de la Vie ne s'offre qu'à celle ou celui qui ne recherche plus de support ni une quelconque culture spirituelle pour révéler la voie et s'élever, ou pour tout simplement être heureux.*

C'est alors que le vide intérieur se remplit de la Connaissance universelle. L'impressionnante vérité transmet son savoir, l'être étant à l'écoute de son Cœur. L'illusion n'a plus aucune accroche. Le voile de la séparation est levé. La lumière divine éclaire. L'Esprit rayonne et guérit en transmutant les zones d'ombre rencontrées.

L'absence de dualité en soi permet à la Vie de jaillir, abreuvant la vie humaine et ses expériences de son nectar divin. Car il y a encore et toujours des expériences à accueillir pour poursuivre la progression intérieure vers les plus hauts sommets. Ce qui est dans le moment est immédiatement accueilli et dépassé. Les compréhensions se font, sans un besoin de recherche, éclairées par la conscience du moment.

C'est un jeu divin actif qui ne qualifie rien. Les échanges énergétiques sont fluides et ne limitent aucunement l'individu. Il laisse au contraire le flux lumineux de la conscience divine se dérouler sans retenue, dans une parfaite avancée. Les choix se font dans l'action du Cœur et non avec le mental. Ils sont innés et purs. Ils sont authentiques et alignés avec l'Esprit qui est en soi.

En résulte un passage plus léger pour qui souhaite lâcher les conditionnements du mental. Un autre monde s'ouvre en soi, celui de la vérité issue de la conscience du Cœur. La plénitude s'installe pas à pas, lâcher-prise après lâcher-prise. Elle offre la certitude de l'avancée, libérant la foi et l'Amour. Le Cœur grand ouvert prend l'espace et la fluidité se libère dans l'énergie.

Le Divin et la Présence de l'Esprit sont identiques dans leur substance. Le Divin est le Tout, La Source du Tout si vous préférez. L'Esprit est son essence, descendant dans la matière pour réaliser les actions lumineuses. Vous êtes des réceptacles de la lumière divine et vous devenez, palier après palier, des êtres divins sur Terre. L'un de ces paliers est la révélation de la Présence de l'Esprit en soi. Cette étape est importante, car révélatrice de l'état de conscience élevé qui permet d'agir sans vouloir ni pouvoir. C'est la foi qui entre en action. Elle est nécessaire, car le cap suivant est la révélation du Divin en soi. Sans la Présence de l'Esprit révélé, il est impossible d'incarner le Divin sur Terre.

Quand on emploie le terme « l'esprit du Cœur », on fait référence à la réalité où le Cœur parle. Cette représentation devient réelle dans le Cœur de chaque individu qui répond à son appel.

Chapitre 27

La 6e porte du Cœur est l'ouverture à sa divinité qui élève toute présence rencontrée. Le décrochage du passé et de ses peurs a eu lieu. L'Amour inconditionnel prend place et demeure le meneur des pensées, des paroles et des actes. Il demeure actif et nourrissant, libérant les charges mentales, émotionnelles et guérissant les corps. La divine présence agit par le don de soi pour soulager les souffrances terrestres. Il guide chacun vers sa destinée et laisse libre. Il n'intercepte pas les volontés individuelles. Il sait que l'amour naît et se renforce par les expériences révélatrices.

La liberté est le sens inné du divin qui reprend le flambeau. Les orientations sont à chacun des passages révélateurs qui ne peuvent être évités. Ils mènent tous vers les sommets de l'élévation et ne se soumettent à aucune approbation. Toutefois, la dimension de la liberté apparaît en un sens différent qui définit la volonté humaine engagée dans une nasse totalitaire, évoluant sur les paliers restreints de l'avancement. Une nouvelle vision de ce qu'elle représente voit le jour dans la conscience humaine qui a nécessairement besoin d'aller au-delà de ce qu'elle pensait pour découvrir ce qu'est l'Amour inconditionnel qui laisse l'autre libre d'agir et de penser, libre d'expérimenter ses propres choix de vie. La conscience de lâcher l'autre et de ne pas vouloir influencer son chemin au nom d'un amour restreint et attachant prend place. Cette étape doit être explorée et acquise. L'espace de la liberté est la dénomination commune de l'Amour et du Divin dans l'espace du Cœur. Sans aucun lien, sans aucune retenue, ils rayonnent et donnent la vibration pure de La Source qui ne convainc pas et ne s'arrime aucunement à soi.

La conscience de son savoir ne laissant pas l'autre libre d'expérimenter la matière se fait évidente. Car elle barre le passage de l'expérience qui permettrait à l'individu de se comprendre pour s'ouvrir au changement et donc franchir les paliers de sa propre évolution intérieure. Ce sont ceux que nous côtoyons dans notre famille qui nous font comprendre et intégrer au mieux cette étape. Elle intervient à ce stade de l'évolution, car parfois l'amour conditionnel se cache encore derrière des arguments illusoires.

Laisser l'autre libre de faire et d'évoluer dans ses propres expériences et ses choix de vie personnels, représente un cap dans la progression humaine qui nécessite, sous couvert de l'amour, de lâcher son autorité pour laisser l'autre explorer tous les possibles dans la traversée humaine. L'intégration lumineuse, par les différents choix nécessaires à la compréhension du jeu de la vie, se fera quoiqu'il advienne sur les sentiers de l'expérience humaine. Personne ne peut avoir une emprise quelconque sur la voie de l'autre. Il est déjà assez prenant et déstabilisant de tracer sa propre route. Apprendre à être avec soi-même en lâchant l'emprise énergétique autour de soi, permet à chacun de vivre ses propres expériences en les accueillant sans s'en détourner par le faire extérieur. L'oubli de soi est à mettre en évidence afin de considérer les évasions vers des sujets moins prenants et moins dirigistes. Cette étape est nécessaire à ce stade de l'évolution. L'ego ne peut plus s'immiscer dans l'esprit humain. Seul le Cœur laisse libre la voie, sans emprise ni contrôle sur qui que ce soit, sur quoi que ce soit.

L'avancée se fait peu à peu, toujours en mettant en évidence la conscience de ce qui est juste, authentique et aligné sur la lumière dans un état naturel inné, celui du Cœur et sa raison. Pas à pas, l'orientation intérieure se fait transparente et de plus en plus pure. Cet état est en quelque sorte le début de l'Éveil dans l'instant présent.

Il n'y a alors plus de voile pour obscurcir la conscience humaine et plus d'objection en elle. Tout est clair, limpide, transparent et lumière divine.

Chapitre 28

La 7e porte du Cœur est l'entrée dans la dimension divine et sa maîtrise, pleinement et sans recul. Les précédents paliers ont été dépassés et les différents stades de conscience intégrés. La beauté de la Vie resplendit en soi, elle rayonne et apporte le repos intérieur.

La peur a disparu et le laisser être est déterminant dans toute action de vie. Il est au-delà du lâcher-prise défini par le mental qui nourrit l'individu de son savoir. Il a appris qu'il doit lâcher prise sur ce qui est pour pouvoir s'élever. Bien entendu, il s'agit d'une vérité. Mais une vérité humaine qui donne des aperçus sur la progression intérieure et permet de relativiser les expériences en s'ouvrant au pardon, en lâchant la rancœur et la colère. La conscience franchit alors les étapes libératrices dans les différentes expériences de vie pour arriver un jour au laisser être.

Savoir lâcher prise fait partie du chemin de la conscience humaine et permet l'accueil du laisser être dans la vie quotidienne. Le flux divin s'installe, libérant l'essence de Vie. Elle prend les commandes en soi dans les pensées, dans les actes, dans les paroles et dans tous les choix de vie. Le corps humain et la vie humaine se remplissent de la vibration divine. Elle s'expanse dans l'énergie de l'être qui rayonne et illumine les zones d'ombre rencontrées.

À ce stade, il n'y a plus de vouloir humain, plus de doute sur le chemin, les interactions se font par l'énergie, par la pensée, par le ressenti, par l'intuition, par la vibration et la connaissance du Tout. Le laisser être génère la fluidité et l'harmonie. Il révèle et donne la puissance du Cœur sans aucune volonté intérieure.

Le franchissement de ce cap intérieur est légitime à qui se découvre totalement dans la lumière de sa divinité. La transparence et la pureté sont la liberté. Liberté de se mouvoir dans l'ample vérité de La Source, sans limites et avec Amour. Il n'y a plus d'obstacle mental, l'Amour inconditionnel étant révélé par la réalisation intérieure établie dans toutes les parts de soi. Alors l'idéologie laisse la place à la Vérité. L'Être devient le meneur paisible de son chemin. Il réalise sa propre réalisation à l'extérieur de Lui, sans masques, sans costumes, sans vouloir, mais avec légitimité et Amour.

Le laisser être n'est pas un état d'inaction. Il est au contraire l'accueil de tout être et de toute chose par le Divin révélé en soi, sans aucune mentalisation.
Cet état ne peut se réaliser sans cette grandiose ouverture qui laisse le Divin libre d'agir sans aucune interférence humaine intérieure ni extérieure.

Les individus qui pensent être les meneurs du monde spirituel doivent revenir en leur centre pour trouver la légitimité du divin en eux. Cette nécessité est primordiale, car s'ils ne le reconnaissent pas dans la clarté de leur esprit, s'ils ne l'accueillent pas dans la pureté de leur Cœur, ils ne le vivront pas dans leur vie. La 7e porte du Cœur demeurera close.

Les êtres qui pensent connaître la Vérité, doivent découvrir et vivre, le laisser être afin d'accueillir les étapes de la progression dans la fluidité et la transparence. Combien d'individus évitent le face-à-face avec leurs propres zones d'ombre et se laissent illusionner par le mental. Ils demeurent aveugles et sourds à la légitimité du divin en eux. Ils restent coupés de Lui et n'ont pas la capacité d'ouvrir la 7e porte du Cœur. L'évidence de Qui Ils Sont en réalité ne peut voir le jour pour prendre la main. Le chemin devient creux et sombre. La stagnation fait office de résistance à l'âme qui n'a pas la capacité de se réaliser.

Chapitre 29

Dans l'humanité où la rivalité fait office de meneur, il est temps de se poser et laisser rayonner notre substance divine dans la matière pour apaiser les guerres intérieures qui se répercutent sur Terre. Savoir savourer la plénitude du Cœur permet à la beauté de la Vie de s'expanser en soi. Systématiquement, elle rejaillit à l'extérieur et répand son onde cristalline. Sans même le vouloir, vous devenez le Divin qui transforme et transmute en lumière, qui accomplit le miracle de la Vie au sein de l'humanité, sans aucune intention et sans aucun vouloir.

Ce ne sont pas les recherches mentales qui font découvrir la pureté du Cœur, mais la pause dans sa propre lumière intérieure. Les enseignements ont longtemps montré la voie de l'apprentissage par le savoir intellectuel et la détermination. Or, sans laisser être, il est impossible de découvrir le Divin dans son Cœur.

La légitimité de l'état divin en soi ne s'apprend pas. Elle se vit à chaque instant.

Qui êtes-vous ?
Qui pensez-vous être ?
Le Divin ?

Oui avec certitude, mais il ne s'est pas exprimé en vous et pour l'instant, vous n'avez pas la capacité de le comprendre et de le vivre. Savoir que le Divin est en soi est une première approche sur la vérité.

Puis, intégrer le laisser être afin qu'il se révèle et fusionne avec soi, permet à l'état divin de s'installer. Les limites tombent. La conscience prend les commandes de la vie et des expériences qui se présentent. Seul l'état du vide est reconnu. Reconnu en état et non en forme. Il est la seule volonté du Divin qui ne définit rien et renonce à ce qui est. La fluidité est active. Elle entre dans la composition de l'énergie sans retenue. Avec elle, l'avancée se fait toujours plus élevée. Sans limite, le monde de l'homme devient une accession à la Vie universelle.

La Source guide les pas et donne l'impulsion de la vérité. La foi active définit la création. Elle est le meneur et le laisser être à la fois. Mais la création entre dans le domaine de l'Esprit qui réalise parfaitement l'avancée sans qu'elle soit une volonté personnelle. Tout se fait dans le moment du temps terrestre qui est le moment présent sans rythme ni limites. La symbiose alchimique se réalise alors, le temps et le Divin opérant ensemble dans un seul essor, dans une même unité. Pour être simple et compréhensible, il s'agit d'un accord vibratoire qui a lieu, reflétant la parfaite volonté du Divin dans le moment qui est. Les deux s'unissent en un seul pôle symbolisant la Vie universelle et toute sa richesse d'action.

La Vie est la clarté de la vibration.

Mais comment la vibration peut-elle être claire ?
Quand l'espace s'amenuise, quand le vide et le sans forme prennent place, quand la conscience humaine ne se définit plus par des croyances et des programmes limitants, la clarté en toute chose se fait. C'est-à-dire que vous percevez la lumière en tout ce qui est, en tout être et en toute chose. Quand la Conscience de la Vie est en vous, l'ombre n'apparaît pas, car la vision n'est plus obscurcie par vos zones d'ombre. Elles ont été libérées lors de votre parcours intérieur et vous ne voyez plus à l'extérieur, ce qui n'est pas à l'intérieur de vous.
Quand vous basculez dans la Conscience de la Vie, c'est-à-dire dans le moment présent, votre conscience humaine n'est plus. Il n'y a plus d'identification au mental. Vous

demeurez dans le moment d'éternité où tout est transparent, car vous avez retrouvé en vous cet espace originel de la Source. Vous êtes alors la Vie en totalité et votre reflet se répercute autour de vous.

Les individus qui jugent, qui humilient et qui essaient de donner des leçons aux autres, sont des êtres qui fonctionnent avec leur ego. Ils ne sont pas dans l'ouverture du Cœur et leur connexion avec l'obscurité agit en eux avec force. C'est pourquoi, ayez de l'indulgence pour ceux qui vous agressent. Ils ne savent pas encore Qui Ils Sont. Ils se débattent avec leurs mémoires et leurs programmes sombres qui n'ont pas encore été transmutés. Ils sont pris à leur propre filet et résistent à la lumière ainsi qu'à la compréhension de la progression intérieure. Ils ne peuvent voir ni entendre la vérité. Ils pensent que la meilleure façon d'exister est l'attaque, sans comprendre qu'ils attireront le même ordre vibratoire et seront soumis à l'attaque eux aussi. C'est pourquoi certaines personnes demeurent toujours sur le même axe vibratoire et le même cloisonnement, sans percevoir la lumière dans leur vie. Elles sont soumises à ce qu'elles pensent, disent et font. Elles n'ont pas acquis la compréhension sur le sens global de la vie et l'intérêt à se transformer pour vivre libres et dans la joie. L'impact intérieur les formate et les tient jusqu'au jour où elles entreprendront un redressement vibratoire, une modification de leurs pensées, de leurs intentions, de leurs paroles et de leurs actes pour renaître peu à peu à Qui Elles Sont en réalité.

L'ouverture des portes du Cœur se fait naturellement dans l'espace de la clarté et de la transparence, sans aucun vouloir. Elle est déterminée par l'état de conscience du moment et libère le flux de l'amour qui y est associé.

L'amour humain qui se transforme en Amour inconditionnel, celui qui comprend, apaise et pardonne. Peu à peu, au fur et à mesure de l'ouverture des portes, il rayonne et prend place dans la conscience humaine. Un axe de plénitude se met en place. Il est déterminé par l'expansion pure et simple de la vibration de l'Amour. L'accueil et au-delà le laisser être permettent à la fusion intérieure de se faire et rendent, sans mesure, l'expansion de la fréquence vibratoire possible. La fonction du Cœur nourrit l'idéologie de l'Amour sans même s'y référer. Cet état d'être prend la mesure sur la conscience humaine et se définit parfaitement dans l'énergie du corps qui devient de plus en plus lumineux. L'individu s'ouvre à sa divinité. Il sait qu'il est le Divin, il le porte et donne sa vibration en rayonnant pleinement et sans aucun vouloir ni pouvoir.

L'individu se forge parfois par le savoir intellectuel. Ainsi, il ne découvre pas sa capacité à développer sa conscience dans le seul état d'être et dans la pause intérieure. Il accumule la connaissance, pensant qu'elle lui donnera la capacité de se réaliser. Ce qui nourrit le mental et le place dans une position de développement du savoir qui, en réalité, demeure superflu.

Ce qui est nécessaire à l'élévation n'est pas la connaissance, mais la reconnaissance de sa divinité, en toute humilité et avec rectitude. Cela se définit par la puissance lumineuse du Cœur et son ouverture de paix et d'amour sur le monde et l'humanité. Aucun savoir ne peut ouvrir les portes du Cœur. La clé demeure dans l'intégration de la compréhension de l'expérience, toujours dans le regard intérieur, pour permettre à la Présence intérieure de se révéler et libérer l'Amour inconditionnel. Les livres et leurs contenus donnent des orientations et ouvrent l'esprit. C'est en ouvrant son cœur à l'expérience et en la vivant pleinement que l'individu parfait son évolution. La volonté intérieure devient alors naturelle et se fond à l'esprit humain. Car la nature de l'Esprit est en soi et se révèle sans aucun besoin d'intellectualisation. Le laisser être permet à la nature de la divinité qui sommeille dans le Cœur de chacun de s'exprimer.

Permettez-vous d'être Qui Vous Êtes, en vous abandonnant à ce qui est et donc, à l'énergie de l'univers. Le mental est bien un obstacle à l'ouverture du flux de la Vie universelle en soi. Il enferme l'individu dans son énergie alors que le Cœur ouvre et libère l'Amour de l'intérieur qui rayonne à l'extérieur. Dans ce processus, il n'y a pas de recherche. La laisser être qui est positionné en soi, permet au Cœur de s'ouvrir sans aucun voile ni obstacle pour le retenir. La conscience est présente grâce à l'accueil du moment. Elle libère le flux divin.

La stratégie du mental repose sur la domination des pensées par la perfidie de la correspondance intérieure déterminée par le vécu de l'individu. Il a alors l'avantage et détourne à son profit toute situation, faisant de l'être son prisonnier. Tant et si bien qu'il est alors difficile d'en sortir, son énergie débordante ayant développé des liens illusoires, mais tenaces.

Pour ne pas entrer dans ce système de croyances, car il s'agit bien de croyances imaginaires créées par le mental, vous avez la possibilité de vous relier à votre centre Cœur en toute circonstance. De vivre le moment présent en conscience et d'entrer dans l'énergie de la paix intérieure qui demeure en vous. Pour cela, il est nécessaire de vous connecter à l'espace du Cœur et laisser rayonner son énergie dans votre corps et votre aura. Laisser se répandre le flux divin par la pensée. Prendre aussi conscience que son énergie est bienfaisante, paisible et lumineuse. La visualisation et le ressenti aident à rester dans cette vibration. Il est porteur de revenir à tout moment dans l'espace du Cœur par l'intention. Vous serez enfin libres d'ouvrir votre Cœur à vous-mêmes et à la vie humaine.

La volonté permet d'installer ce basculement intérieur. C'est pourquoi, être dans le calme et la pause intérieure, sans aucune recherche, est déterminant pour que la conscience humaine s'ouvre à la vérité. L'intérêt du laisser être prend toute son importance dans cette définition de l'intériorité. Elle est la clé qui donne l'avantage à l'énergie du Cœur de s'installer dans l'énergie de l'être humain. Mais vous êtes pressés de vous élever et suivez expressément vos pensées dans une ferme détermination. Alors qu'il suffirait de vous connecter à l'énergie du Cœur qui ne demande rien et laisse l'univers agir à travers les expériences qui sont les meilleures pour votre évolution.

Chapitre 30

L'ouverture de la 1re porte est le stade de conscience qui correspond à la forme humaine et ses pensées sous la domination du mental. L'intérêt de l'homme est d'avancer vers une idéalisation faussée de la vie qui privilégie l'intérêt individuel et non la propension à s'ouvrir à l'autre dans l'esprit divin et l'Amour inconditionnel. La rigidité de l'esprit est entretenue par la soumission au mental qui planifie toute chose déterminée par l'égocentrisme et le pouvoir. Il n'y a aucun accueil ni aucun laisser être dans ce positionnement mental et individuel, mais une autorité qui régit le fonctionnement humain, toujours axée sur l'individualisme et la rigidité d'action.

Sans aucune recherche extérieure, sans l'écoute de la multitude des pensées, la 2e porte du Cœur s'ouvre d'elle-même. Son ouverture correspond à l'état de conscience qui accueille les zones d'ombre en soi et l'acceptation de sa responsabilité pour rectifier et lever les voiles sur le fonctionnement du mental. Cette prise de conscience est importante, car elle détermine la suite de la progression intérieure nécessaire au cheminement spirituel, sans support et simplement dans la compréhension de l'emprise du mental qui ôte à chacun sa propre liberté de fonctionnement. L'état de conscience du moment agit et libère par le simple accueil de la prise de conscience individuelle. La mise en place de cette compréhension permet aux rouages du mental de céder. Il n'y a alors plus de contrôle sur la pensée humaine.

Dans l'intérêt collectif, la conscience se répand. Même si certaines résistances demeurent, le premier pas vers sa divinité intérieure est franchi. Chaque porte s'ouvre sur le changement qui a nécessairement besoin d'être intégré par la traversée de nouvelles expériences. Le retour en arrière est possible et vous ne devez pas culpabiliser. Car la nature humaine est encore soumise au mental qui souhaite garder l'avantage et le pouvoir. Il résiste à donner l'énergie du doute et de la peur, et nécessairement il s'emploie à orienter les pensées vers le passé souffrant ou l'avenir. L'individu a alors besoin d'accueillir cette stratégie pour ne pas se laisser happer et retourner devant la 2e porte.

Le discernement et la volonté de se connecter à l'énergie du Cœur sont déterminants. Ils actent le basculement peu à peu. Le chemin est encore long, mais il passe par cette étape de l'évolution intérieure. Sans connexion consciente à l'énergie du Cœur, le mental retient et enferme. L'individu n'est donc pas libre dans ses pensées, ni dans ses paroles et ses actes. Il pose son emprise sur l'énergie de l'individu qui n'a pas conscience de son manque de liberté intérieure. De la même façon, il attire les expériences qui sont en lien avec l'énergie du pouvoir du mental jusqu'à ce que la compréhension se fasse pour passer à la prochaine étape de son avancée.

Les étapes franchies sont des ouvertures sur la Conscience de la Vie et l'expérience les détermine. Il n'y a pas d'avancées sans expériences où se confronte la dualité. Vous n'avez pas la possibilité d'évoluer sans cette connaissance et cette intégration qui se découvrent dans l'expérimentation de la vie humaine. Toute détermination dans ce domaine est une opportunité pour se relever. Car le chemin est long et parfois difficile. Mais chacun a dans son Cœur le courage nécessaire et il vous est donné de vivre ce que vous avez la capacité d'accueillir pour une transformation intérieure profonde.

Prenez, comme exemple, la situation de la femme sur Terre. Elle vit actuellement au fond d'elle une grande transformation intérieure. L'âme a anticipé son incarnation en déterminant les phases de progression par des expériences souvent douloureuses afin qu'elle se relève et puisse bénéficier de sa légitimité. Elle n'a pas connaissance de son parcours en ce sens, mais il se fait dans la profondeur de la vie humaine. Sans modelage de la forme dans l'expérience, elle n'a pas la possibilité de lâcher ses retenues et ses souffrances. Ses étapes de vie sont pour elles déterminantes en ce sens. Vous comprendrez le sens premier de l'incarnation qui est relatif à l'accueil des polarités pour définir la transformation intérieure, lâcher l'incompréhension vécue afin que la faille s'ouvre et laisse l'impermanence de la lumière inonder la conscience humaine. C'est ainsi que vivent tous les êtres humains, dans une relative cohérence de l'expérience qui n'est pas toujours comprise, mais qui ouvre en grand la conscience individuelle sur la Vie universelle et La Source.

Les polarités sont synonymes d'opposés et leur équilibre est nécessaire à toute progression.

Vous en déduirez que si l'intérêt n'est pas porté sur cette compréhension, l'errance se fait par un vécu de plus en plus souffrant. Il est donc nécessaire d'accueillir les expériences dans leur forme la plus juste. C'est-à-dire avec une vision différente qui ouvre le chemin sur des aperçus lumineux, même s'ils ne sont pas visibles au départ.

Le lâcher-prise est déterminant dans l'avancée humaine et il est important d'accueillir toute expérience par le Cœur afin qu'aucune résistance n'entrave l'ouverture de la lumière en soi pour un passage déterminant dans une autre étape de vie, tout autant nécessaire à l'implantation de nouvelles fréquences vibratoires et donc à une nouvelle conscience. L'intérêt est en chacun. Intérêt grandissant d'être dans l'accueil et non dans le contrôle des situations qui génère des résistances sur le parcours de l'évolution intérieure.

Apprenez à marcher dans l'illusion et vous vous en relèverez plus rapidement. L'obscurité est un passage de l'expérience qui, s'il est conscientisé comme tel, vous permettra de dépasser la condition actuelle. Sans limites, vous avez la capacité de transformer votre parcours duel et vous positionner sur d'autres fréquences plus lumineuses. Cependant, dans la résistance, vous nourrissez la vibration et la retenez alors qu'elle a besoin d'être accueillie et traversée pour générer la compréhension de vos fonctionnements. La Vie ne se mesure pas à la vibration, mais à l'accueil de ce qui est afin que la fluidité se fasse et libère l'ancrage des mémoires qui vous alourdissent. Vous n'avez plus besoin de les connaître pour les libérer. Le simple regard intérieur et la foi laissent la lumière du Cœur les transmuter. Votre capacité à lâcher prise est la clé de toute résistance engendrée par l'ego. Elle ouvre la porte à la transformation du corps, des blocages énergétiques, mais aussi à la mise en lumière des zones d'ombre qui remontent en soi. La responsabilité de ce que chacun vit est une opportunité pour se délester des bagages anciens. Ce n'est pas une accusation, mais seulement une vérité qui ne peut être reniée. Sans elle, vous restez positionnés dans la dépendance émotionnelle, reliés à l'ego qui accentue les blessures intérieures et qui vous détourne de la voie de l'accueil et de la transmutation intérieure.

Libres, vous serez quand vous prendrez votre responsabilité dans toutes les traversées blessantes, mais ô combien libératrices du passé souffrant.
Soyez certains de vivre les meilleures situations et les plus justes traversées dans la dualité, celles que vous attirez à vous dans la plus simple vérité. Le hasard n'existe pas. L'énergie entre en action à chaque instant de votre vie.
Vous attirez le même ordre vibratoire et vous sous-estimez son attraction, car vous préférez conserver ce que vous connaissez plutôt qu'entrer dans l'inconnu, car la peur est présente.

Cependant, l'intérêt grandissant du basculement actuel ne peut pas être évité. Le dépassement de soi doit se faire et la fluidité s'installer. Tant que demeure la résistance intérieure à accueillir vos blessures, tant que vous ne prenez pas la responsabilité de ce que vous portez, l'illusion ne se défait pas de votre énergie et vous la portez sans fin. Car l'univers ne répond pas à ce que vous souhaitez. Il entre en action par la mise en mouvement de l'énergie qui, elle seule, vous fait comprendre qui vous êtes.

C'est alors que s'entrouvre la 3e porte du Cœur, nourrissant la conscience d'aperçus divins et leurs capacités à plonger dans le monde multidimensionnel. L'individu perçoit l'intensité de ses découvertes dans cet inconnu pourtant si présent en lui. Il ne peut se substituer à un ordre de grandeur, car il est la Vie en totalité. C'est pourquoi l'illusion prend forme dans ses découvertes, car dans ce domaine également, l'expérience est à traverser. L'expérience de l'obscurité, mais aussi celle de l'ego. Car il est une connaissance à découvrir et à intégrer, celle qu'il existe de nombreuses illusions dans le monde spirituel.

C'est pourquoi la spiritualité n'a pas forcément d'assises lumineuses. Elle est parfois définie par l'esprit humain, par ses croyances, par ses errances et son ego. Il n'en demeure pas moins que cette traversée permet de comprendre que l'illusion est aussi dans ce domaine. Il n'est de pensées pures que lorsque le Cœur est pur. À ce stade de la conscience, le but n'est pas encore atteint et chacun fait des découvertes obscures qui vont l'enseigner et le conduire jusqu'à la lumière. Les opposés sont aussi une traversée qui rejoint le formatage illusoire de l'esprit humain, la connaissance humaine étant parfois admise en soi dans un état de supériorité. L'individualisme se gargarise de ses découvertes sans ouvrir son Cœur à la Vie. Puis dans ses choix, il rectifie ses détours qui sont en réalité des opportunités de compréhension dans cet univers large, profond et infini.

L'entendement ne se fait pas tant que la conscience n'évolue pas vers des ouvertures souples et lumineuses. Chacun est pris par ses démons intérieurs, c'est-à-dire ses blessures, ses mémoires, ses peurs et aussi ses connexions extérieures. Il demeure en lui une multitude d'axes sombres et souffrants et il est important d'œuvrer en soi pour lever les voiles qui maintiennent dans l'illusion. Cet enfermement a été voulu par l'âme qui elle-même est passée derrière le voile de l'oubli. Pourtant, étape après étape, la reconnaissance de la lumière en soi se perçoit et se révèle dans l'espace du Cœur. Elle libère les liens de l'enfermement si la volonté humaine accueille ouvertement le changement et se transforme. Le monde se révèle alors dans une vision globale de la Vie multidimensionnelle qui se définit en soi et non à l'extérieur de soi.

Le monde mystique est alors révélé et les orientations s'en trouvent changées. Le moyen de se maintenir dans la lumière est de conscientiser que la pause intérieure permet de découvrir la vérité par l'intuition, par le laisser être et l'accueil de ce que chacun est apte à voir, entendre et transmettre, sans ne rien forcer et dans la compréhension de l'amour en soi.

L'amour permet de grandes enjambées dans la pause réelle de l'esprit humain. Sans recherche, les pièces du puzzle s'assemblent et la connexion se révèle en soi. Le monde multidimensionnel prend forme, la spiritualité devient un espace de liberté et non de vouloir ni de pouvoir. Aucune attache ne se crée, aucune rigidité d'esprit n'intervient. L'individu sait que la fluidité et l'état d'être sont des clés exponentielles qui apportent la paix intérieure. Et si la paix demeure, l'équilibre est aussi présent. L'expérience de la Vie se fait alors en soi, découverte après découverte, sans aucun but et sans aucune attache. C'est un vaste monde infini qui révèle La Présence dans un autre état de conscience. Elle se ressent parfois, mais il reste encore à parfaire l'équilibre énergétique, émotionnel et mental qui se réalisera pas à pas et toujours dans le Cœur, sans aucun vouloir ni pouvoir.

Il est facile pour chacun de verser dans l'ego spirituel quand les capacités multidimensionnelles se mettent en place. Il est facile de croire en l'illusion et penser être exceptionnel. Mais sachez que chaque être possède les mêmes capacités. Elles ne se sont pas forcément révélées, car le moment n'est pas encore venu. La révélation des capacités fait partie de la progression intérieure. Certains paraîtront en avance, d'autres en retard. À ce stade, ce n'est qu'un balancement qui peut paraître non ordonné, mais il est généré par la traversée de l'être humain dans ses innombrables incarnations. Il fait l'expérience de leur totalité pour comprendre ce qu'elles représentent, le voile de l'oubli les retenant parfois, car d'autres découvertes sont à mettre en avant. Les vieilles âmes ont de la facilité à les redécouvrir, car leurs multiples expériences les ont ancrées en elles. Tout est juste dans la traversée de vos différentes vies. Tout est ressemblance. Chaque pas, chaque rencontre, chaque situation de vie sont faits pour retrouver la lumière, l'amour, l'expérience non acquise et la résolution karmique. Chaque individu est en marche vers le meilleur de lui-même et tant qu'il n'accueille pas qui il est, il lutte et résiste à la révélation de la lumière dans son Cœur.

Plus vous ralentirez le pas, plus vous laisserez émerger les capacités qui sommeillent en vous.

La course à l'intérêt grandissant pour les retrouver ne vous aidera pas à être dans la vérité. Car alors le mental se mêlera à vos recherches. Il vous orientera dans l'illusion si vous n'êtes pas posés dans l'énergie du Cœur. La mentalisation est source de volonté intérieure qui illusionne souvent l'individu. C'est une guidance faussée et une anticipation à se révéler plus tôt qui se mettent en place. L'imaginaire entre en action s'il n'y a pas de pause intérieure pour accueillir. Le mental, quant à lui, pousse quiconque le suit. Il a, là encore, le pouvoir sur votre voie d'évolution.

Prenez le temps de vous découvrir et n'anticipez pas la découverte. Le meilleur moyen de progresser est de vous poser dans votre Cœur pour savourer le moment. Là, vous laissez venir ce qui est juste et vous n'entrez pas dans la recherche extérieure. En sachant que vous possédez déjà tout, pourquoi vous évader ailleurs, pourquoi vous égarer sur des chemins illusoires qui nourrissent l'énergie du mental. L'être humain est pressé. Le plus souvent, il ne sait pas se poser dans le moment qui est. Il a besoin de bruit, de mouvement dans sa vie, car dans le cas contraire, il pense stagner et perdre du temps. Alors qu'il n'en est rien, l'intérêt majeur actuel est de retourner en soi pour découvrir la richesse du Cœur qui se révèle peu à peu quand vous êtes prêts à la recevoir. Il n'y a pas de secret ni aucun miracle dans la réalisation intérieure. Seulement un point d'ancrage qui nourrit de lumière, de bien-être et d'amour, ceux qui entrent dans la pause intérieure pour laisser la Vie s'accomplir. Le laisser être devient alors un état permanent dans la progression et la Vie sert l'avancée par son Amour et sa Lumière.

C'est alors que naît la voie intérieure dans la simplicité et la reconnaissance de ce que chacun est. La fluidité entre en mouvement dans une parfaite corrélation intérieure. Plus de domination, plus d'intérêt individuel, mais une pause dans le moment qui se pourvoit de bien-être et d'amour. Plus de course au temps, car tout est ici dans le moment d'éternité. Tout se découvre alors dans la perfection de cet espace multidimensionnel qui contient ce que beaucoup recherchent à l'extérieur. Le savoir, la connaissance intellectuelle, la raison mentale et sa domination sont des axes qui égarent sur la voie de la découverte du Soi. L'intérêt principal, dans ce basculement du mental dans le Cœur, est de mettre de côté toutes les orientations extérieures qui donnent du crédit aux pensées et poussent chacun dans le dédale imaginaire et illusoire de la vie connectée à la matrice humaine.

Le silence permet d'écouter son Cœur. Sans aucune parole et par un ressenti profond qui se perçoit dans la connexion intérieure. L'illusion n'a plus aucune accroche quand l'énergie du Cœur rayonne en soi. Elle demeure toujours, mais à l'extérieur, sans aucune emprise. C'est pourquoi il est important de ne pas entrer dans des conversations mentales avec vos personnages illusoires. Se poser dans le silence intérieur ouvre à plus grand que soi et nourrit le corps et l'esprit humain en profondeur. Le changement intervient alors, sans que vous ayez besoin de le planifier ou de le comprendre. La fluidité et la pause permettent à la Vie éternelle de répandre ses semences lumineuses. L'intelligence divine entre en action et définit la transformation intérieure grâce à la foi en l'Esprit qui accomplit toute chose quand le moment est venu.

L'intégration de la pause permet une progression intérieure certaine. Car c'est dans le silence que se façonne l'avancée. Si vous ne planifiez pas des pauses dans le silence intérieur, si votre souhait est d'être dans le mouvement incessant de la vie humaine, vous ne pouvez trouver en vous la puissance éternelle définie par l'énergie du Cœur. Vous ne pouvez entendre le silence qui vous remplit de joie. Vous n'avez pas la possibilité d'entrer dans le monde universel et ses ouvertures. Les connexions avec la matrice humaine prennent l'avantage si vous êtes dans vos pensées. Il y a là une dichotomie qui régule la marche de l'avancée et vous freine sûrement. Vous souhaitez vous élever et courrez dans le monde extérieur. Vous pensez être dans la vérité, mais elle est votre ressemblance, car la matrice humaine a un impact certain sur votre vouloir. Une fois pris dans ses filets, vous ne pouvez avoir une vision claire des situations. Le regard intérieur ne se fait pas, car vous êtes aveuglés par l'élan donné à l'extérieur de vous.

> *Dans ce cas, ce n'est pas le mouvement et vos recherches qui définissent l'avancée, mais l'ego. Ce n'est pas la beauté qui vous remplit, mais le superflu. Enfin, ce n'est pas l'ordre divin qui vient à vous, mais la fausse lumière qui vous aveugle.*

Prendre part à l'avancée ne solutionne pas les problèmes terrestres si le regard intérieur est absent. Les étapes se franchissent dans le mouvement intérieur de la pause, dans le battement de l'énergie du Cœur qui rythme le flux de l'énergie divine. Cette définition peut vous surprendre, mais il y a toujours un mouvement dans l'énergie et celui de la Vie multidimensionnelle rythme le silence, abreuve de sa fréquence lumineuse et entretient la Vie dans votre vie. Sans mouvement, vous n'avez pas la capacité de vivre et de vous élever. Il y a celui de la vie extérieure, très prenant. Et celui de l'intériorité, libérant et ouvrant la voie sur la multidimensionnalité. Ces deux mouvements contraires sont deux axes définissant d'une part l'emprise du mental et de l'autre, la pause dans le Cœur. Ils sont totalement opposés et pourtant complémentaires. Car c'est par l'expérience duelle que chacun retourne en soi pour se poser et renaître dans la lumière. C'est pour cette raison que les faux pas n'existent pas. Ils sont en réalité la traversée des expériences dans la matière avec ses déviances, pour qu'un jour l'individu retourne dans la pause intérieure afin de découvrir la sagesse qui l'habite. Cette découverte le tend à rester dans la raison du Cœur pour ne pas reproduire le passé. Il sait désormais que le chemin n'est pas dans la recherche, mais dans le silence qui est une voie sans fin vers la réalisation de son âme. Avec amour, il accueille la vie et ses expériences. Il poursuit son chemin dans le passage lumineux qui le conduit dans l'immensité des valeurs multidimensionnelles. Là, il découvre ses potentialités dans un état de transparence et d'abandon. La foi le dirige dans la pause silencieuse qui ne souligne rien. Il découvre le laisser être et accueille dans l'amour tout être et toute chose. La 5e porte est ouverte.

L'Esprit se révèle et prend place dans l'énergie de l'être humain quand ce palier est franchi. Sa présence lumineuse donne sans compter. Il abreuve l'âme de lumière et la nourrit. Il définit toute chose hors du temps et il s'ouvre au moment de paix qui est. La pause n'est plus un besoin, mais un état constant. Il relève de la haute autorité de La Source qui se révèle enfin dans l'énergie de l'être humain. Les étapes précédentes ont été des correspondances reflétant ce que chacun était, avec ses blessures et ses failles. Elles ont permis que s'ouvre la porte de la lumière divine. Elle reflète sa portée grâce à l'Esprit révélé. Cette étape est importante et montre l'intérêt de ne plus se tourner vers le passé. Elle définit ce que chacun est à l'intérieur et elle délivre de tout lien avec la matrice humaine. Quand le chemin est reconnu, quand ce stade de la progression intérieure prend place, la délivrance se fait, car la reconnaissance avec ce que chacun est, c'est-à-dire l'Être divin, ne fait plus de doute. La transmission divine est présente et reflète l'état de conscience libre et serein, confiant et illimité.

C'est alors que la Présence devient Une avec soi. Dans l'immensité de la création, Elle Est. Elle demeure également dans chaque Cœur. Elle est aussi en tout ce qui est, ici et ailleurs. Elle abreuve de sa fréquence les Cœurs meurtris. Elle délivre de l'emprise du passé. Elle apaise par son ressourcement de lumière divine. Avec elle, la liberté de l'individu prend naissance à partir du centre Cœur jusque dans sa conscience. Les limites tombent. Les aperçus sont évidents de transparence, la sollicitation du mental étant vide d'action.

La présence de l'Esprit est la divinité qui prend place dans le Cœur de l'être humain quand les voiles de la séparation ont été levés. La conscience se définit par cette présence lumineuse. Elle devient la meneuse de tout acte, de toute pensée et de toute action, sans aucune limite, sans vouloir ni pouvoir. La liberté de l'être humain accueille sa correspondance extérieure, car il sait que le Divin est en chacun et en toute chose. L'énergie est libre d'agir, car cette reconnaissance est faite. Plus aucun frein mental ni émotionnel ne freine son expansion. Il prend sa juste place dans le corps et l'énergie de l'individu.

L'action est libre et sans doute aucun. Libre de parcourir les sentiers humains pour les libérer des failles de la dualité. L'univers apporte en ce sens les opportunités de réaliser l'allègement sur Terre. S'attirent alors les rencontres afin que se vivent les situations nécessaires à leur transformation.

Sans vouloir humain, l'esprit agit et transforme la matière. Il est le lien avec la Source du Tout et il aide à l'implantation des semences de lumière au sein de l'incarnation. Car l'Intelligence divine est en Lui. Elle sait tout et transforme en conséquence. L'humain est le relais de son énergie sur Terre. Il la porte et elle touche chacun sans aucun vouloir ni aucune intention.

L'accueil du divin en soi, lorsqu'il est intégré et constant, actionne l'ouverture de la 6e porte. Se déverse alors le flux divin continu dans sa légère et vibrante essence. Elle est définie par l'Amour inconditionnel qui devient le phare de la transcendance intérieure. Avec lui, se défont les derniers rouages intérieurs encore présents. L'individu entre dans le domaine de la relation fusionnelle avec le Divin. L'étape précédente a permis son ouverture. Celle-ci définit leur fusion.

Quand la divinité est révélée en soi, l'Amour inconditionnel est présent. L'être humain se nourrit de son essence pure et éternelle. Il devient le porteur de l'idéologie divine et de sa pureté. Cet inversement des pôles de la dualité change totalement la vision de la vie. Il y a un accueil de tout être et de toute chose dans la lumière qui est en tout. L'adombrement de l'Amour permet que s'effacent les traces de la souffrance humaine par son rayonnement. Au-delà de l'Esprit qui est aussi tout amour, la fusion intérieure développe son déploiement et agit avec plus de puissance sur l'ensemble de la Terre par répercussion.

Le monde a besoin de cette ouverture vibratoire et connaît actuellement des jours sombres. Cette assise de lumière est une action complémentaire dans l'éveil de la conscience humaine et le positionnement des êtres éveillés dans ce passage. Il revient à chacun de ne pas se limiter dans la compréhension de ses zones d'ombre. Il est temps d'agir et de lâcher l'ego pour prendre sa responsabilité. La dualité a agi fermement au sein de l'humanité. Les désirs inférieurs se sont développés. Le pouvoir de l'argent a pris le sens de la raison humaine et s'est affirmé au détriment de celle du Cœur. L'obscurité et ses connexions ont placé des barrières dans cette ouverture.

> *Vous avez tous le choix de déstructurer l'ombre par l'état de conscience lumineux que vous étendrez là où vous vous trouverez. Le moment présent sera déterminant dans ces actions simples et respectueuses.*

La lumière divine et l'Amour divin sont les clés de la Vie. En leur donnant la main, en les laissant agir à la place du mental, les liens obscurs, les zones d'ombre et les blessures seront transmutés par la remise en alignement de l'énergie distordue. La simplicité fait office de vérité et d'action pures. Sans jugement aucun, il est possible de rectifier ce qui a été souillé afin de positionner l'assise de lumière et d'amour par la puissance divine en action.

Laissez vos luttes égotiques derrière vous. Dépassez-les consciemment et exprimez le Divin, car vous l'êtes au-delà de vos doutes et de vos peurs. Choyez votre Cœur et nourrissez-vous de l'Amour qu'il contient. Devenez respectueux et bienveillants. Cessez vos batailles humaines dirigées par le mental, vos jugements et toutes sortes de bassesses qui résultent de vos blessures. Sortez de vos personnages victimes et accusateurs. Ouvrez-vous enfin à la Vie qui sommeille en vous, derrière votre rigidité de pensée et votre individualité génératrice d'obscurité. Déposez vos masques et vos costumes, ils ne sont plus utiles actuellement, car tout se dévoile. Vous ne pouvez plus vous cacher désormais. Accueillez votre légitimité et prenez votre place dans votre vie. Agissez enfin ! Ne recherchez plus d'échappatoire et regardez-vous dans le miroir de la vérité. Vous ne pouvez poursuivre en vous mentant et en mentant aux autres. La lumière découvre tout et éclaire les zones d'ombre. Les anciens conditionnements ne peuvent plus fonctionner. Il y a eu le cycle de l'enfermement. Aujourd'hui, celui de la mise en lumière et de la transparence est en action. Priez plutôt que pleurer. Riez et ouvrez-vous au renouveau qui fleurit sur Terre. La destruction ira jusqu'au bout afin que renaissent la paix, la joie, l'amour et la lumière. Ne restez plus tournés vers le passé et allez dans l'avancée qui est présente, dans votre Cœur et dans le moment d'éternité. Enfin, vivez la vie dans le laisser être, sans inquiétude, mais en vous en remettant à la Vie et à l'Amour inconditionnel.

L'existence humaine vaincra l'adversité par un seul regard, par une seule parole, par un seul acte d'amour. C'est ainsi que le Nouveau Monde naîtra, par le seul état de l'Amour inconditionnel et la fusion intérieure avec le Divin. Il s'agit de l'ouverture de la 7ᵉ porte.

La foi est associée au Divin. Elle accomplit dans la forme quand vous le reconnaissez en vous, quand vous l'accueillez et le devenez pleinement. Il entre alors en action et prend la mesure du laisser être. Il accomplit dans la matière. La fusion intérieure et la reconnaissance de l'Être divin que vous êtes deviennent présentes et révèlent l'essence de Vie.

Le Divin prend place en vous dans la mesure de votre progression intérieure. Il soulève toutes les attaches extérieures et descend dans l'énergie de l'individu. La Lumière divine devient le phare puissant et beau qui délivre la Connaissance universelle. À ce stade de l'évolution, la maîtrise apparaît avec évidence. Le mental sert l'humain et non l'inverse. Comme il n'a plus d'emprise, l'essence divine prend place en toute légitimité.

Devenir un Être divin sur Terre demande une présence d'esprit sans relâche. L'individu emprunte un parcours libérateur fait de rigueur, de volonté et une conscience de chaque instant. Peu à peu, au fur et à mesure de l'évolution, les paliers sont franchis et la Conscience de la Vie prend place dans l'esprit humain. Cette ouverture est définie par une transformation profonde des attaches reliées au tridimensionnel. Les voiles sont levés et la Lumière brille intensément dans le Cœur, le corps humain et l'aura.

L'illusion a dévasté parfois le cœur humain. Elle l'a rendu stérile et il n'a pu se révéler dans l'amour et par l'amour. Aimer fait peur. La peur de devenir un être soumis, en perte de contrôle, est souvent présente. La peur de lâcher prise pour se laisser porter par le flux de l'amour. Quand l'esprit humain est formaté, le mental délivre sans fin le fait que, par insécurité, l'individu ne peut lâcher totalement l'emprise sur sa vie. Or il n'en est rien et c'est l'inverse qui se produit. Tant que demeure le contrôle, la résistance y est associée et la souffrance présente. Tant qu'il y a de la résistance, la lutte énergétique est active. Elle entraîne une distorsion dans l'énergie qui impacte l'émotionnel ainsi que l'énergie du corps. C'est une lutte intérieure dirigée par le mental qui empêche l'amour humain de se placer pour rayonner.

Le cycle de l'enfermement se termine et avec lui toutes les traces et tous les impacts du non-amour. La liberté prend forme dans le cœur de l'être humain. Sa détermination, à laisser aller l'ancien, permet qu'entre en action la complétude. Elle est la forme divine dans le vide de l'action. Elle est également l'accueil de toute chose avec amour. La discrimination intellectuelle est à sa fin et l'être humain se trouve devant la nécessité de comprendre ce qu'est l'Amour.

Il n'est pas Amour quand il juge.
Il n'est pas Amour quand il soulève la lutte.
Il n'est pas Amour quand il a peur.
Il n'est pas Amour quand il dénonce.
Il n'est pas Amour quand il blesse.
Il n'est pas Amour, car il ne s'aime pas.

Il est possible d'apprendre à s'aimer sans mentaliser.

De la Conscience humaine à la Conscience du Cœur

L'amour se découvre en soi quand l'être humain accepte son incarnation, accepte ses expériences et quand sa conscience s'élargit pour relever le sens premier de l'ego qui définit son emprise en chacun.

L'ouverture de la conscience humaine est la clé de l'entendement humain sur le sens de son incarnation et la liberté qu'il a à acquérir en s'ouvrant véritablement à sa vie. Tant qu'il recherche la déviance, il se nourrit du mental, il n'arrive pas à intégrer la compréhension de l'évolution intérieure. Il échappe à sa responsabilité et poursuit sa voie dans le contrôle.

Pour la plupart d'entre vous, il est facile d'éviter la vérité en se cachant derrière des causes et des croyances illusoires. Il est facile de mettre en avant votre souffrance émotionnelle et d'accuser l'autre. Mais personne n'est responsable de ce que vous ressentez. Sachez que la raison du Cœur est la seule voie pour trouver la paix intérieure et la joie d'être qui vous êtes. Sans cette acceptation, vous n'avez pas la possibilité de lâcher le passé. Vous restez dans les limites existentielles qui vous renvoient votre reflet sans fin. Si vous lâchez l'ego, vous lâchez la victimisation et la souffrance émotionnelle qui se répercute indubitablement dans le corps. Et au-delà, par vos émotions, vous réactivez votre corps de souffrance qui est électromagnétique et qui attire des énergies de même ordres vibratoires. Il nourrit alors vos croyances et votre souffrance et vous restez accrochés au passé.

La liberté est un état de conscience qui permet à chacun de s'ouvrir à la Vie universelle. Il n'y a plus d'enfermement ni de cloisonnement.

Une fois aligné sur la lumière et seulement la lumière, l'ombrage de la vie humaine s'éclaire sur de plus justes raisonnements et une vision plus responsable de l'ensemble du chaos ici sur Terre.

Cette vision reflète l'impact vibratoire des expériences dans la matière. Cette réalité prend place dans la conscience humaine et sa ressemblance avec les actes passés de chacun est édifiante. Chaque être humain a, par ses expériences, impacté l'ensemble de l'humanité. Les basses fréquences vibratoires se sont répercutées autour de vous, ancrant leurs vibrations en son sein. C'est pourquoi ce qui est à l'intérieur est également à l'extérieur. Ce que chacun est, est aussi ailleurs qu'en lui. Il voit son reflet dans le monde extérieur. Cette réalité vibratoire est à intégrer en soi plus que jamais. Car la vibration est l'ombre et la lumière. Elle est l'ensemble de vos émotions, de vos mentalisations, de vos intentions et de vos actes.

> *Chaque individu est un émetteur vibratoire qui répercute chaque teneur vibratoire à l'extérieur de lui. Et comme l'être humain est magnétique, l'attraction de ce qu'il est, se fait systématiquement. Ce n'est pas parce que vous ne le voyez pas que cela ne se fait pas.*

Savoir et ne pas mettre en action vos connaissances n'est pas responsable. La conscience qui sait ne peut plus rester aveugle. La responsabilité des actes et des émissions vibratoires est une priorité pour agir sur l'obscurité et mettre en lumière ce qui ne l'est pas. Chaque être éveillé doit prendre la mesure de ce que cela représente et agir en conséquence. L'être humain ne peut plus procrastiner ou se voiler la face et demeurer dans l'inconscience de l'impact de ses vibrations. Dans ce contexte, l'intérêt est pour tous, pour la terre et l'univers également. Le voile se lève sur la vérité et il convient de mettre en place son savoir par des actes responsables, par des pensées bienveillantes et des intentions claires. C'est apprendre à ne plus répondre au mental et à ouvrir son Cœur à ce qui est, même s'il y a la souffrance, la guerre, la destruction ou tout autre chose. La tâche commence en soi par sa propre responsabilité à vibrer lumineusement et à ne plus avoir de sombres pensées pour les autres. Cet ordre d'action consciente est celui de l'état de l'Amour inconditionnel. On ne peut parler et être dans l'Amour si l'on émet de basses vibrations, si l'on vibre la colère ou la peur, s'il y a une quelconque distorsion énergétique. La lumière, la transparence, l'action juste, l'honnêteté, la responsabilité font partie de la vibration de l'Amour inconditionnel qui est un état d'être relevant de la seule autorité divine. Il n'est nullement formaté, mais libre d'être dans la pleine reconnaissance du Divin en soi. Il est sans contexte la plus haute vibration à atteindre, sans aucun but et dans un état de conscience permanent émanant du Cœur.

Cet état d'être ne s'apprend pas, il se vit et se révèle dans la profondeur du Cœur, dans l'émergence de l'Amour inconditionnel. Dans la pause, il se ressent. Dans le silence, il devient présent. Dans la paix intérieure, il rayonne. Le rechercher ne sert à rien, car il est déjà là, en vous. Il suffit de le laisser remonter dans un état de silence et de plénitude qui le restitue dans sa totalité. Le passage dans les précédentes étapes a rendu possible cette connexion intérieure avec le Divin et ordonné sa fusion. À force de libérations, dans l'établissement des prises de conscience, vous vous êtes placés dans l'alignement du divin, peu à peu.

Le moment présent se vit dans le laisser être. Il est la vibration divine qui prend place en vous et son état de conscience révélé dans la matière. Il est la Vie dans votre vie et seul votre parcours dans la progression intérieure vous permet de basculer dans l'état divin. Alors, le Cœur ouvert, vous ne résistez plus à l'illusion et accueillez la vie humaine avec compréhension pour transmuter l'ombre en lumière. La pause dans le Cœur vous oriente vers le moment présent. La Vie éternelle se situe en toute chose. Elle est divine, car le Tout est ici et maintenant dans le contexte intérieur qui libère du mental. En lui, la voie de la lumière est tracée. Il s'agit de l'axe principal qui unit le Ciel et la Terre, l'univers infiniment grand et l'univers infiniment petit, c'est-à-dire le macrocosme et le microcosme. Tout ce qui appartient à l'ordre du moment présent appartient à l'entièreté de la Création et donc à La Source du Tout.

Prenez le souffle de la Vie, il est en tout et il est vous également. Dans le monde de l'homme, il gagne et adombre de qui est. Vous le nourrissez si vous en êtes conscients. Vous le libérez par la simple conscience d'être le souffle lumineux et divin.

La conscience place, votre intention l'active et lui permet de rayonner ici et ailleurs. Votre seule conscience, votre seule intention est la clé recherchée ailleurs. Elle crée ce que vous êtes, elle active la lumière de la Vie si vous la conscientisez sans limites en vous et autour de vous. Telle est l'énergie quantique et sa forme divine qui révèlent la Vie dans votre vie par la seule intention.

Vous êtes la Vie, vous êtes la Lumière divine. Alors dans la conscience de ne pas en être séparés, vous avez la capacité de la révéler, de la rayonner, de transmuter l'obscurité en lumière, de libérer les blessures et leurs mémoires. Enfin, la capacité d'entrer dans la transmutation de toute énergie est à votre portée plus que jamais actuellement. Sans doute et avec foi, vous avez la capacité de vous transformer, de vous identifier à la lumière et d'être légitimes, de la porter, de l'aimer, de vous aimer, de la rayonner, de la donner et de renaître à la beauté de Qui Vous Êtes, sans aucune limite.

La richesse de la Vie coule dans votre conscience si vous l'accueillez comme telle. La connaissance humaine et la volonté d'acquérir des supers pouvoirs ne vous permettent pas de la découvrir. Dans ce cas, toutes les mentalisations et les pensées auxquelles vous vous identifiez vous égarent de la voie de la simplicité. Car elle est bien celle qui vous permet d'accéder à la progression intérieure. La simplicité du Cœur et la foi sont déterminantes en ce sens.

La simplicité, c'est le Cœur qui parle. Son axe de connexion est lumineux. Plus vous la mettez en action, c'est-à-dire en demeurant dans la beauté de la vie et sa richesse sans aucune recherche, plus vous touchez à la grâce intérieure qui vous restitue la vibration dans laquelle vous êtes. C'est aussi simple que cela.

La connexion au Cœur et le fait de vibrer sur la même fréquence, dans un ressenti profond et beau, en vous laissant porter par ce qu'elle est tout simplement, active par l'intention, sa vibration et sa richesse multidimensionnelle. La capacité d'illuminer par l'intention du Cœur toute situation, tout être et toute chose, s'active naturellement. Vous êtes situés dans le moment d'éternité qui fusionne avec vous dans votre Cœur où tout devient possible grâce à la foi. Il s'agit là d'une différence essentielle dont le fonctionnement est à intégrer.

Ce n'est pas le mental qui ordonne, mais l'énergie du Cœur qui rayonne par la pureté et la simplicité mise en action.

C'est pourquoi il est important de ne pas s'identifier aux pensées. Les laisser aller et vous recentrer dans l'énergie du Cœur et son alignement sur la Source, vous permet d'entrer dans le domaine de l'énergie quantique et sa ressource illimitée.

Ce que vous pensez est ici et ailleurs. Ce que vous êtes est ici et ailleurs, car dans l'énergie, le temps et l'espace n'existent pas.

Votre volonté à agir pour le meilleur de la Terre et de l'humanité est possible si cette correspondance est acquise. Vous avez la capacité d'agir ici et en tous lieux pour restituer la beauté en laissant couler le flux lumineux de La Source à travers vous par la simple intention, sans aucun vouloir de transformation et sans aucun pouvoir sur quiconque.

C'est en agissant dans la simplicité du Cœur que la Lumière quantique se répand et active le changement par l'Intelligence suprême. Le vouloir humain est absent. La simplicité de l'intention qui donne la lumière accomplit ce qui est bien et bon pour vous, pour vos proches, pour la Terre et l'humanité.

Car la conscience humaine passe par des phases d'éveil intérieur qui nécessitent parfois de nouvelles expérimentations dans la dualité.

Certaines âmes sont prêtes pour cela. Rejoignez-les dans la pause intérieure et la liberté intérieure. Demeurez libres de rayonner et de donner ce que vous avez de meilleur en vous : la Lumière divine.

Cet accès à l'élévation devient possible sans l'intellectualisation de toutes les connaissances servies et diffusées actuellement. Elles égarent les individus et activent l'ego si l'on n'y prend garde. Vous créez alors des scénarios imaginaires qui résultent uniquement de votre volonté à vous élever par la connaissance.

Elle peut être bonne à prendre, mais avant d'entrer dans une connaissance, demandez-vous quelle raison vous habite à lire et à apprendre ? La pause intérieure, quant à elle, fait émerger la richesse et la beauté par la simplicité.

Dans l'écrin lumineux du Cœur, vient à vous ce que vous êtes prêts à recevoir, au moment où vous êtes prêts à le recevoir.

L'intérêt actuel pour l'être humain est de développer l'amour. L'amour de soi et l'amour pour tout être et toute chose. Voir la beauté de la vie autour de vous, voir la lumière en chacun est preuve de liberté intérieure. La liberté du Cœur et aussi la liberté de l'esprit. Le développement de la vibration de l'amour par les mots, par les pensées, par les intentions, être dans le don de soi, libérer l'essence lumineuse qui vous habite, être dans la joie, être dans la gratitude et se nourrir de l'essentiel sans l'accumulation du superflu, démontre le stade de conscience dans lequel l'individu se situe.

Encore une fois, la simplicité d'être illumine naturellement les cellules. La vibration du corps en est changée.

Vous êtes ce que vous vibrez. Ce que vous vibrez est le reflet de vos émotions, de vos intentions, de vos pensées, de vos paroles et de vos actes. Il n'y a rien de plus simple pour libérer la lumière au sein de l'humanité. Vous êtes déterminants en ce sens et en portant la lumière et l'amour partout où vous êtes et ailleurs.

Rechercher un don et une technique pour faire le bien sur Terre est le reflet de la détermination de l'ego. À l'inverse, quand vous intégrez la simplicité du Cœur, vous savez que c'est elle qui libère la fréquence divine sur Terre. C'est encore elle qui agit pour le meilleur de la progression de la conscience humaine.

Certaines scènes déstabilisantes éveillent la conscience humaine et permettent à l'humanité de se relever peu à peu. Chaque âme est réellement à sa place. Certaines ont choisi de s'incarner actuellement pour aider au réveil de l'humanité. Les situations difficiles à vivre sont justes pour les âmes qui ont fait le choix de les traverser dans l'intérêt collectif et non individuel.

L'individualisme devient flou et inintéressant. Il a eu son heure de gloire. La religion a donné une direction faussée par certains de ses enseignements religieux. Ils ont orienté les pratiquants vers des croyances illusoires formant le nœud distendu d'une vérité privilégiant encore le pouvoir de la religion sur l'ensemble des peuples soumis à certaines croyances. C'est ainsi qu'est née l'orientation religieuse rigide qui définit une croyance basée sur l'intérêt individuel et ses limites. Chacun étant soumis à un ordre de décision du bien et du mal, du paradis et de l'enfer. Cependant, le jour se lève sur une toute autre vérité qui relaie l'enseignement sur l'énergie du moment et une version nouvelle qui privilégie un tout autre contexte d'avancée intérieure, sans limite, sans oraison et uniquement basé sur l'expérience et l'éveil de la conscience humaine. Car rien n'est bien ni mal. Tout a sa raison d'être pour une élévation intérieure relevant uniquement l'action lumineuse, simple et juste pour le meilleur de l'âme et de sa réalisation.

La compréhension des croyances humaines relevant de toutes les idéologies faussées est à considérer avec attention. La croyance d'être uniques, séparés et différents des autres est totalement illusoire. Elle a permis que se forge la nouvelle conscience, car elle a amené au chaos qui émerge sur Terre. Sans chaos, la lumière n'a pas la possibilité de s'infiltrer. Elle naît dans le Cœur humain quand la souffrance éveille la conscience. C'est alors que le regard intérieur lui permet de s'éveiller à la vérité. Seul l'ego demeure une limite pour ceux qui ne souhaitent pas ôter leurs œillères, voir la réalité de leurs propres zones d'ombre, les accueillir pour les transformer. L'humilité et la simplicité sont nécessaires sur ce parcours d'accueil et d'acceptation de soi. La transparence joue un rôle important dans ce passage intérieur. Les limites édifiées par l'ego, la non-reconnaissance de ses propres états d'être, de faire et de penser n'ont pas la capacité de libérer l'individu des chaînes qui l'entravent.

Chapitre 31

La 7e porte du Cœur s'ouvre sur le Royaume des Cieux. La conscience humaine est alors reliée à la Conscience de la Vie illimitée. Car de fin il n'y a en la Vie universelle. Le mouvement de l'énergie est constamment en action. Dans cette ouverture, la paix demeure, le lien avec La Source du Tout est créé. L'instant de la pause devient inné. C'est un retour à la divinité que chacun représente ici sur Terre. C'est un plongeon dans l'essence même de la Vérité qui a lieu. Seule la certitude d'Être Qui Vous Êtes prend place et vous sortez du temps terrestre limité pour instaurer en vous la pause faite de reconnaissance éternelle.

Le moment présent prend le relais sur la course du temps. Dans ce contexte, vous relativisez la forme pour verser dans le vide du Tout, et dans l'état de la vacuité contenant la Connaissance illimitée. La conscience humaine s'élargit et la vision du Nouveau Monde prend place. Il est la représentation de la Lumière et ses bases. Il n'y a rien à établir, car tout est là, dans la réalité de Qui Vous Êtes. Dans le mouvement infini du souffle divin, la Vie se crée et par la résonance de la fréquence vibratoire l'illusion se défait, transmutée par la pureté de l'intention. L'effort n'est plus à fournir. Seul l'état d'Être est présent, agissant sur l'ensemble des vibrations extérieures. Son rayonnement est puissant et libre. L'énergie du Cœur parle et agit. Elle active la transformation nécessaire à l'ancrage de la lumière sur Terre.

Vous comprenez donc que la volonté et le pouvoir humains ne peuvent persister face à de telles fréquences transformatrices. La matrice humaine n'a pas la capacité de résister à la lumière. Elle s'éteint actuellement, dans le profond chaos qu'elle a engendré. La Lumière du Cœur éclaire et transmute l'ombre. La volonté divine est en elle et la période actuelle s'éteint peu à peu pour laisser la place à la reconstruction d'une nouvelle vie basée sur l'intégrité, la transparence et la vérité. La fausse lumière, quant à elle, ne résistera pas à l'éclosion de la lumière pure. Son état factice s'effondrera face à sa puissance de transmutation. Elle aussi est à la fin ordonnée par La Source.

Les valeurs de la Vie vont germer sur Terre par l'implantation de la conscience lumineuse correspondant à l'ouverture de la 7e porte du Cœur. Elles sont à instaurer au sein de la Terre. L'humain doit se relever et engendrer le principe divin. Car s'il met son ego de côté, s'il demeure dans l'alignement de la Lumière, il a la capacité de participer à l'entendement de la réalisation de son âme sans faillir à ses désirs inférieurs ni s'imposer par les prises de pouvoir du mental auquel il s'identifie et obéit depuis le commencement.

La raison du Cœur est à l'opposé de l'énergie du mental. Elle ne domine pas et laisse chacun libre d'expérimenter la matière. La matrice a servi cette traversée rude et opaque. Elle a aidé à la réalisation de l'âme. Le temps n'est plus à l'idéalisation de la vérité faussée par l'obscurité et ses connexions, mais à la liberté intérieure qui n'obscurcit pas les relations, qui ne détruit pas le monde, qui ne génère aucun conflit et ne souille pas les valeurs de la vie humaine et par répercussion la richesse de la Vie universelle. La rêverie prend fin. La vérité se révèle sous toutes ses formes. Lui résister accentue la souffrance et vous ne pouvez alors franchir les différentes portes du Cœur.

La capacité de chacun à entrer dans le monde multidimensionnel est présente actuellement. Pour cela, laisser les conflits intérieurs de côté est une nécessité. Comprenez que l'ego vous influence si vous l'écoutez. Lâchez l'intérêt que vous lui donnez et devenez des êtres libres de penser et d'agir, tout d'abord pour le meilleur de soi et ensuite pour l'ensemble de la Terre et de l'humanité. Si vous souhaitez aider en vous oubliant, vous n'aurez pas la possibilité d'entrer dans la transformation intérieure. Le mental vous poussera alors avec autorité dans la forme égotique, toujours plus loin et avec toujours plus de prise sur votre énergie. Vous identifier à lui, lui répondre, agir dans un profond dénuement de discernement et d'écoute intérieure, entretiendra sa volonté sur votre parcours. L'endormissement de votre volonté sera tel que vous ne serez qu'un personnage parmi la multitude de vos personnages. Un automate agissant à l'autorité mentale séparant la forme et les individus, déterminant l'intérêt individuel, cloisonnant les pensées et leurs directions et vous enfermant dans le monde illusoire de la matrice humaine. De ce côté de la forme, la nature intérieure est modifiée. Les croyances et leurs programmes sont des autorités très envahissantes. Elles déterminent l'intérêt individuel au détriment de tous, au détriment de l'intérêt collectif et humain.

L'humanité se perd actuellement. Ses bases s'effondrent et sa structure ne tient plus. Elle ne résistera pas longtemps au changement et le monde obscur également. Les excès montrent l'évidence de l'effondrement des valeurs. Le racisme, la violence et l'inégalité ont pris forme en ce monde perdu. La richesse est recherchée à l'extérieur de soi. L'individu avide d'argent et de pouvoir a perpétué la destruction de l'intérêt collectif pour privilégier l'intérêt individuel dans un pouvoir établi illégalement, avec force la plupart du temps, et dans une puissance illusoire sans cesse en action. L'obscurité a pris forme et son énergie grandissante a ancré le pouvoir de l'ombre sur l'humanité. Mais actuellement, sa forme s'effondre. Elle ne résiste pas à la vibration élevée de la lumière sur Terre. C'est pourquoi vos Cœurs grandissants et rayonnants sont les piliers de la lumière divine qui éclairent et transmutent la forme obscure mise en place.

Qui peut résister à l'Intelligence suprême mise en action ?
Personne ! L'ombre disparaît quand la lumière l'éclaire.

Elle existe seulement dans l'obscurité de la matrice humaine qui la maintient par les basses vibrations, par les croyances illusoires, par le fait que l'être humain ne relève pas la tête pour avancer, car il n'a pas compris le sens réel de l'incarnation. Ses pas sont englués et ancrés dans l'illusion. La vie est lourde à porter pour beaucoup et il paraît plus facile de se laisser aller plutôt que s'ouvrir à soi et à sa lumière intérieure. Car la peur de lâcher prise est présente, la peur de l'inconnu.

L'ère où le changement entre en action est pourtant venue. La révélation de la noirceur se fait peu à peu, c'est une évidence. L'éveil se fait pas à pas. La lumière gagne du terrain par le changement intérieur. À force de violence, à force d'injustice, l'humanité ouvre sa conscience sur la vérité, sur le fonctionnement de la matrice humaine et ses connexions. Tout se dévoile dans l'action simple et belle de l'Intelligence suprême qui dévoile la suprématie de l'ombre aux yeux de tous. Pour la voir, il suffit de relever la tête. La vision devient alors plus large et permet que se fassent les choix lumineux qui ouvrent les portes du Cœur peu à peu. Il suffit de ne pas se laisser emporter par les basses vibrations de la matrice humaine qui résiste à son effondrement.

L'avancée de la lumière est puissante. Rien ne peut l'arrêter désormais. L'ordre de la Vie est en route pour qu'enfin l'égalité et la justice prennent place. Il n'y a pas à hésiter, seulement à faire le choix de la lumière. Dans ce cas, la volonté intérieure restitue à chacun la volonté de la Vie dans les cœurs humains. Nul ne reste alors en retrait. Car le souhait intérieur est déterminant.

Vivez ce que vous souhaitez vivre. Devenez confiants en votre pouvoir créateur, en votre souveraineté et déterminez le meilleur dans l'intérêt collectif. Il y a de belles consciences sur Terre, des Cœurs largement ouverts qui désirent une évolution juste pour tous. L'ombre n'a plus autorité sur ces Cœurs ouverts. Ils sont la vibration de l'Amour qui transmet l'allègement par la conscience de la Présence de l'Esprit qu'ils portent et rayonnent. Sans vouloir, mais avec détermination, ils savent que rien ne peut arrêter la lumière. Ils permettent qu'elle se répande. Ils sèment des graines lumineuses là où ils vont. Ils touchent les autres Cœurs, ils permettent que la Conscience de la Vie prenne place en eux. Ils portent la Vie avec amour !

La priorité actuelle est d'être qui vous êtes en toute simplicité. Car la complexité du mental n'a plus l'autorité. Et j'en reviens aux recherches et au pouvoir de l'ego qui veut donner, qui veut être, qui veut la connaissance pour parfaire son avancée. La simplicité du Cœur est, à l'inverse de l'ego, la jouissance du Cœur aimant et lumineux qui rayonne, libère et donne par la présence de l'Esprit, sans vouloir ni pouvoir, mais avec sagesse et Amour. Elle définit l'ordre de la volonté divine et son action est transmise par la Cœur. Car l'être humain est un transmetteur qui restitue sa fréquence vibratoire.

La vision intellectuelle est à l'opposé de l'ouverture du Cœur. En émanent des incertitudes et des besoins de vérité qui relèvent de l'ego. La prédominance dans ces vibrations est une atteinte à la liberté intérieure qui n'a aucun besoin en ce sens, car elle sait, car elle est la Connaissance établie en soi. Qui dit liberté, dit savoir universel. Or, le monde tourne dans le sens opposé à la raison du Cœur et illégitimement, le mental prend le pouvoir sur les pensées de l'être humain.

La Vérité, quant à elle, demeure sagement posée dans le Cœur. Elle est sans cesse en expansion, tout comme l'est l'univers. Alors, dans la pause intérieure, la Connaissance est transmise.

La facilité prive l'individu de ses capacités. Il se noie parfois dans l'illusion et agit sans discernement. Il n'y a pas de chemin de lumière sans remise en question individuelle. Là encore, le retour intérieur délivre du passé. Il rend la voie de l'évolution plus légère et oriente vers la compréhension de soi. Dans l'attente des réalisations, l'être humain accueille tout sans discernement et c'est bien là que le bât blesse. Il avance à l'aveugle accueillant des possibilités illusoires pour l'aider à s'alléger de son fardeau.

Or le seul recours pour la transformation est le retour intérieur qui éclaire les blessures. Tout est en soi avec certitude et non ailleurs.

Les portes du Cœur s'ouvrent pas à pas, compréhension après compréhension, au fur et à mesure du changement intérieur et de l'ouverture de la conscience humaine sur de nouvelles bases lumineuses. L'amour s'installe peu à peu en soi. Grâce à lui, il est possible de lâcher l'ego. La liberté individuelle s'envole alors. L'aveuglement s'installe, car l'individu croit en ses pensées et en ce qu'il entend alors qu'il est l'Amour, uniquement l'Amour.

Être simplement qui vous êtes et vous accepter avec amour est le chemin de la vérité. Quand vous repoussez qui vous êtes et le refusez, vous entrez dans l'illusion. Plus rien n'est alors vrai et vous vous laissez emporter par le mental.
Être simplement qui vous êtes, en toute légitimité, vous permet de vous retrouver dans l'amour. Accueillir la véritable essence de Vie relève de l'acceptation de soi et de ses zones sombres. C'est ouvrir son cœur à l'amour de soi et de la Vie, et à l'Amour inconditionnel.
Être simplement qui vous êtes, relève du laisser être. Il est actuellement le véritable état à adopter, sans ressemblance aucune avec le monde extérieur. Il est la fluidité qui permet à la Vie de couler en vous en toute légitimité.

Vous n'avez pas la possibilité de vous placer dans le laisser être si vous ne vous reconnaissez pas légitime de vivre et à votre place dans votre incarnation. La légitimité n'est pas la pierre d'achoppement qui vous fera trébucher. Au contraire, elle ouvre les portes du Cœur naturellement et avec certitude. Avec elle, vous vous reconnaissez pleinement vivants et en accord avec votre vécu, même s'il est souffrant. Vous savez que le meilleur avancement est celui que la Vie vous offre. Sans résistance et avec foi, vous êtes dans l'accueil de qui vous êtes et des situations de vie qui vous permettent de vous élever en compréhension et dans l'amour. Vous n'émettez plus d'opposition à la vie, car elle vous porte vers le meilleur de votre évolution.

La victimisation est une limite qui bloque l'ouverture des portes du Cœur. Elle fait désormais partie d'un passé obsolète. Elle pose des obstacles dans la vie humaine qui doit enfin se relever et se réveiller. Si vous vous sentez victimes et accusez les autres de votre sort et de vos souffrances, vous ne progresserez plus vers l'éveil. Vous demeurerez bloqués dans l'illusion, car vous vous reconnaissez en elle. La victimisation est bien une illusion qui vous est confortable. Ainsi vous ne prenez pas part à l'éveil et préférez ne pas voir ce qui fait mal. L'ego est présent avec certitude et il vous maintient dans l'enfermement de vos croyances qui ont pris forme de programmes. La possibilité de vous poser dans le Cœur ne se fait pas. Vous êtes dans votre tête, dans vos scénarios et vos jeux de rôles envahissants. Vous vous identifiez pleinement en eux et jouez votre vie sans être légitimes dans la traversée terrestre illusoire. Il est en réalité possible de comprendre que vous créez vos pensées et luttez dans les situations de vie qui vous submergent, car vous n'ouvrez pas votre cœur. Cela vous épuise et vous perd peu à peu. L'entendement ne se fait pas et les choix qui pourraient changer votre expérience terrestre ne sont pas pris avec discernement et amour. Il vous est impossible de céder à la raison du Cœur. Il vous est impossible d'avancer en ouvrant le Cœur aux situations de vie que vous attirez. Vous vous êtes incarnés pour découvrir l'amour en expérimentant la matière. Votre seule raison de vivre et d'être se trouve dans ces mots empreints d'amour. Dire la vérité est un acte d'amour. Se cacher derrière des excuses, se soumettre à l'autre, ne pas être vous-mêmes en toute légitimité vous bloque dans votre éveil.

Avancer sans se retourner, voilà qui serait salvateur pour beaucoup d'êtres humains. Les retours dans le passé et leurs blessures ne servent plus à rien, sauf à créer encore la souffrance. Pensez à être légitimes de vivre et à vous accepter avec vos zones d'ombres plutôt que les fuir. Vous parviendrez à un éveil fulgurant grâce au changement de votre conscience. Les portes du Cœur s'ouvriront pas à pas dans la profondeur de l'immensité du Tout.

Votre âme attend ce moment avec certitude. Elle attend que la paix s'installe en vous. Si chacun se pose dans son

Cœur dans l'état du laisser être, la paix se répandra sur Terre à la vitesse de l'Amour.
Il sera alors temps de vivre le changement à l'extérieur, le nourrir pour revivre cette fois, dans l'union collective et la fusion des Cœurs aimants et lumineux. C'est mourir à soi pour naître à nouveau au Soi infiniment grand, infiniment bon, infiniment Amour.

Dans la recherche, le mental occasionne des égarements et des sorties de route. Dans la pause intérieure, l'ouverture du Cœur est présente. Elle donne un sens au chemin qui s'élargit et s'illumine. Plus de blocage ni de souffrance, mais un immense calme s'installe. Le calme de l'esprit tout d'abord, puis le calme dans le corps. Tous deux trouvent enfin la paix et le ressourcement se met en place, toute trace de résistance étant absente. La vie est perçue différemment, plus globalement, dans un ensemble où tout a sa raison d'exister. La teneur du chemin est différente, car la conscience est plus large, moins restrictive. Dans l'ampleur des pas parcourus, la justesse de l'avancée et sa contenance de lumière voient enfin le jour dans la conscience humaine.

Se terminent alors les lamentations, l'incompréhension des expériences souffrantes qui ont gardé un bon nombre d'individus dans l'errance de leurs pensées. La lumière de l'Esprit éclaire et transmute. Il rayonne en soi et délivre du joug de la dualité. La désuétude du passé souffrant se transforme en richesse du Cœur qui jaillit fort à propos. L'individu avance sur un axe de lumière transcendant, le Cœur ouvert. Le flux de la Vie se déverse en lui et par lui, transmutant l'obscurité en lumière sur tout ce qui est autour de lui. La lumière s'installe désormais sur Terre, libérant chacun de l'oppression de l'ombre dans une parfaite adéquation relationnelle entre la présence de l'Esprit et l'esprit humain.

Chapitre 32

Le langage de l'univers est celui de la lumière. Quand les portes du Cœur sont pleinement ouvertes, vous vibrez sur sa fréquence et recevez ses informations. Se font alors les connexions avec le monde multidimensionnel. La forme et l'informe se mêlent dans un seul échange pour ne faire qu'un sans limite. L'intérêt à ce stade de l'évolution est d'être simplement dans les échanges énergétiques qui ont lieu. Avec le laisser être comme seul état intérieur. Il n'y a plus de doute dans le fait d'Être accompli. Les moments se vivent de l'intérieur et initient à la singularité. Le détachement avec la vie humaine s'installe. Le lien universel la relie à la Source du Tout. Ce qui revient à demeurer connecté à la Vie et à ce qu'elle représente, dans une seule présence, sans égarement mental et pleinement conscient d'Être Qui Vous Êtes.

Alors se découvrent à la fois, la plénitude et la vacuité qui sont la représentation de l'état divin. Elles se vivent de l'intérieur dans la profondeur de leur réalité sans fin. Avec elles, on perçoit la Vie et ses ressources qui sont ce que chacun est et, à la fois, dans le même espace, tout ce qui est ici et ailleurs, dans le vide intemporel de la Vie. Les définir est impossible, car elles sont des présences éternelles qui n'ont ni début ni fin. Elles sont la Vie éternelle et sa transcendance, le multivers étant sans véritable représentation et sans limites.

L'univers n'est pas étranger à vous et vous n'êtes pas étrangers à l'univers. Sa découverte se fait pas à pas quand vous avancez dans la profondeur du Cœur et sa raison. Sans cesse émergeant, il vous montre la voie à tenir dans la sagesse innée dont vous êtes issus. Vous vous redécouvrez pas à pas, avec la levée des voiles derrière lesquels les âmes se sont incarnées. Peu à peu, vous vous souvenez… Peu à peu, vous redevenez l'Être accompli que vous avez toujours été. Avec intérêt et sagesse, vous parcourez le chemin du retour, toujours en vous, dans la profondeur de l'Être réalisé.

Vous comprenez alors que vous seuls êtes aptes à progresser dans les différents stades de la conscience humaine qui vous mènera, porte après porte, dans la découverte de Qui Vous Êtes en réalité. Personne ne le fera à votre place. Si vous accueillez cette vérité, vous parviendrez à laisser les souffrances du passé derrière vous. Vous et vous seuls avez la capacité de la transcendance pour révéler l'essence même du divin. Alors, pleinement, vous accueillerez la puissance lumineuse qui vous appartient. Elle est la Vie ! Elle est ce qui vous êtes ! Elle est la grandeur de l'âme ! En opérant avec elle, vous êtes aptes à entrer dans la danse de l'âme et retrouver la teneur de la Vie. Car vous êtes la Vie et rien d'autre dans le monde multidimensionnel. Là où tout demeure, là où rien n'a d'attache, en ce lieu lumineux qui instaure la montée vibratoire et l'implantation de l'Amour inconditionnel qui fait foi, qui délivre de toute souffrance et reste le seul à avoir l'avantage de guérir l'humanité de ses maux.

La dimension du Cœur n'a aucune limite. Elle délivre de l'entendement et sustente toutes les causes. Elle n'a besoin d'aucun support, car elle détient la Connaissance universelle. En son sein se trouvent toutes les réponses à vos questions. Mais tant que vous souhaitez obtenir des réponses, vous êtes dans le mental.

> *Cependant, quand vous ne vous questionnez pas, quand vous ne recherchez rien, le Cœur vous guide parfaitement et vous apporte la solution. Le laisser être permet à l'énergie du Cœur de vous abreuver, de vous nourrir et de vous guider sur votre voie, sans attente et avec foi.*

En sachant que vous êtes la Source du Tout, vous entrez dans cette relation intérieure en vous laissant porter pour le meilleur de votre évolution. C'est ainsi que se mettent en place les plus belles avancées, sans aucun vouloir et, dans un même temps, en donnant l'élan à votre vie, en parfait accord avec le plan supérieur qui opère pour vous et pour la réalisation de l'âme. Le plan divin en action est alors libre de parfaire votre volonté d'âme sans qu'aucun obstacle n'émerge et sans l'autorité de l'ego.

Alors, dans la profondeur de Qui Vous Êtes, se vit la Vie pleinement et durablement. Sans cesse en expansion, elle délivre de tout mal et nourrit de lumière qui veut. Mais sachez que demeure aussi l'obscurité sur les mêmes plans dimensionnels. Il est nécessaire d'accueillir cette connaissance qui sert à ouvrir la conscience sur le fonctionnement de l'univers ainsi que les polarités qui le composent. Sans crainte, cette approche est nécessaire à la poursuite de votre évolution. Sans peur, il est important de connaître son fonctionnement pour ne pas s'y connecter. Plusieurs vies composent le multivers. Plusieurs mondes s'y retrouvent sur ses diverses fréquences. À chacun de faire le choix de ses pensées, de ses paroles et de ses actes afin de vibrer sur la fréquence la plus lumineuse pour conserver l'intégrité de son énergie.

À l'inverse se vivent les expériences en lien avec qui vous êtes par les choix que vous faites. Rien n'est condamnable en ce domaine. Toute illusion vécue a un sens profond pour vous faire renaître dans la lumière. Vous êtes tous égaux en ce sens. C'est pourquoi juger les autres désigne votre reflet. Ce que vous voyez chez les autres est votre part d'humanité ou d'inhumanité. Vous percevez ce que vous êtes à l'intérieur sans l'interpréter la plupart du temps. Il est, pour l'être humain, parfois plus facile de prendre la fuite et demeurer victime plutôt qu'accueillir ses zones d'ombre. Ainsi, l'individu reste au même stade de son évolution et attire à nouveau de nouvelles expériences pour comprendre qui il est, pour lâcher l'ego qui le maintient dans la résistance. Accueillir l'incarnation et ses diverses étapes de compréhension vous aidera à déposer les armes et à ne plus lutter contre la Vie. Car vous vous opposez à elle par votre rigidité d'esprit et vous vous faites mal. Vous souffrez, car vous ne lâchez pas et ne vous engagez pas dans la responsabilité des épreuves que vous attirez. Il suffirait pourtant de vous ouvrir à vous-mêmes avec amour pour ne plus souffrir.

Le manque d'amour de soi est un frein qui détermine l'être dans la résistance, dans la culpabilité et la honte. Sans amour, vous n'avez pas la possibilité de vous accepter tels que vous êtes. Parce que vous êtes en souffrance, vous ne vous ouvrez pas à cette vérité. Vous la fuyez et lui tournez le dos. Vous pensez l'oublier et passer à autre chose, mais le temps n'agit pas en ce sens. Elle reviendra un jour, car les blessures sont toujours présentes. Vous attirerez encore ce que vous êtes afin que cèdent les résistances et émerge la lumière du Cœur. Le corps n'oublie rien. Les mémoires sont engrammées en lui. Dans le déni, vous n'avez pas la possibilité de les transformer. À l'inverse, dans l'accueil et l'amour, vous les laissez aller, car il n'y a plus aucune résistance pour les retenir.

> *Plus vous êtes dans l'amour, plus vous vous acceptez dans vos rôles illusoires et souffrants. Vous avez la capacité d'accueillir toutes vos parts d'être, de faire et de penser. Cet état de conscience est le passage que beaucoup empruntent actuellement. Mais beaucoup encore sont bloqués derrière la 2e porte du Cœur. Vous comprenez alors que toutes vos connaissances ne servent à rien.*
> *L'essentiel réside dans l'ouverture à vous-mêmes et à l'amour que vous vous portez. Vous ne pouvez aimer les autres réellement et durablement si vous ne vous aimez pas, si vous ne vous acceptez pas tels que vous êtes.*

Il s'agit de la voie de l'évolution intérieure et vous n'avez pas la possibilité d'éviter certaines étapes de la progression.

La pureté du Cœur se révèle dans le moment présent, dans la clarté de l'action menée et dans l'ouverture à soi en toute honnêteté. Dans l'intérêt collectif, l'être humain doit s'ouvrir à son humanité et rayonner la transparence.

Le monde se transformera grâce à vous et c'est en vous que l'œuvre commence. Vous vous êtes incarnés pour découvrir l'amour et le révéler. Ne recherchez pas ailleurs une mission terrestre. La mission est déjà là et l'appel de l'âme se fait ressentir en ce sens. Soyez amour et vous vous élèverez vers les plus hautes sphères dimensionnelles.

Lâchez l'ego et vos résistances tomberont. Il n'y a pas de honte à avoir, car il s'agit du chemin de l'expérience. Connaître l'inconfort pour le confort, traverser les épreuves pour créer la faille de lumière, être dans la peur pour s'ouvrir à l'amour, voilà la réalité de la traversée humaine dans ce monde de souffrance et d'illusion.

C'est ainsi que se termine l'apogée de l'être humain dans l'obscurité. Mais il se relève par la puissance vibratoire actuelle qui fait remonter ce qui a besoin d'être considéré et mis en lumière.

Quel choix allez-vous faire désormais ?
Êtes-vous présents à vous-mêmes dans l'espace du Cœur ou bien vous évadez-vous par la pensée dans les scénarios mis en place par le mental ?
Comprenez-vous que vous êtes le Divin incarné en votre centre Cœur ? Qu'en cet espace rien n'est impossible et tout est possible ?
Vous sentez-vous légitimes de révéler l'état divin ?

Tout est dit dans cet enseignement. L'énergie transmise par ces écrits vous aidera à modifier votre conscience si vous le souhaitez et si vous fournissez des efforts en ce sens. La décision vous incombe ici et maintenant. Apprendre et retenir ne sert à rien. Recherchez ailleurs qu'en vous également. Ce qui compte, c'est vivre ce que vous avez à vivre pour vous transcender. En revanche, ressentir la vibration et accueillir est l'une des clés de l'élévation.

L'opportunité actuelle de vous réaliser est unique. Le passé n'a plus d'impact sur votre état d'être si vous le souhaitez de la sorte. Votre intention est décisive. Elle nourrit la croyance et l'illusion, ou bien le moment présent dans lequel tout se passe avec clarté et sérénité. L'allègement est nécessaire sur votre parcours de découverte. Le lâcher prise vous conduit vers le laisser être qui prend la relève du mental. Alors, seul le Cœur s'exprime par sa seule vibration.

Tout change et tout se révèle. Le monde illusoire conduit par le mental est à sa fin.

Le monde vibratoire prend place à partir de votre centre Cœur. Plus qu'une raison, il s'agit d'une oraison multidimensionnelle qui vous appelle et vous conduit sur le sentier de l'élévation.

Apprenez la sagesse. Soyez dans l'accueil de toute situation, surtout si cela fait mal. Acceptez ce qui est, car ce que vous vivez à l'extérieur est à l'intérieur de vous.

N'existez plus et vivez la Vie pleinement ! Elle est ce que vous êtes, sans séparation ni différence comme à l'image de chaque être humain.

L'humanité est en devenir, mais quelle humanité mettrez-vous dans cette traversée humaine ?

Je vous souhaite de vous aimer afin de pouvoir aimer. Je vous souhaite de vous reconnaître tels que vous êtes afin d'accueillir un jour, la légitimité du divin en vous. Vous êtes tous égaux. Vous êtes tous légitimes de vivre ici sur Terre. Vous êtes Un, au-delà de ce que vous imaginez.

Accueillez la vie humaine, aimez-la, aimez toutes vos parts humaines et la Vie fleurira en vous. Je vous souhaite de belles envolées dans le monde de l'Esprit.

Avec Amour,

Table des matières

Printed in France by Amazon
Brétigny-sur-Orge, FR

24697392R10163